Auf der Suche nach Führungsidentität

Günter Bolten

Auf der Suche nach Führungsidentität

Orientierungshilfen für Führungskräfte

Günter Bolten
Wiesbaden, Deutschland

ISBN 978-3-658-01108-6   ISBN 978-3-658-01109-3 (eBook)
DOI 10.1007/978-3-658-01109-3

Die Deutsche Nationalbibliothek verzeichnet diese Publikation in der Deutschen Nationalbibliografie; detaillierte bibliografische Daten sind im Internet über http://dnb.d-nb.de abrufbar.

Springer Gabler

Lektorat: Stefanie Winter

Gedruckt auf säurefreiem und chlorfrei gebleichtem Papier.

Springer Gabler ist eine Marke von Springer DE. Springer DE ist Teil der Fachverlagsgruppe Springer Science+Business Media
www.springer-gabler.de

Inhaltsverzeichnis

Einleitung

Wo immer Menschen sich organisieren, wird geführt. Ohne Führung geht (insbesondere in Unternehmen) nichts. Führung ist ein Phänomen, das es seit Menschengedenken gibt. Führung ist ein Phänomen mit vielen Wirklichkeiten.

Führungskraft ist jeder, der in einem Unternehmen Verantwortung für Mitarbeiter(innen) trägt. Die Anforderungen an Vorgesetzte variieren entsprechend ihrer jeweiligen Leitungsspanne. Je kleiner diese ist, desto einfacher erscheint Führung; je größer sie ist, desto schwieriger wird Führung gesehen. Dennoch ist die Suche nach Erfolg versprechender Führung und damit einhergehend nach Lösungen von Führungsproblemen vergleichbar, wenn auch in Ausmaß und Intensität unterschiedlich.

Man kann nicht von Führung sprechen, wenn man nicht von Führung betroffen ist – sei es als Führender oder Geführter. Führung bedeutet, das Notwendige möglich zu machen. Um dabei erfolgreich sein zu können, müssen angeborene oder sich im Laufe eines Lebens entwickelte individuelle Mentalitätsmuster bei der Formierung der Führungsidentität berücksichtigt werden.

Führungskräfte sind umso erfolgreicher, je stärker sie mit der Kraft ihrer Überzeugung bei ihren Mitarbeitern Identitätswirkungen verursachen, die Mitarbeiter veranlassen, sich mit ihren Vorgesetzten zu identifizieren. So wie gute Freunde identisch ticken, so entspringen anhaltende Führungserfolge aus Gemeinsamkeiten von Vorgesetzten und Mitarbeiter/innen. Können sich Vorgesetzte und Mitarbeiter/innen mit ihren Aufgaben und deren Lösungen identifizieren, ist Führung optimal. Dass dies nicht immer so ist, dürfte hinlänglich bekannt sein.

Das ist der Grund, warum „Auf der Suche nach Führungsidentität" sowohl auf Vorgesetzte bzw. Führungskräfte[1] als auch auf deren Mitarbeiter abzielt. Adressat ist jeder, der sich mit Führungsfragen beschäftigt und an deren Lösungsmöglichkeiten interessiert ist. Ziel ist nicht die Reproduktion von Führungswissen, sondern eine durch Selbstinterpretati-

---

[1] Vorgesetzte und Führungskräfte werden wegen überwiegend gleichartiger Problemstellungen begrifflich identisch gesehen.

G. Bolten, *Auf der Suche nach Führungsidentität*, DOI 10.1007/978-3-658-01109-3_1,
© Springer Fachmedien Wiesbaden 2013

on überzeugende und tragbare Leitidee zu entwickeln. Vorgesetzte sollen den Realitätssinn ihres Führungshandelns entdecken und für ihre Art von Führung wecken. Dabei geht es nicht um die vollständige Beherrschung aller möglichen Führungshandlungen, sondern um die Notwendigkeit, Alternativen für die jeweils konkrete Führungssituation zu erkennen und entsprechende Schlussfolgerungen ziehen zu können.

Nur persönliche, von Neugierde geprägte Interpretationen legen Grundlagen für Identität. Identität wiederum schafft Sicherheit und bereitet auch Freude. Wer mit Freude etwas macht, der ist auf eine gewisse Art stolz, fühlt sich für das, was er macht, als Repräsentant und entdeckt so vielleicht sein Talent als Führungskraft. Wem das gelingt, der ist morgen eine bessere Führungskraft, eine andere im Vergleich zu gestern. Mit zunehmender Identität entwickelt und verändert man sich! In diesem Sinn sollen die vorgebrachten Hinweise und Empfehlungen Führungskräfte ihren eigenen Weg finden und umsetzen lassen.

Vorgesetzte sollten deshalb aufnahmebereit sein für Veränderungen, die sie ermutigen, ihre Mitarbeiter besser führen zu können. Der Spielraum ihres Handelns soll Führungsmöglichkeiten und Führungsalternativen eröffnen und ihnen ein Verantwortungsgefühl in die Hände legen, damit ihre Mitarbeiter durch Identitätswirkungen auf das Führungsverhalten zu Verbündeten werden. Ohne harte Arbeit an sich selbst wird das nur sehr selten gelingen.

Vorgesetzte geraten immer dann in Konflikte, wenn ihre Mitarbeiter andere Vorstellungen haben als sie selbst und sie solche Konflikte früher aufgrund ihrer Macht durchgesetzt haben. Das aber wird zunehmend schwieriger, weil selbstbewusste und besser qualifizierte Mitarbeiter auch schon einmal hinterfragen. Das wiederum bedeutet, dass es keinen durchgängig einseitig praktizierten Führungsstil geben kann und Führung sich überwiegend an der „Situation vor Ort" ausrichten muss.

Wollen sich Vorgesetzte Entscheidungs- und Aufgabengewalt erhalten, werden sie überwiegend anordnungsbezogen (autoritär) führen. Wenn nicht, werden sie überwiegend beteiligungsbezogen (kooperativ und delegativ) führen. Die Realität ist situativ unterschiedlich – einmal stärker anordnungsbezogen und ein anderes Mal den Mitarbeiter stärker einbindend.

Andererseits laufen Mitarbeiter Gefahr, Anordnungen auszuführen und sich selbst dabei zu verleugnen. Immer wieder kommt es vor, dass Vorgesetzte Modellen und Empfehlungen sozusagen blind hinterherlaufen. Wenn beide, Führungskräfte wie auch Mitarbeiter, sich selbst verleugnen, bleibt die erwünschte Stoßkraft für das eigentliche Ziel, nämlich Erfolg, aus.

Kernproblem vieler Vorgesetzter ist der Widerspruch zwischen ihren (häufig deklarierten) Führungsabsichten und deren tatsächlicher Umsetzung. Zielsetzung und Mitarbeiterüberzeugung sind wesentliche Erfolgsfaktoren oder Ursachen für Misserfolge. Vorgesetzte sollten sich nicht darüber hinwegtäuschen, dass das Ende einer Führungseuphorie entgegen aller Erwartungen auch eine Enttäuschung sein kann.

Deshalb ist darauf zu achten, dass das Risiko bei allen Führungsaktivitäten kalkulierbar bleibt. Kein Vorgesetzter wird sich selber aufgrund seiner persönlichen Führungseuphorie außer Gefecht setzen wollen! Über diese persönliche Situation hinaus wird deshalb gute

Führung immer auch die Risiken für alle Beteiligten zu reduzieren versuchen. Dabei spielen Selbstvertrauen – nicht Selbstüberschätzung – und Begeisterungsfähigkeit eine helfende Rolle.

Sehr häufig hat Führungsfähigkeit auch etwas mit der Einstellung zur eigenen Person zu tun. Traue ich mir zu, „vorne" zu stehen? Die subjektive Selbsteinschätzung ist ein wichtiger Punkt – Selbstvertrauen spielt eine große Rolle. Man muss man selber bleiben und nicht einem falschen Führungsimage nachjagen. Wenn ich das Gefühl habe, ich kann es, dann hat das Konsequenzen für mein tatsächliches Führungsverhalten. In diesem Sinne soll „Auf der Suche nach Führungsidentität" dem Leser Erkennungsmerkmale und Empfehlungen für durchaus auch kritische Punkte in Führungsprozessen aufzeigen, mit denen er relativ schnell umgehen kann.

Der Fokus der Identifikation liegt darauf, verschiedene Bedürfnisse so aufeinander abzustimmen, dass sich eine Verbindung – nach Möglichkeit eine Einheit – herstellt zwischen Vorgesetzten und deren praktizierter Führung, zwischen Vorgesetzten und Mitarbeitern und zwischen Unternehmen und Mitarbeitern. Bei der Identifikation geht es darum, etwas in Gleichklang zu bringen, so dass man am Ende dieses Prozesses möglichst ein Gleichheitszeichen (Identität) dazwischensetzen kann.

Auch wenn Führungskräfte und Mitarbeiter nur selten ihre Aktivitäten vollkommen identisch ausrichten (Ausnahmen evtl. Unternehmensinhaber), sollten sie dennoch bemüht sein, eine hohe Identität zu erreichen, weil Identität Grundlage, Motivation und Impuls für die Übernahme von Verantwortung bedeutet.

Identität in Führungsbeziehungen ist in dem Maße nützlich, wie Identifikationsprozesse eine Übereinstimmung zwischen Werten und Zielen von Vorgesetzten und Mitarbeiter/innen hervorbringen und als Folge daraus „eine Art emotionale Bindung" erzeugen (vgl. Simon 1981, S. 224 ff.). Wer sich mit der Firmenideologie und den an ihn gestellten Aufgaben identifizieren kann, der ist auch bereit, vollstes Engagement zu zeigen. Vorgesetzte werden umso sicherer und erfolgreicher sein, je besser es ihnen gelingt, aus innerster Überzeugung Identität auf ihre Mitarbeiter/innen zu übertragen. Identifizierung trägt zur Individualisierung und damit zur Leistung bei. Es gilt zu identifizieren, was man als Vorgesetzter an sich selbst fördern und entwickeln kann und was man als Führungskraft an seinen Mitarbeitern fördern und entwickeln kann.

Wer sein Handwerkszeug nicht beherrscht, kann sich kaum Chancen für eine Erfolg versprechende Führung eröffnen. Damit stellt sich die Frage, wie man sein eigenes (Führungs-)Talent erkennen kann – wie man treffsicher an seine Fähigkeiten herankommt. Ist dabei ein individueller Führungsstil möglich, hat man erreicht, was man erreichen wollte.

Auf der Suche nach Führungsidentität ist immer auch Suche nach Sinn, Suche nach Vertrauen sowie Loyalität und auch Suche nach Abwendung möglicher Unsicherheiten. Unter Vorgesetzten gibt es Identitätsvielfalt und damit unterschiedliches Führungshandeln. Insofern ist Selbsteinschätzung ein wichtiger Punkt, weshalb es einer auf konkretes Führungshandeln angelegten genauen Überprüfung von Risiken und Chancen bedarf. Es kann beispielsweise jemand Faszination auslösen. Das hilft jedoch gar nichts, wenn er damit die Abteilung in eine falsche Richtung lenkt.

Da die zu bewältigenden Aufgaben, der Wettbewerb mit Konkurrenten und Zeitdruck ständige Anpassungen erfordern, können anstehende Führungsaufgaben nicht mit einem durchgängig einheitlichen Führungsverhalten erfüllt werden. Das hat zur Folge, dass Veränderungen in der Führung zum Führungsalltag gehören. Kaum eine Neuerung oder Veränderung bietet eine Garantie für Erfolge. Deshalb müssen Veränderungen situativ beurteilt und situativ angegangen werden.

Für den Umgang mit unterschiedlichen Situationen werden alternative Führungsmodelle[2] beschrieben, die sich in verschiedensten Varianten etabliert haben. Die Idee dieser Modelle scheint zu überzeugen. Die meisten Unternehmen und ihre Führungskräfte lassen sich auch überzeugen. Führung jedoch lässt sich nicht einfach durch Modelle ersetzen.

Führungsmodelle werden selten in Reinkultur umgesetzt – meistens nur in einer als sicher angesehenen Interpretationsbreite. Dennoch sind sie Grundlage für die Suche nach Führungsidentität. Sie helfen, auf der Führungsklaviatur besser spielen zu können. Aus diesem Angebotskorb etwas zur eigenen Identifikation zu finden, ohne der Gefahr einer Selbstüberschätzung zu erliegen, ist daher sehr wichtig. Es geht vor allen Dingen darum, von den Modellangeboten und -empfehlungen zu situativen Führungsalternativen, zu attraktiven und realistischen Führungsaktivitäten zu gelangen.

Hier kommt Identifikation ins Spiel, indem man zumindest versuchen sollte, Ziele der Abteilung zu einem großen Teil zu Mitarbeiterzielen zu machen. Das ist der Identifikationsprozess – wenn also zwischen der erkennbaren Identität seitens des Vorgesetzten und deren Wirkung beim Mitarbeiter möglichst kein Unterschied besteht. Identifikation ist ein Prozess der Gleichsetzung von Einzelwahrnehmungen, wohingegen Identität dessen Ergebnis ist. Führungsidentifikation ist sozusagen der Weg zur Führungsidentität. Mitarbeiteridentifikation ist entscheidend für Führungserfolge. Inwieweit es gelingt, Mitarbeiterziele zu Vorgesetztenzielen zu machen, das ist eine weitere Frage.

Auf der Suche nach Führungsidentität ist ausgerichtet auf die Führungspraxis und versteht sich als Orientierungshilfe, indem sich der Leser in die einzelnen Führungsvarianten einordnen kann. Es wird auf Fragen eingegangen, die in der Regel auf Führungskräfte – aber auch auf Leistungsträger, die im Blickfeld stehen – ausgelegt sind. Welche Fragen stellen sich ihnen, mit welchen Problemen werden sie konfrontiert und welche Instrumente oder Ansätze können ihnen mitgegeben werden, damit sie anstehende Führungsprobleme besser lösen können. Der Leser soll alternative Sichtweisen seiner Handlungsmöglichkeiten kennenlernen, verstehen und in eigenes Führungshandeln übertragen können. Erkenntnisgewinne und Glaubwürdigkeit sollen sein Führungshandeln verstärken.

---

[2] In „Auf der Suche nach Führungsidentität" wird überwiegend von Führungsmodellen und nicht von Führungskonzepten gesprochen, weil Modelle Theorien sind, die die Wirklichkeit meist abstrakt formulieren. Dadurch soll das reflektierende Denken des Lesers aufgrund der jeweiligen Trennschärfe der Modelle angeregt werden.

Literatur

Simon HA (1981) Entscheidungsverhalten in Organisationen – Eine Untersuchung von Entscheidungsprozessen in Management und Verwaltung. verlag moderne Industrie, Landsberg am Lech, S 224

Führung im Spiegel der Realität

▶ **Führungserfolge** sind abhängig von Rahmenbedingungen, in denen sich Vorgesetzte und Mitarbeiter bewegen. Rahmenbedingungen können Führung erleichtern; sie können sie aber auch erschweren.

Selbst wenn Vorgesetzte glauben, ein Ziel nicht erreichen zu können, sind sie dennoch aus ihrer Führungsaufgabe und Führungsverantwortung „verpflichtet", Schritte in diese Richtung zu setzen! Sie müssen sich etwas zutrauen, daran glauben und handeln. Dazu ist es notwendig, neben den vom Unternehmensmanagement formal vorgegebenen Führungsaufgaben der Führungsrealität vor Ort vorurteilsfrei zu begegnen.

2.1 Irritationsszenarien

Änderungen im Führungsverhalten und damit einhergehend Änderungen von Einstellungen sind bei erwachsenen Menschen schwer durchzusetzen. Jeder Mensch hat seine ihm/ihr zuzuschreibende eigene Identität; auch wenn diese zugeschriebene Identität noch lange nicht bewirkt, dass sich dieser Mensch damit identifiziert. Dennoch kann Blindheit gegenüber dieser ganz persönlichen Identifizierung Ursache dafür sein, Verhaltensrealitäten nicht sehen zu wollen und ihnen aus dem Weg zu gehen, um anscheinend widersprüchliches Handeln zu vermeiden. Die daraus entstehende Gefahr des Verlustes realistischer Einschätzungen ist die eigentliche Identitätsfalle.

2.1.1 Widersprüche

Weil vielen nicht bewusst, ist es sinnvoll, Führung immer auch als widersprüchliches Handeln anzusehen. Wer Menschen führt, muss mit widersprüchlichen Situationen umgehen können:

G. Bolten, *Auf der Suche nach Führungsidentität*, DOI 10.1007/978-3-658-01109-3_2,
© Springer Fachmedien Wiesbaden 2013

- Als Führungskraft ist man sowohl Objekt als auch Subjekt. Man ist selbst von Entscheidungen anderer betroffen und muss eigene Entscheidungen treffen und durchsetzen.
- Mitarbeiter/innen sind Individuen, die als solche wahrgenommen und behandelt werden wollen. Führungsentscheidungen treffen häufig aber das Kollektiv und verlangen Gleichbehandlung, die durchaus auch als ungerecht empfunden werden kann.
- Führungskräfte müssen auf der einen Seite nach dem Prinzip der Herausforderung („Fördern heißt fordern") arbeiten, sind aber auf der anderen Seite zur Fürsorge verpflichtet.
- Sie müssen ständig eine Balance zwischen dem Erhalt des Bewährten und erforderlichen Neuerungen herstellen. Dabei bedarf es der Berücksichtigung der Verfassung der Mitarbeiter, da diese zunächst Veränderungen des Status quo wenig schätzen. Man kann nicht permanent verändern. Deshalb müssen Vorgesetzte versuchen, die Wirkung der angestrebten Balance einzuschätzen, um ein Gleichgewicht zwischen Stabilität und Wandel herzustellen.
- Sie müssen eine Diskrepanz der Erwartungen von oben und unten ertragen und damit umgehen können. Bei aller noch so gut gemeinten Delegation an Mitarbeiter darf nicht verkannt werden, dass Vorgesetzte auch weiterhin die Verantwortung für das Handeln ihrer Mitarbeiter tragen und diese gegenüber ihren eigenen Vorgesetzten zu verantworten haben.
- Führungskräfte geben sich gerne als Erfolgssucher aus, müssen aber mit eher sicherheitsorientierten Mitarbeitern umgehen können; dazu kommt, dass sie auf sich selbst bezogen häufig misserfolgsmeidend reagieren und handeln, ohne dies jedoch zugeben zu wollen.

2.1.2   Führen „einfach nur so" ist nicht möglich

„Führen einfach nur so" scheint das Prinzip wirklicher Persönlichkeiten zu sein. Wer charismatisch ist, erfährt automatisch Bewunderung und Aufmerksamkeit „einfach so". Andererseits kann es aber auch gerade deshalb so sein, dass charismatische Vorgesetzte im Bewusstsein dieser Effekte ihr Handeln und ihre Existenz auf die Bewunderung anderer ausrichten. Das wiederum ist alles andere als „einfach nur so".

Allerdings haben charismatische Persönlichkeiten einen wesentlich größeren Spielraum ihrer Aktivitäten und können entsprechend freier handeln als Vorgesetzte ohne bzw. mit nur wenig Charisma. Dennoch werden auch von ihnen Grundregeln des Führens überwiegend eingehalten. Sie müssen nur scheinbar weniger Überzeugungsarbeit leisten.

Von sich zu glauben und zu behaupten, charismatisch zu sein, ist sehr gefährlich. Tatsächlich sind es nur wenige, auf die diese Behauptung zutrifft. Ein wirklicher Charismatiker würde diesen Fehler nie begehen.

Ganz anders sieht es aus, wenn Führungskräfte (aus mangelnder Erfahrung) von ihrer Art zu führen nicht überzeugt sind oder wenn sie unsicher sind. Dann gilt „Führen einfach nur so" erst recht nicht. Da Führung üblicherweise vom Vorgesetzten – seltener vom

Mitarbeiter – ausgeht, können diese Führungskräfte nicht dieselbe Wirkung wie die eines „ansteckenden" Vorgesetzten erzielen. Für sie bedeutet Führen schlichtweg miteinander reden, weil die Bereitschaft ihrer Mitarbeiter, die Führungsbotschaft anzunehmen, nicht so sichtbar ist wie bei einem charismatischen Führer.

Unabhängig von unterschiedlich vorgegebenen Führungseigenschaften erfordert Führung Kommunikation zwischen Führungskraft und Mitarbeitern und damit zwischenmenschliche Beziehung. Mitarbeiter erwarten und brauchen mehr Information und Erklärung über das, was sie und die Abteilung betreffenden Ziele und Aufgaben anbelangt.

Häufig genug jedoch ist die notwendige Kommunikation sehr einseitig, weil sie in nur eine Richtung verläuft – und zwar von der Führungskraft hin zum Mitarbeiter. Das gängige Verhalten lässt sich folgendermaßen beschreiben:

„Ach, Herr Schulz, kommen Sie doch mal zu mir, lassen Sie uns einen Meinungsaustausch machen." Und dann tauschen sie so lange Meinungen aus, bis sie seine (des Vorgesetzten Meinung) haben. Ob hier das Selbstbild der betroffenen Führungskraft mit dem Fremdbild des Mitarbeiters Schulz übereinstimmt, kann man bezweifeln.

In diesem Zusammenhang darf nicht übersehen werden, dass es bei Führung immer auch um eine zielorientierte Einflussnahme – und zwar Einflussnahme über Interaktion[1] – geht, für die das eben beschriebene Vorgesetztenverhalten nicht gerade förderlich ist. Mitarbeiter dürfen sich nicht „behandelt" oder sogar „gedemütigt" fühlen. Mangelnde Sensibilität im Umgang mit Mitarbeitern kann für Vorgesetzte zum Verhängnis werden. „Führen einfach nur so", ohne Reaktionen der Mitarbeiter einzukalkulieren, kann auch hier nicht gelten.

2.1.3 Blauäugigkeit gegenüber Führungsmodellen

Führungsmodelle sind theoretische Grundmodelle und keine konkreten Mechanismen oder Erfolgsfaktoren. Allerdings wird vieles unreflektiert angenommen und umgesetzt.

Betrachtet man die Führungslandschaft vieler Unternehmen, trifft man häufig irgendwelche Rudimente zielorientierter Führung (MbO), kooperativer Führung in Bezug auf den Führungsstil als Verhaltensqualität und delegativer Führung als Form der Arbeitsplatzorganisation (MbD) an, die sich nicht gegenseitig ausschließen müssen.

- **Zielorientierte Führung (Management by Objectives, MbO):** Periodische Vereinbarung von Ergebnissen, die Mitarbeiter im Rahmen der Stellenanforderungen erreichen sollen. Aus Sicht der Führung sind Kontrolle und Justierung mindestens genauso spannend wie Zielbildungsprozesse.

---

[1] Interaktion bezeichnet die wechselseitige verbale wie auch nonverbale Beeinflussung des Verhaltens von Personen.

- **Kooperative Führung:** Einbeziehung von Mitarbeitern in das Abteilungsgeschehen. Der Vorgesetzte erlaubt Diskussionen und erwartet sachliche Unterstützung.
  Kooperative Führung bedeutet: kooperativ, vertrauensorientiert, möglichst partizipativ zu führen – also mit Entscheidungsbeteiligung der Mitarbeiter. In der Regel ist das Arbeitsklima durch offene Kommunikation zielfördernd. Bei Fehlern sollte nicht bestraft, sondern unterstützt werden.
- **Delegative Führung (Management by Delegation, MbD):** „Richtiges" Verteilen von Aufgaben an Mitarbeiter und damit eine gezielte Schaffung von Freiräumen und Freisetzung von Unternehmertum im Unternehmen. Mitarbeiter sollen sich in ihrem Aufgabengebiet so verhalten, als ob sie selbst Unternehmer wären.

Diese Modelle werden in unterschiedlicher Intensität „gelebt". Führungskräfte sollten aus eigener Erfahrung gelernt haben, dass es nicht *das* kooperative Führungsmodell, nicht *das* Delegationsmodell und nicht *das* MbO gibt. Das wirklich realistische und am meisten gelobte Modell ist „Situative Führung". Es ist der Versuch, Elemente der genannten Führungsmodelle situativ zu nutzen. Längerfristig wichtige Führungsleitlinien und damit die gewünschte Führungsstabilität dürfen dabei nicht missachtet und untergraben werden.

Es ist unwahrscheinlich, dass jede Führungskraft bereits über die notwendige Führungserfahrung verfügt. Schließlich fängt jeder einmal an, so dass allein schon aus dieser Perspektive die Interpretation der Modelle durch die Führungskräfte unterschiedlich ausfällt. Darüber hinaus führt die eigene intrinsische Motivation (z. B. sich primär als Erfolgssucher oder Misserfolgsmeider zu sehen) zu unterschiedlichen Konsequenzen (s. Abschn. 4.3) aus diesen Modellvorgaben.

Insofern ist der blinde Glaube an Führungsmodelle ein trügerischer Irrglaube. Wer sich an Vorbildern und (im übertragenen Sinne) an Führungsmodellen orientieren will, der muss in der Lage sein, zunächst den jeweils nächsten Schritt zu definieren und nicht der „totalen" Modellgläubigkeit zu frönen. Es geht nicht darum, dass man Ziele vereinbart oder dass man kooperiert. Es geht darum, wie man delegiert, wie man Ziele vereinbart und wie man kooperiert. Deshalb muss sich jede Führungskraft fragen, wo sie ihre Prioritäten setzt und warum sie ihre Prioritäten so setzt, wie sie sie setzt.

Damit Führung funktionieren kann, ist auch zu berücksichtigen, dass eine Umsetzung von Führungsmodellen in praktisches Führungshandeln sowohl Vorgesetzte als auch Mitarbeiter voraussetzt, die fähig sind, ziel- und aufgabenorientiert zusammenzuarbeiten. Davon auszugehen, dass diese Vorgesetzten-Mitarbeiter-Beziehung in den Unternehmen durchgängig gegeben ist, ist auch blauäugig.

2.1.4   Prioritätswahn „Kurzfristigkeit"

Mehr oder weniger von oben „aufgezwungene", als gängig zu akzeptierende kurzfristige Perspektiven können für Vorgesetzte vor Ort zur Falle werden. Es kann begründet sein, kurzfristige Erfolge einer langfristigen positiven Entwicklung vorzuziehen (z. B. bei Unternehmensverkauf). Erfolge werden jedoch immer häufiger unbegründet kurzfristig definiert. Die Erfahrung zeigt, dass die Umsetzung von Ideen, Strategien und Methoden Zeit und damit einhergehend Entwicklung braucht. Auch wenn Veränderungen nicht plötzlich einfach so da sind und ad hoc umgesetzt werden können, stehen dennoch häufig möglichst rasche Erfolge im Fokus. Entwicklung jedoch kann letztlich nur auf einen längerfristig angelegten Prozess ausgelegt sein, so dass auch Führung ihre Zeit braucht, soll sie nicht nur kurzfristig erfolgreich sein!

Es darf nicht übersehen werden, dass Erfolgskriterien nicht bzw. nur sehr selten so definiert werden, dass Führung dann gut ist, wenn die Problemlösungsfähigkeit innerhalb des zu verantwortenden Führungsbereiches (Abteilung, Team usw.) grundsätzlich verbessert wird.

Führung wird überwiegend als gut angesehen, wenn absatzfähige Produkte als Selbstläufer hohe Gewinne erwirtschaften und möglichst kurzfristig die Rendite optimieren. Dabei werden Wettbewerbsvorteile für künftig anstehende zu lösende Aufgaben gerne übersehen und kommen zu kurz. Auch wenn er einer der umstrittensten Managementbegriffe ist, heizen Shareholder-Value-Überlegungen[2] immer noch kurzfristige Erfolge an und übersehen Erfordernisse für eine längerfristige Strategie als Voraussetzung für eine stressfreiere Führung.

Je kurzfristiger „Anpassungszwänge" erfolgen, desto skeptischer verfolgen Mitarbeiter das Engagement ihrer Vorgesetzten. Die Unternehmensstrategie ist nicht selten kurzfristig an harten Faktoren und nicht längerfristig an weicheren, qualitativen Faktoren ausgerichtet. Das wiederum färbt auf das Führungsverhalten von Vorgesetzten ab und zeigt sich beispielsweise in folgenden Ausprägungen:

- Je größer das Profitinteresse ist, desto stärker reduziert sich Führung auf ihre autoritäre Ausprägung.
- Die Einbindung von Mitarbeitern im Sinne einer kooperativen Führung kostet zu viel Zeit und wird demzufolge eingeschränkt.
- Nicht nur Mitarbeiter geraten unter zunehmenden Druck, sondern auch Vorgesetzte.
- Druck erhöht die Delegationsbereitschaft von Vorgesetzten mit dem durchaus gewollten Nebeneffekt, bei Misserfolgen die betroffenen Mitarbeiter als „Schuldige" vorzuführen.
- Jeder betreibt im Grunde genommen eine Art „Save Your Arse-Strategie" (Rette sich, wer kann!).

Mit Ausnahme von Notsituationen sollten Vorgesetzte bestrebt sein, prozessorientiert zu führen. Die Prozessausrichtung ist deshalb so wichtig, weil sie in der Realität häufig noch zu wenig Beachtung findet.

Führung sollte prozessorientiert auf einer längeren Zeitschiene erfolgen. Dies wird nicht genug beachtet, weil Führungsaktivitäten aus Sicht vieler Vorgesetzter in der vorgefundenen Abteilungs- bzw. Teamsituation an ihre Grenze stoßen. Der Glaube, dass Abteilungs-

---

[2] Shareholder-Value = möglichst kurzfristige Optimierung der Unternehmensrendite.

bzw. Teamsituationen sich zu stark unterscheiden, ist einer der häufigsten Irrtümer. Langfristig Erfolg versprechendes Führungshandeln wird dadurch erschwert oder sogar verhindert.

2.1.5   Führung – nur ein Rollenspiel?

Vieles im Führungsalltag, was als empfehlenswert und als solches auch in Seminaren vermittelt wird, birgt die Gefahr in sich, dass Führungskräfte in den Konflikt geraten, Rollen – sich also zu verstellen – zu spielen, und Rollenspiele zum Bestandteil ihrer Führung werden. Der Konflikt besteht darin, dass sie sich immer weiter von ihrem eigenen ursprünglich gewollten Führungsverhalten wegbewegen. Man tut so, als erwarte man ein bestimmtes Verhalten von sich als Führungskraft.

Damit aber wird Führung aus Sicht vieler Mitarbeiter immer unberechenbarer, weil sie nicht mehr nachvollziehen können, nach welchen Spielregeln oder genauer nach welcher Trickkiste gerade geführt wird. Vorgesetzte werden von ihren Mitarbeitern nicht mehr als sie selbst empfunden und verstanden, eben weil diese nicht mehr sicher sind, woran sie bei ihren Vorgesetzten wirklich sind. Für Vorgesetzte, die sich in ihrer Führungsfunktion (Rolle) so verstehen, wird dieses Rollenspiel sehr aufwendig und mühsam.

Diese Situation lässt sich mit der eines Verkäufers vergleichen, von dem man sagt, dass er wirklich nur verkaufen kann, wenn er von dem zu verkaufenden Produkt überzeugt ist. Ist er es nicht, wird er nicht zu der für den Verkauf so wichtigen Ausstrahlung finden. Sein Gegenüber merkt das (vielleicht nicht sofort, aber doch relativ bald). Gleiches lässt sich auf Führungsbeziehungen übertragen. Etwas bei seinen Mitarbeitern „verkaufen" können, was man selber nur bedingt vertritt, ist beschwerlich und durchaus der hohen Kunst der Führung zuzuschreiben.

Zusammenfassend lässt sich festhalten, dass angelernte, antrainierte, aber nicht der eigenen Überzeugung entsprechende Verhaltensweisen in der Regel kontraproduktiv sind.

2.2   Selbstverständlichkeiten, auf die es ankommt

Im Ablauf eines Führungsalltags gibt es Dinge bzw. Realitäten, denen Vorgesetzte täglich begegnen, ohne sie wirklich wahrzunehmen bzw. nicht wahrnehmen zu wollen. Dinge nicht wirklich wahrzunehmen, erfolgt eher unbewusst – sich davon abzuwenden, ist hingegen aktiv und bewusst. Ein Blick auf derartige tägliche „Selbstverständlichkeiten" kann für das Führungsengagement durchaus hilfreich sein.

2.2.1 Kultur bestimmt Führungsstrukturen

Kultur ist ein vielschichtiger Begriff. Kultur als solche ist vorgegeben aus Entwicklungen der Vergangenheit, die zur Tradition geworden sind. Die Wirklichkeit von Kultur gibt es allerdings nicht ohne Wechselbeziehung zu Subkulturen[3] bis hin zu deren kleinsten Einheiten. Hat man beispielsweise ein funktionales Organisationsverständnis (das Unternehmen hat eine Organisation), ist Kultur aus ihrer Tradition heraus zu begründen. Hat man dagegen ein Prozessverständnis (das Unternehmen wird organisiert, das Unternehmen befindet sich in einem Prozess des Strukturiertwerdens), dann spiegelt sich Kultur in der Entwicklung auf der Grundlage von Subkulturen und deren weitläufigen Ablegerin bis hin zu Lebens- und Verhaltensweisen wider.

Das Lebendige in einem Unternehmen kommt von den Lebensweisen der in das „Kultursystem Unternehmung" eingebundenen Menschen, weshalb sich Veränderungen auch von unten nach oben entwickeln können. Die Lebensweisen der Betroffenen werden zu einem Element von Dynamik, wenn man die Wirklichkeit sieht. Alles, was sich in diesem kulturellen Spannungsfeld spontan ergibt, kann sich mit der Zeit institutionalisieren.

• Nimmt man beispielsweise Mitarbeiter an die kurze Leine, schränkt man deren Kreativität ein, dass nur noch nach „Dienst nach Vorschrift" gearbeitet wird. Nimmt man dagegen Mitarbeiter an die lange Leine, können Prozesse länger dauern, ausufern und unübersichtlich werden.
• Dementsprechend sind in einem Betrieb auch Umgangsformen Bestandteil dessen, was als Subkultur seine eigene Gesetzmäßigkeit entwickeln kann.

Subkulturen beinhalten mehr als das, was man ausschließlich sachlich und zielbezogen abhandeln kann. Verdeutlicht man sich diesen Aspekt, dann ist Unternehmenskultur nichts Blutleeres. Nimmt man den Begriff der Betriebs- oder Unternehmenskultur ernst, kann es sich nicht nur um rationales Handeln (planen, organisieren usw.) handeln.

Kultur ist nur dann Kultur, wenn in ihr auch die Lebens- und Verhaltensweisen zur Geltung kommen. Nur dann ist gewährleistet, dass eine gewisse Dynamik nicht von vorneherein zerstört wird.

Deshalb muss Kultur alle jeweils konkreten „Vor-Ort-Situationen" berücksichtigen. So unterscheidet sich beispielsweise die Kultur der Werbebranche von der der Banken, die einer Kreditabteilung von der einer Börsenabteilung oder Revision, die der Vorgesetzten möglicherweise von der ihrer Mitarbeiter und schließlich die von Vorgesetzten untereinander wie auch die von Mitarbeitern untereinander. Das alles sind Subkulturen, aus denen sich wiederum weitere Kulturspezifika bis hin zur „Diskussionskultur" ableiten lassen, die dann alle in irgendeiner Form zusammenfinden, koordiniert und integriert werden müssen.

---

[3] Entgegen dem allgemein anerkannten Kulturbegriff wird in „Auf der Suche nach Führungsidentität" Kultur eingegrenzt (eingeschränkt) in kulturelle Gruppenspezifika wie „Unternehmenskultur", „Kultur der Führungsebene" oder „Kultur der Beschäftigten".

Unternehmenskultur ist die Summe der in einem Unternehmen am häufigsten gemeinsam gelebten Werte und Verhaltensnormen wie beispielsweise Disziplin, Loyalität, Offenheit usw. Werte sind Teil des kulturellen Rahmens und können nicht von einem Einzelnen (auch nicht von einem CEO) geändert werden. Dennoch können Vorgesetzte hervorragende Repräsentanten einer – wenn auch eingeschränkten – Kultur sein. Sie sind beispielsweise sehr flexibel im Bereich der Handlungen auf der operativen Ebene; auf der kulturellen Ebene sind sie es weniger. Aber auch das kann eine bestimmte Art von Kultur sein. Letztlich sind Ziele, Konzepte und Instrumente Spiegelbilder der jeweils vorherrschenden Kultur.

Ihre Umsetzung hängt davon ab, mit welcher Kultur und Ausprägung sich die im Unternehmen tätigen Menschen identifizieren. So wie Menschen ihre kulturelle Identität einbringen, so prägen auch Erfolge oder Misserfolge die kulturelle Identität insbesondere von Vorgesetzten, aber auch von Mitarbeitern. Der Erfolg zielorientierter, kooperativer und delegativer Führung ist abhängig von der gelebten und erlebten Unternehmenskultur wie auch von der Kultur der im Unternehmen tätigen Menschen.

Deshalb beschneidet die Nichtbeachtung unterschiedlicher Kulturansätze die Identität und gefährdet den Erfolg von Vorgesetzten und Mitarbeitern. Eine abstrakte Identifikation ist nicht vorstellbar und kann nicht entstehen – wohl jedoch eine persönliche Identifikation. Abstrakt gesehen wird es immer sich ergänzende gegenseitige Abhängigkeiten (Interdependenzen) und daraus folgend auch gegenseitige Orientierungen innerhalb der Beziehungen zwischen Vorgesetzten und Mitarbeitern geben. Einen Vorgesetzten, der Versprechungen macht, müssen Mitarbeiter zunächst einmal darauf prüfen, ob er die letzten Versprechungen gehalten hat. Konkret allerdings fallen Abhängigkeiten nicht immer für das Führungsverhalten ins Gewicht – beispielsweise wenn man sich gegenseitig einfach ignoriert.

Um unterschiedliche Einstellungen von Vorgesetzten und ihren Mitarbeiter zu fassen, bedarf es rollenspezifischer Analysen. Vorgesetzte beispielsweise haben im Betrieb eine ganz bestimmte Rolle. Durch diese Rolle richten sich Erwartungen auf sie, denen sie nach Möglichkeit auch entsprechen sollten.

Obwohl man nicht von vornherein ausschließen kann, dass es eine authentische, bei sich seiende Führungsperson gibt, verfügen die meisten Führungskräfte gemäß ihrer Rolle über ein bestimmtes Repertoire von Verhaltensweisen. In diesem Repertoire gibt es einen Bestand, der den jeweiligen Erwartungen der Geschäftsleitung und der Mitarbeiter/innen entspricht. Darüber hinaus verfügen Führungskräfte auch noch über andere Repertoires, die willkommen oder unbeliebt, fördernd oder nichtfördernd sind. In diesem Zusammenhang ist es wichtig, eine Kompetenz zu entwickeln, ihr gesamtes Repertoire sinnvoll in das Betriebsgeschehen einzubringen.

Nur wenn Vorgesetzte und Mitarbeiter die gleiche Wellenlänge haben oder sich zumindest annähern, führt die daraus resultierende gemeinsame Identität zu optimalen Führungserfolgen. Annäherung muss führungsmäßig und kulturell erfolgen.

Ist dies nicht der Fall, verkrusten Motivation, Engagement und zielorientiertes Arbeiten – die wünschenswerte integrative Wirkung bleibt auf der Strecke.

2.2.2   Die Führungslegitimation – Grundlage und Problem zugleich

Führung ist eigentlich nur Mittel zum Zweck. Sie dient dazu, Ziele jenseits der Führung zu erreichen: z. B. ökonomischen Erfolg, Überleben des Systems usw. Führung hat zunächst keinen Selbstzweck, weshalb die Legitimationsfrage für Führungshandeln häufig unterschlagen wird.

Deshalb muss klargemacht werden, warum jemand das Recht hat, das Verhalten anderer zu beeinflussen und sogar einzuschränken. Zielgerichtete Verhaltensbeeinflussung – das ist Führung – heißt immer auch Manipulation im psychologischen Sinne. Und wer schon aus verschiedenen Gründen dieses Recht hat, der muss sich fragen lassen, wie und in welcher Weise ihm dieses Recht zusteht. Das ist ein zentraler Punkt. Führen hat immer etwas mit „Macht ausüben" und „Einfluss nehmen" zu tun. Führung legitimiert sich sozusagen aus der Reflexion auch darüber und hilft Vorgesetzten bei der Bestimmung ihres eigenen Führungsverhaltens.

Die Machtfrage ergibt sich sozusagen aus dem sozialen Prozess heraus. Bei dem daraus folgenden Versuch der Ableitung einer Legitimation schwingt praktisch immer mit, sich entweder in die Position von Vorgesetzten zu versetzen und sie als „Träger der Führungsaufgaben" zu diskutieren oder sich in die Position der Mitarbeiter zu versetzen und sie als „Leidtragende" zu diskutieren.

In der allgemeinen Führungsdiskussion neigt man dazu, Führung wie eine Einbahnstraße zu betrachten. Aber genau das ist nicht der Fall, weil Vorgesetzte diejenigen sind, die führen, und Mitarbeiter die sind, die geführt werden. Die Sichtweise einer Einbahnstraße (s. Abschn. 4.1) ist also – obwohl weit verbreitet – falsch, weil sich Führung in der Beziehung zwischen Vorgesetzten und Mitarbeitern oder zwischen zwei Personen oder zwischen einer Person und einer Gruppe abspielt.

Diese Argumentation stößt in der Realität auf erhebliche Schwierigkeiten, weil die alleinige Verantwortung für die Führung entfällt. Führungsbeziehungen können jedoch nicht mehr nur auf Vorgesetzte, sondern müssen auch auf Mitarbeiter bezogen werden. Führung setzt immer voraus, dass einer etwas tut und ein anderer etwas mit sich tun lässt. Unterschiedliche Qualitäten von Führungsbeziehungen anzusprechen heißt, die Qualität der Beziehung, die zwischen diesen beiden besteht, zu diskutieren. Es ist deshalb nur eine Seite der Medaille, wenn man die Beziehung ausschließlich aus der Perspektive von Vorgesetzten diskutiert.

Hinter dem, was aus Unternehmenssicht als Führung deklariert wird oder welches Führungshandeln Vorgesetzte als Folge daraus an den Tag legen, steht die Überzeugung, dass der Erfolg letztlich Führungshandeln legitimiert. Damit stellt sich aus Unternehmenssicht wie auch aus Sicht der einzelnen Vorgesetzten die Frage, welche Voraussetzungen erfüllt sein müssen, damit sich Führungserfolge einstellen können. Typisches Beispiel hierfür ist MbO.[4]

---

[4] MbO = Management by Objectives (zielgerichtet führen).

Die Legitimation für MbO wird abgeleitet aus der Überlegung, zu fragen, was denn die jeweils nächsten Stufen in einem Unternehmen konkret dazu beitragen müssen, um ein globales Unternehmensziel zu erreichen. Darauf aufbauend entsteht eine Zielehierarchie. Zeichnet man diese auf, so hat man ein Ober-Ziel, aus dem man bestimmte Spartenziele ableitet; aus den Spartenzielen Abteilungsziele, aus den Abteilungszielen Arbeitsgruppenziele und aus den Arbeitsgruppen Ziele für einzelne Arbeitsplätze. Die Zusammenfassung all dieser abgeleiteten Ziele soll dem Unternehmensziel entsprechen. Das Verfahren zur Zielentwicklung dient somit der Legitimation für MbO. Dieses Verfahren kann entweder autoritär oder kooperativ sein. Wenn Ziele definiert sind, braucht es jemanden, der/die den Weg zu diesen Zielen festlegt und dementsprechend Aufgaben verteilt. Dabei sollte es sich um einen Mix aus konkret messbaren Zielen (Umsatz, Kosten, Zeit für Meilensteine etc.) und weichen Zielen (Mitarbeiterzufriedenheit, Mitarbeiterentwicklung etc.) handeln.

Betrachtet man Führung als Prozess und Beziehung zwischen mindestens zwei Personen, dann muss man sich fragen, wie denn Führung funktioniert, weil beide (der Führende und der Geführte) etwas beitragen. Legt beispielsweise der Vorgesetzte ein autoritäres Verhalten an den Tag, dann kann er dieses autoritäre Verhalten nur realisieren, wenn und soweit der Mitarbeiter ihn lässt. Die Realität sieht allerdings häufig anders aus: Autoritäres Verhalten funktioniert via Druck und Einschüchterung. Ist der Job in Gefahr, machen Mitarbeiter das, was verlangt wird.

Allein ausschließlich autoritär führen zu wollen, ist für die Legitimation von Führung zu kurz gegriffen und zu kurzatmig. Diese Art der Führung dürfte kaum noch zu den erhofften Führungserfolgen führen, weil das Entscheidende die Qualität der Führung und somit die jeweilige Beziehung zwischen Führungskraft und Mitarbeiter ist. Ausschließlich die sachrationale Schiene – kühl, distanziert, emotionslos usw. – zu fahren, entspricht zwar einem entsprechenden Persönlichkeitsprofil, ist jedoch nicht schon eine Legitimation für das Führungshandeln von Vorgesetzten.

Letztlich verliert Führung ihre Legitimation, wenn Führungshandeln auf Dauer nicht zu den beabsichtigten Zielen führt. Wer die gesteckten Ziele nie erreicht, der muss sein zielgerichtetes Handeln überprüfen.

2.2.3   Auf Denkfehlern beruhende Trugschlüsse

Motivation im eigentlichen Sinne ist keine gesonderte Aufgabe der Führung, weil Motivation sich nicht auf eine Führungsaufgabe reduzieren lässt. Motivation steckt überall – also in jeder Führungsaufgabe (z. B. Ziele setzen, Planen, Organisieren, Kontrollieren, Informieren). Führungskräfte können mit allem, was sie tun oder unterlassen, motivieren, indem sie es in einer ganz bestimmten Weise tun oder unterlassen. Motivation ist Teil und Ausdruck von Führungsprozessen. Üblicherweise motiviert man nicht der Motivation wegen, sondern auf ein Ziel gerichtet.

Dennoch gibt es Situationen, in denen die Motivation der Mitarbeiter ein konkretes Führungsziel darstellen kann. In diesen Fällen wird Motivation zur gesonderten Führungsaufgabe. Wenn Vorgesetzte planen, müssen sie auch organisieren, entscheiden und handeln. Das sind Aufgaben, über die sie motivieren oder demotivieren können.

- Wenn man plant, ist klar, was gemeint ist – nämlich eine Summe von Tätigkeiten, die als Planen bezeichnet wird. Es gibt aber keine Summe von Tätigkeiten, die man als Motivieren bezeichnen könnte, sondern Motivieren ist in diesen Tätigkeiten enthalten. Man muss unterscheiden, ob die Planung motivierend oder demotivierend ist, ob die Organisation motivierend oder demotivierend ist, ob die Kontrolle motivierend oder demotivierend ist usw. Motivieren ist im Grunde genommen die Art und Weise, wie man plant, wie man organisiert, wie man kontrolliert. Motivation ist daher immer das Ergebnis dessen, wie die übrigen Führungsaufgaben ausgeführt werden.
- Neben der Frage nach dem Motivieren müssen sich Vorgesetzte die Frage nach dem „Energetisieren" stellen und beantworten. Schaffen sie es, ihre Mitarbeiter so zu aktivieren, dass sie ihnen Energie und Kraft für deren Aufgaben entlocken. Das ist nicht nur der Motivation inhärent, sondern kann auch ganz konkret ein Ziel darstellen. Beispiel: „Wir entwickeln gemeinsam eine Vision für unseren Bereich." Somit ist Energetisieren ein Synonym für Motivieren.
- Motivation allein reicht nicht aus, um langfristig Führungserfolg zu haben. Auch Identität ist ein wichtiger Führungsparameter. Motivation[5] und Identität[6] sind ein ungleiches Paar. Der Unterschied besteht darin, dass Identität im Normalfall länger ausgerichtet ist als gesteuerte Motivation.
  Im Gegensatz zur intrinsischen[7] Motivation löst sich die extrinsische[8] Motivation meistens längerfristig selbst auf. Hier stehen beim Führen die Beteiligten auf unterschiedlichen hierarchischen Ebenen. Versagt der Motivationsversuch, können Vorgesetzte auf ihr Weisungsrecht zurückgreifen – auch insofern ist Motivieren kurzfristiger angelegt als Identifikation.
  Motivation führt langfristig zu Identität und umgekehrt ermöglicht Identität Motivation. So trägt Motivieren dazu bei, Identifikation abzusichern. Allerdings ist dies nur eine Seite der Medaille, weil auch hier eine Wechselwirkung gegeben ist. Es gibt Überschneidungen (Schnittmengen) zwischen Motivieren und Identifizieren. Sie liegen im Bereich der intrinsischen Motivation. Das Problem dabei ist, dass intrinsisch zu motivieren immer schwieriger wird und Führungskräfte immer weniger in der Lage sind, überhaupt intrinsische Motivation bei ihren Mitarbeitern zu erreichen. Dies insbesondere deshalb, weil sie gar nicht so viel interessante aus der Sache selbst resultierende Aufgaben zu vergeben haben und die interessantesten Aufgaben selber behalten wollen.

---

[5] Motivation = Wille und Bereitschaft, etwas zu erreichen.

[6] Identität = Annahme (Identifikationsprozesse) und Übernahme geistigen Gedankengutes; kognitive und emotionale Gleichschaltung; Zugehörigkeitsempfinden und Eins-Werden.

[7] intrinsische Motivation = von innen her, aus eigenem Antrieb durch Interesse an der Sache erfolgte Motivation.

[8] extrinsische Motivation = von außen her, nicht aus eigenem inneren Anlass erfolgend, sondern aufgrund äußerer Antriebe verursachte Motivation.

Identifikation führt dazu, dass man eher bereit ist, etwas anzustreben, als wenn man für ein Ziel motiviert werden muss. Identifikation verbessert die Motivationsbereitschaft und erhöht die Motivationsfähigkeit. Das eine kann zwar das andere nach sich ziehen; es ist aber nie ein Gleichklang. Was mit Identifikation erzeugt wird, ist kein direkter Leistungsbezug. Trotzdem ist es ein häufig gehörtes Prinzip. Der Vorteil der Identität liegt jenseits der Leistung im Bereich der Bindung; in einer starken Kopplung zwischen einem Menschen und der Institution, zwischen Vorgesetztem und Mitarbeiter.

Bei der Identifikation steht nicht die kurzfristige Leistungsoptimierung im Vordergrund, sondern der Vorteil der engen Bindung. Aus dieser Sicht werden Vorgesetzte – wenn sie klug sind – bei der Wahl ihrer engsten Mitarbeiter nicht unbedingt den „Besten" suchen, sondern den Mitarbeiter, der die besten Identifikationsvoraussetzungen mitbringt. Je nachdem, ob man klassisch motivieren will (was immer heißt, auf die individuelle Leistungsbereitschaft und somit auf die Leistungsmotivation der Mitarbeiter einzugehen) oder ob man die Identifikation fördern will, wird man sehr unterschiedlich vorgehen. Am liebsten hätte jede Führungskraft natürlich beides (Leistungsbereitschaft und Loyalität) von ihren Mitarbeitern. Doch ist das oft Wunschdenken. Haben Vorgesetzte die Qual der Wahl und sollte ihnen in ihrer ganz persönlichen Sichtweise Loyalität wichtiger sein als die Leistungsfähigkeit, dann werden sie ihr Augenmerk auf die Identifikation der betreffenden Mitarbeiter legen.

- Vorgesetzte – sofern sie nicht gerade Neulinge sind – haben ein Gesamtimage, das auf ihre Führung abstrahlt, und eine Rolle unabhängig davon, wie sie mit ihren Mitarbeitern umgehen und was die Mitarbeiter mit ihnen erleben. Die Übereinstimmung oder der Gleichklang des Image oder der Rolle sind ein wichtiger Punkt bei der Umsetzung von Führung.
- Die stärkere Identifikationskraft erwächst aus den Aufgaben und Bezugsgruppen. Sich mit dem, was man tut, zu identifizieren, ist schon erwähnenswert. Sich auch noch mit denen zu identifizieren, die mit einem etwas tun im Sinne von Führen oder im Sinne von Arbeiten, ist wiederum eine Stufe höher. Das ist dann wirklich ein Gleichklang. Ob und in welchem Umfang man daraus einzelne Impulse für die Leistung schöpfen kann, ist eine ganz andere Frage. Es wird üblicherweise unterstellt; ist aber nicht der einzige Effekt.
- Bei sehr vielen Mitarbeitern und auch bei deren Vorgesetzten kommt es im Grunde genommen gar nicht auf die Spitzenleistung, über die man immer redet, an, sondern darauf, dass sie ein bestimmtes Quantum an Leistung regelmäßig erbringen. Aus diesem Grund kann die Spitzenleistungseuphorie vieler Unternehmen und damit auch von deren Führungskräften nur selten umgesetzt werden.

Führungsmodelle – Sonnenscheinkonzepte als Leitlinien für Führungskräfte

3

▸ **Führungsmodelle** sind in ihrer Mehrheit abstrakte auf die Realität ausgerichtete Ideal-vorstellungen. Sie zeichnen sich dadurch aus, dass sie einen speziellen Grundsatz – sei es den der Delegation oder den der Kommunikation oder den der Beteiligung am Entschei-dungsprozess – als Aufhänger nehmen, um daraus ein Modell zu entwickeln. Annäherung und Umsetzung an diese Modelle haben so lange ihre Berechtigung, wie man mit ihnen Erfolg hat. Das ist der Grund, weshalb Führungskräfte sie zum Maßstab ihrer Führungs-orientierung machen sollten und bildet die Grundlage dafür, unter welchen Bedingungen sie im eigenen Bereich sinnvoll anwendbar sind.

Der Unterschied zwischen Anspruch und Wirklichkeit hinsichtlich der Rolle des Menschen in Führungsprozessen kann nicht deutlicher zum Ausdruck gebracht werden als in vielen sonntäglichen Reden, die nicht aufhören zu betonen, der Mensch stünde im Mittelpunkt. Die Realität sieht leider häufig ein bisschen anders aus und kann sehr leicht sichtbar wer-den. Man braucht nicht einmal einen Buchstaben zu ändern. Man muss nur die Betonung ändern und der Mensch wird zum Mittel. (Punkt) (vgl. Neuberger 1/1990, S. 3–10).

Es wird kaum jemanden geben, der behauptet, Führung sei unwichtig. Man findet ei-ne generelle Anerkennung und es hat sich durchgesetzt, dass man (zumindest in Reden) betont, Führung sei das Wichtigste. Das sind häufig Bekenntnisse dazu, dass das, was man sagt, etwas ist, was man vorgibt zu glauben. In der Umsetzung jedoch sieht es nicht selten anders aus.

Bekanntlich wird auf allen Führungsebenen mit Zielen gearbeitet, nur dass diese Ziele nicht wirklich vereinbart werden, sondern einfach vorhanden sind. Im Prinzip spiegeln sie die jeweilige Ebene und entsprechend entwickelt man dann die Palette möglicher Interpre-tationsspielräume für Führungskonzepte und -instrumente.

Es ist nicht überraschend, wenn kooperative, zielorientierte und delegative Modelle nicht wirklich funktionieren, weil jedes Führungsmodell seine Zeit hat. Es kann sein und es ist zu hoffen, dass es beispielsweise wirklich delegative Führung tatsächlich einmal ge-ben wird. Das aber ist auch eine Frage der Kultur. Eigentlich sollte man sich abgewöhnen,

G. Bolten, *Auf der Suche nach Führungsidentität*, DOI 10.1007/978-3-658-01109-3_3,
© Springer Fachmedien Wiesbaden 2013

von Idealmodellen zu reden, weil häufig doch sehr unterschiedliche Varianten des gleichen Führungsmodells realisiert werden.

Man kann streiten, welches Führungsmodell das bessere an sich ist und welches das bessere als Orientierungshilfe ist oder welches das bessere für Mitarbeiter ist. Man kann darüber streiten, ob Modelle in ihrer Umsetzung den Charakter von Instrumenten annehmen. Das sind Fragen des jeweiligen Blickwinkels.

Obwohl alle Modelle aus Sicht vieler Praktiker reine Theorie sind, sind sie dennoch in einen Rahmen eingebunden und tendenziell immer auch auf die Realität ausgerichtet. Sie können gedankliches Hilfsmittel sein für bestimmte Situationen – mehr nicht! Dennoch spielen sie eine wichtige Rolle auf der Suche nach der persönlichen Führungsidentität.

Delegation beispielsweise ist nichts anderes als die Verlagerung von Expertise auf eine tiefere Ebene. In dem Moment, in dem Delegation funktioniert, ist der Mitarbeiter/die Mitarbeiterin, dem/der in seinem/ihrem Aufgabengebiet Kompetenz übertragen wird, fachlich gesehen dem/der Vorgesetzten überlegen. Wäre er/sie es nicht, würde Delegation gar nicht funktionieren. Je mehr Verantwortung eine Führungskraft hat, desto eher werden Kompetenzen nach unten verteilt.

Andererseits können Führungsmodelle tendenziell auch labil sein, weil sie nicht „autoritär genug" sind. Kooperative Führung erfordert sehr viel Kommunikation – nur darf nicht so lange diskutiert werden, bis man den Wettbewerb verloren hat. Die Umsetzung von Modellen bzw. eine Annäherung an diese hat so lange ihre Berechtigung, wie man mit ihnen Erfolg hat.

Hinzu kommt, dass Vorgesetzte und Mitarbeiter in der Regel nicht ganz frei von Führungsideologien[1] und darauf aufbauenden Erwartungshaltungen sind. Schaut man sich an, was alles in der Praxis unter dem Synonym Führungsmodell (zielorientierte, kooperative und delegative Führung) „gemacht" wird und was auch als sinnvoll verstanden werden kann, dann gibt es zwei wesentliche Aspekte dieser Modelle:

- Zum einen geht es immer um die Entscheidungsverteilung innerhalb der Führungsbeziehung. Wer welche Entscheidungskompetenz hat, wird klar geregelt.
- Zum anderen geht es um die Qualität der zwischenmenschlichen Beziehung, die in Richtung Vertrauen und gegenseitige Unterstützung und nicht in Richtung Misstrauen und gegenseitiges Stühlesägen gerichtet ist. Wie stellen wir sicher, dass wir gemeinsam am gleichen Ziel arbeiten?

Über die zwischenmenschlichen Beziehungen kann man sich streiten. Häufig genug wird unter kooperativer Führung nur die soziale Schiene verstanden; aber ohne Konsequenzen auf partizipative Entscheidungsprozesse. Daneben steht dann eigentlich mehr das, was man klassische Führung nennt: Der Boss hat das Sagen, aber der Boss ist „menschlich".

---

[1] Führungsideologie = führungsorientierte Anschauung.

Insofern ist kooperative Führung ein im Prinzip vom Denkansatz klassisches Führungsmo-dell, was trotz aller wohlgemeinten Erklärungen sehr stark vorgesetztenzentriert ist.[2]

Ein vielfach nicht beachteter Unterschied zwischen kooperativer und delegativer Füh-rung besteht darin, dass kooperative Führung immer das Gemeinsame an Entscheidungs-prozessen betont, während delegative Führung immer das Abgrenzen, also nicht das Ge-meinsame betont.

- Kooperative Führung ist ein im Prinzip ideologisches Konzept, weil es prosozial und partizipativ angelegt ist. In der praktischen Umsetzung ist es in der Regel eine Mischung von beidem.
- Im Gegensatz dazu ist das Delegationsmodell wesentlich weniger ideologisch, unter Um-ständen sogar viel stärker zugunsten des Mitarbeiters ausgerichtet. Es ändert radikal das Denken über Führung. Gemeint ist der theoretische Denkansatz und nicht das, was in den Köpfen der meisten Praktiker noch vorherrscht.[3]

Vom Denkansatz ist das Delegationsmodell ein Führungsmodell, das im Grunde auch beim Vorgesetzten ansetzt, weil ihm die Gestaltung der Führungsbeziehung (wer hat wel-che Entscheidungskompetenz?) und die Qualität der zwischenmenschlichen Beziehung obliegt. So verstanden ist das Delegationsmodell genauso wie die kooperative Führung letztlich vorgesetztenzentriert. Aber es arbeitet einen bestimmten qualitativen Aspekt (Ver-trauen usw.) und die Entscheidungsbeteiligung klar heraus. Wollen Vorgesetzte delegieren, so ist dies nicht ohne Vertrauen in die Selbststeuerungsfähigkeit ihrer Mitarbeiter möglich!

Bei allen durchaus optimistisch klingenden Überlegungen darf nicht übersehen wer-den, dass die Gestaltung – die Art und Weise, wie diese Modelle umgesetzt werden – eher von Leitbildern geprägt ist, die noch aus der Zeit der traditionellen Führung stammen. Das ist die eingebaute Schere im Kopf, die dazu führt, dass solche Modelle vielfach pervertiert angewandt werden. Man zeigt ein sehr offenes, sehr flexibles Führungshandeln mit sehr viel Selbstorganisationsspielraum für die Mitarbeiter. Damit das aber ja nicht aus den Gleisen gerät, verengt man dann wieder den ursprünglich angedachten Spielraum. Die eigentlich gut gemeinte Führungsabsicht wird aus Angst um die Beherrschbarkeit der Führungssitua-tion geknebelt. Das ist in vielen Situationen die Schizophrenie. Man hat in Bezug auf die Modelle eigentlich gar keinen Entwicklungslag. Die eigentlichen Entwicklungslags liegen häufig in der Veränderung des Denkens über Führung und nicht so sehr in der Anwendung und Umsetzung bestimmter Führungsmodelle und Führungsinstrumente. Eine Änderung zu wagen, ist deswegen schwierig, weil man aus dem bisherigen Trott heraus muss.

Aus diesem Widerspruch heraus ist davor zu warnen, Führungsmodelle nicht zum Maßstab der Führungsorientierung zu machen. Das wäre ein gravierender Fehler, weil Führungsinstrumente nur das äußere Kennzeichen sind. Modelle und Instrumente kön-nen unterschiedlich genutzt werden. Wozu sich Führungskräfte letztlich entscheiden, ist

---

[2] Ohne Einführung in die Führungsmodelle erscheinen die Aussagen an dieser Stelle schwer ver-ständlich (s. Abschn. 3.2).
[3] Gleiche Begründung wie vorherige Fußnote; s. Abschn. 3.3.

eine Frage der Werthaltung. Deshalb lässt sich aus den Modellen – MbO existiert, Delegation existiert usw. – noch nicht ableiten, ob wirklich im Sinne angedachter Entwicklungen geführt wird, wenn man sich nicht anschaut, in welcher Weise delegiert wird, wie Zielvereinbarungen betrieben werden usw.

Eine ganz andere Frage ist es, wie Vorgesetzte mit der für sie zwiespältigen Situation umgehen, dass sie zwar delegieren, aber für die Ergebnisse immer noch zuständig sind. Führungskräfte sollten deshalb den Umgang auch mit der Ideologie von Führungsmodellen stets vor Augen haben, wenn sie sich Gedanken über ihre Führungsalternativen machen! Auf keinen Fall darf passieren, dass Modelle lediglich als Begriffshülsen im Führungsverhalten von Vorgesetzten versanden.

Weder bei zielorientierter Führung noch bei kooperativer und delegativer Führung ist man in der Lage zu sagen, was auf den Punkt genau darunter verstanden wird, weil die Praxis lediglich Interpretationsperspektiven zulässt. Die Führungsrealität zeigt, dass Führungsmodelle zwar theoretisch konkrete Handlungsanweisungen geben, in der Praxis aus den unterschiedlichsten Gründen jedoch nie in Reinkultur gelebt werden. Die Modelle gäben schon konkrete Handlungsanweisungen her, wenn die Praxis diesen entsprechen würde. Dies ist aber nur beschränkt möglich.

Dennoch wird es ohne Zielorientierung, ohne Zusammenarbeit und ohne Delegation keine erfolgreiche Führung geben. Je höher das Mitarbeiterniveau ist, desto größer der Wunsch nach und die Realisierbarkeit von Partizipation hinsichtlich zielorientierter, kooperativer und delegativer Führung. Insofern dienen Führungsmodelle und die daraus zu folgernden Empfehlungen der Selbstreflexion und gleichzeitig auch der Selbstentwicklung von Führungskräften.

3.1 „Zielorientierte Führung" (Management by Objectives/MbO)

▸ **Führung** legitimiert sich über Ziele. Ohne Ziele geht es nicht. Haben Führungskräfte kein Ziel, ist Führung illegitim. Sinn eines MbO ist es, Ziele zu vereinbaren und Hilfestellungen aufzuzeigen, wie man zu diesen Zielen kommen kann, um dem Mitarbeiter dann selber zu überlassen, wie er diese Ziele erreicht. Gemeinsame Zielfindungen sind verpflichtender als einseitige Zielvorgaben.

3.1.1 Zum Selbstverständnis zielorientierter Führung

Das Grundprinzip von MbO (vgl. Wunderer und Grunwald 1980a, S. 305 f. sowie Bleicher 1995, S. 265 f.) ist, eigene Ziele zwischen Unternehmensleitung, Führungskräften und Mitarbeitern „einzusammeln" und anschließend das Ergebnis an der Erreichung dieser Ziele zu messen. Dabei ist es zunächst gleichgültig, wie jemand sein Ziel erreicht; Hauptsache ist, er erreicht es. Wenn die Zielsetzung allerdings zu lange dauert oder zu kostenintensiv ist, ist es nicht mehr gleichgültig.

Warum MbO in den meisten Unternehmen zumindest deklaratorisch zu einem der wichtigsten „Führungsinstrumente" aufgestiegen ist und zur Selbstverständlichkeit wurde, liegt darin begründet,

- dass Ziele klar definiert werden oder dass zumindest über Ziele diskutiert wird oder dass wieder vorher Gesagtes reaktiviert wird und
- dass nicht über Verfahren geredet wird, sondern gesagt wird, wo man hin will, was man am Ende der nächsten Periode erreicht haben will und nicht „wie wollen wir unseren Arbeitstag gestalten". Das schließt nicht aus, auch über das „Wie" zum Erreichen der gesteckten Ziele zu sprechen.

Das Prinzip ist das der zielgerichteten Führung. Entweder als Zielvereinbarung (kann auch als Vorgabe praktiziert werden) oder eher kooperativ als ständiges gegenseitiges (Vorgesetzte und Mitarbeiter) Entwickeln. Damit einhergehend erfolgt ein Koordinieren und Modifizieren der einzelnen Ziele in Abstimmung mit dem insgesamt angestrebten Ergebnis, was für Führung relevant ist.

Für Mitarbeiter sind Ziele Orientierung und Motivation zugleich. Insofern ist MbO ein relativ anspruchsvolles Führungskonzept, weil es eine Reihe von Instrumenten und/oder Problemen (Zielvereinbarungsgespräche, Feedbackgespräche, motivationale Orientierung, Beurteilung, delegative und kooperative Komponenten usw.) nach sich zieht (s. Abschn. 3.1.5). Das Besondere ist, dass MbO nicht verfahrensorientiert ist. Schaut man sich zum Vergleich Organisationshandbücher[4] an, so findet man dort keine Ziele, die erreicht werden sollen. Es steht aber bis ins Detail beschrieben, was man zu tun hat, um einen bestimmten Fall anzugehen.

Würde man alle Anweisungen beiseiteschieben und ausschließlich zielorientiert führen, würde man sicher Chaos verursachen. Deshalb sind Formalisierungen (indirekte Führung) über Regeln nicht grundsätzlich zu verwerfen. Sie sind Folge der gesetzlichen und/oder unternehmensinternen Regelungsdichte. Dennoch gibt es Freiräume, die man schon ein bisschen besser nutzen könnte.

3.1.2 Zentrale Komponenten

Bei der Gestaltung von Zielvereinbarungsgesprächen müssen Vorgesetzte wissen, dass zwei zentrale Komponenten vorherrschend sind:

1. Zum einen hat MbO eine *delegative Komponente*. Aufgaben werden über Ziele nach unten verlagert. Ziele werden mehr oder weniger vorgegeben. Wie man diese Ziele erreicht, bleibt in der Idealvorstellung dem Mitarbeiter allein überlassen. Wie er sich organisiert,

---

[4] Die Aussagen sind nicht als Abgrenzung zwischen Zielen und Prozessen zu verstehen. Ein Organigramm hat zunächst nichts mit Prozessen zu tun, sondern beschreibt lediglich Regularien, die zu berücksichtigen sind. Das Organigramm ist der Rahmen, in dem Prozesse ablaufen.

ist im Prinzip egal, solange das Ziel erreicht wird. Es geht nur um Ziele und nicht um Wege, die dahin führen.

Je nachdem, wie man das betreibt, hat man sich vielleicht an die Delegation von Aufgaben gewöhnt. Delegation kann heißen, Aufgaben weiterzugeben, nicht jedoch Verantwortung. Sie kann ebenso gut heißen, auch die Verantwortung zu übertragen.

2. Zum anderen hat MbO eine *kooperative Komponente*. Sie zu handhaben, ist viel schwieriger und birgt die größeren Herausforderungen/Ansprüche an Vorgesetzte. Es stehen unterschiedliche kooperative Gesprächssituationen an, die sehr schwierig sein können (s. Abschn. 3.2).

Das ist relativ schwer, immer aber auch notwendig. Wie soll man jemanden führen ohne Feedback? Wie soll ein Mitarbeiter wissen, was von ihm erwartet wird, wenn er keine Vorgaben bekommt? Ziele sind in ihrer praktischen Umsetzung nichts anderes als Vorgaben. Wird die Zielerreichung nicht geprüft, ist eigentlich alles umsonst.

3.1.3   Das Gegenstromprinzip als Idealform

Üblicherweise stellt man sich bei einem MbO zwei beteiligte Ebenen vor; beispielsweise die eines Abteilungsleiters, der seinen Gruppenleiter zielorientiert führt. In der Regel sind jedoch mehr als diese beiden Ebenen beteiligt – nämlich zusätzlich noch der Hauptabteilungsleiter. In diesem Beispiel bekommt der Abteilungsleiter Zielvorstellungen von oben (Hauptabteilungsleiter) und von unten (Gruppenleiter) Zielvorschläge. Er wird in seinem Zielvereinbarungsgespräch mit dem Hauptabteilungsleiter versuchen zu berücksichtigen, was er mit seinen Mitarbeitern, die ihm unterstellt sind, umsetzen kann.

Normalerweise gibt der Hauptabteilungsleiter dem Abteilungsleiter ein Ziel vor, woraufhin der Abteilungsleiter dieses Ziel weiter nach unten zum Gruppenleiter transportiert, ohne dass das eben beschriebene Gegenstromprinzip angewandt wird. Es passiert selten, dass praktisch Ziele sowohl von oben nach unten als auch von unten nach oben wandern und sich irgendwo treffen.

Aber genau darum geht es. Es wäre wünschenswert, wenn immer zwei Zielvereinbarungen oder Zielgespräche stattfänden – Hauptabteilungsleiter – Abteilungsleiter und Abteilungsleiter – Gruppenleiter. Andernfalls funktioniert MbO nicht wirklich. Kein Unternehmen kann sich einen fatalen Fehler der Zielekaskadierung[5] leisten. Nicht ohne Grund führen ausschließliche Vorgaben zum Verlust an realistischen Umsetzungchancen. Deshalb stellt sich die Frage, wieweit trotz der einzuhaltenden beschriebenen Kaskadierung kooperativ kommuniziert werden kann. Wenn der Abteilungsleiter sich nicht mit seinem Gruppenleiter oder den betroffenen Mitarbeitern zusammensetzt und Ziele bespricht/vereinbart, wird es keine wirklich umsetzbaren Ziele geben.

Wichtig und festzuhalten ist, dass zielorientierte Führung kein einseitiger Akt sein darf. Ziele sollten nicht von oben nach unten durchgezogen werden, sondern stets zurückgekop-

---

[5] Zielekaskadierung = stufenweise Umsetzung von Zielen.

pelt werden. Das hat den Vorteil, dass man rechtzeitig als Signal merkt, wo Widerstände oder Probleme auftreten. Man sieht sozusagen vorausschauend, ob Führung funktioniert oder nicht. Vielleicht kommen andere Vorstellungen auf, die noch einmal Überlegungen hervorrufen, wie man das von oben dann, wenn es wieder zurückgespielt wird, nochmals verändern kann?

3.1.4 Eine Strategie für den Alltag

MbO ist ein Beispiel für die Integration auf der Ebene des Tagesgeschäfts oder des kurzfristigen Geschäfts. Hier findet konkret die Umsetzung der von der Unternehmensleitung definierten Ziele statt. Zur Umsetzung bedarf es Prozesse (Bleicher 1995, S. 265 ff.), die für sich betrachtet Ziele brauchen. Im Gegensatz dazu brauchen aber Ziele nicht zwingend Prozesse.

Hintergrund für die auf allen Unternehmensebenen ermittelten MbO ist die Unternehmensstrategie, da aus ihr die untergliederten Ziele abgeleitet und entwickelt werden. Zielorientiert führen bedeutet: Jeder Führungsebene entsprechend werden die vom Unternehmensmanagement definierten längerfristigen Zielsetzungen in Jahres-, Monats- oder sogar in Tageshäppchen heruntergebrochen und zerlegt.

Unternehmen können nicht ohne MbO auskommen, weil MbO nichts anderes darstellt als eine Strategie für den Alltag. MbO ist strategisches Denken in Kurzzeiträumen. Läuft die Führungsbeziehung über ein MbO, in dem es klare Zielvereinbarungen gibt, kann man die Leistung, die daraus resultiert, bewerten.

Das Schlimmste, was Vorgesetzten bei MbO unterlaufen kann, ist, dass sie Mitarbeiter für die Zielerreichung verantwortlich machen und ihnen keine Freiheit geben, auch selber entscheiden zu können. Das wäre der garantierte Tod jedes MbO.

3.1.5 Handlungszwänge, die MbO initiiert

Vorgesetzte müssen hinsichtlich ihrer Art zu führen Entscheidungen treffen. Aus dem Handlungsdruck des Modells heraus stellen sich folgende Fragen:

- Welche Ziele sollen erreicht werden?
- Welche Mittel setze ich ein?
- Welche Arbeitskräfte setze ich ein?
- Wie halte ich die Produktivität hoch?
- Wie steht es um die Motivation meiner Mitarbeiter?

Das sind Entscheidungprozesse, die ohne Ziele nicht denkbar sind. Insofern gewährleistet MbO, dass man systematisch zu Entscheidungen kommt. Ein sinnvoller Leistungseinsatz ist ohne Ziele nicht denkbar!

Der zentrale Effekt zielorientierter Führung ist, das Mitarbeiterpotential sozusagen von unten nach oben zu nutzen. Das ist für jeden aus den oben aufgelisteten Fragen erkennbar und nachvollziehbar. Daraus ein der Situation entsprechendes und umsetzbares Konzept zu entwickeln, ist das Besondere.

Darüber hinaus steckt hinter jedem MbO ein bestimmtes Motivationsmodell. Haben Mitarbeiter mehr Verantwortung, werden sie auch motivierter sein, ihre Leistung zu erbringen. Sie werden ihre Eigenverantwortung allein schon deshalb annehmen, weil es leichter ist, sich für etwas zu engagieren, wenn man sich mit Zielen, die man selbst vereinbart hat, identifizieren kann. Identifikation ist ein wichtiger Punkt. Höher zu bewerten sind die Eigenständigkeit, die Verantwortung und zu wissen, dass man selbst etwas geschaffen hat.

In diesem Zusammenhang ist es für Vorgesetzte wichtig zu erkennen, dass sie ihre Ziele nur erreichen können über die Teilziele ihrer Mitarbeiter. Insofern müssen sie Ziele in den Mittelpunkt stellen, weil Ziele Handlungsorientierung bieten. Wo will man eigentlich hin? Und letztlich bieten Ziele auch eine Handlungsverpflichtung für einen selbst.

Handlungsorientierung und Handlungsverpflichtung erreichen Vorgesetzte bei ihren Mitarbeitern nur, wenn sie über Ziele führen.

3.1.5.1   Situationen situationsgerecht einschätzen

Um zielorientiert führen zu können, müssen sich Vorgesetzte darüber im Klaren sein, dass ihre Ziele von den angestrebten Zielen eines Unternehmens abgeleitet sind (s. Abschn. 3.1.4). Hauptabteilungsziele werden aus Unternehmenszielen abgeleitet, Abteilungsziele aus Hauptabteilungszielen und Stellenziele aus Abteilungszielen. Man nennt das Kaskade und versteht darunter die Konkretisierung der Ziele für die jeweils nächst tiefere Ebene. Eine Strategie muss so lange umgesetzt werden, bis sie schließlich am Arbeitsplatz zielwirksam wird.

Wer führt, der läuft Gefahr, seine Mitarbeiter entweder zu überfordern oder zu unterfordern. Inwieweit er dieser Gefahr entgehen kann, ist davon abhängig, wie er sich auf die jeweilige Situation einstellt, wie Ziele formuliert werden und wie er Zielvereinbarungsgespräche gestaltet.

Führen heißt immer auch Umgang mit teils sehr unterschiedlichen Zielen und Interessen. Generell sollte man davon ausgehen, dass gegenläufige Interessen eigentlich eine Grundkonstante sind. Es gibt Interessen, die der Mitarbeiter/die Mitarbeiterin als Einzelne(r) hat, die er/sie erwartet, und es gibt Interessen, die das Unternehmen und damit deren Vorgesetzte haben.

Obwohl beispielsweise Einkommen und Arbeitssituation von Mitarbeitern/Innen in den meisten Fällen relativ festgelegt sind, sollten Vorgesetzte gedanklich nicht an den Interessen ihrer Mitarbeiter, beruflich aufsteigen und möglichst mehr verdienen zu wollen, vorbeisehen. Umgekehrt sind die diesbezüglichen Möglichkeiten von Vorgesetzten beschränkter, als viele Mitarbeiter glauben. Dennoch möchten Vorgesetzte eine möglichst hohe Leistung ihrer Mitarbeiter.

Wie kann man diese gegenseitig zuwiderlaufenden Interessen in Einklang bringen?

- Es führt kein Weg daran vorbei: Die mit einer solchen Situation konfrontierte Führungskraft muss Kompromisse finden und schließen können.
- Sie könnte auch auf der Idee einer Gemeinschaft eine Beziehung aufbauen und versuchen, den Führungsprozess so zu gestalten, dass beide Interessen optimal in Einklang gebracht werden. Diese Sichtweise von Führung geht davon aus, dass es sich zwischen Vorgesetzten und Mitarbeitern um eine Partnerschaft handelt. Sie könnte versuchen, aus der Mischung beider Interessen einen gemeinsamen maximalen Nutzen zu ziehen.

Wer als Vorgesetzter oder Mitarbeiter an seine bisher gemachten Erfahrungen denkt, der wird vermutlich erkennen, ob sich in seinen aktuellen persönlichen „Führungsbeziehungen" etwas vollzieht, was auf Ausgewogenheit oder auf Konfrontation hinausläuft. Häufig genug wird versucht, die jeweils eigenen Interessen gegen die der anderen durchzubringen. Allein schon aus Eigeninteresse sollten Vorgesetzte keine zu hohen Ziele für die Zukunft stecken, die sie nur unter Druck setzen, weil sie heute über ihre Planaussage ein besseres Bild zu vermitteln versuchen, als es vielleicht der wahren Situation entspricht.

Was sich tatsächlich abspielt, lässt sich aus folgenden Merkmalen ableiten:

- Gibt es Transparenz in den Entscheidungen und bekommt der Vorgesetzte überhaupt mit, was in seiner Arbeitsgruppe vorgeht? Erhält er Informationen von seinen Mitarbeitern oder halten sie diese vor ihm geheim?
- Gleiches gilt aus Sicht der Mitarbeiter. Bekommen sie mit, was in ihrer Abteilung oder Arbeitsgruppe vorgeht? Fragt der Vorgesetzte sie auch, informiert er sie zumindest oder hält er möglichst viel Information bei sich und gibt ihnen nur die nötigsten?
- Wenn die Führungskraft oder auch andere ihr nahestehende Mitarbeiter die Beobachtung machen, dass es innerhalb der Abteilung keine oder nur wenig gegenseitige Hilfe gibt und man Einzelne sozusagen stehenlässt, dann kann man vermuten, dass etwas nicht stimmt.

Wenn auch der erste Eindruck sein sollte, dass diese Erkennungsmerkmale eher für Mitarbeiter und nicht für Führungskräfte geschrieben sind, müssen Vorgesetzte dennoch für solche Situationen sensibilisiert sein. Andernfalls ist nicht erkennbar, ob das Verhältnis von Vorgesetzten zu ihren Mitarbeitern sowie deren Verhältnis untereinander von Vertrauen geprägt ist oder ob Misstrauen und Konflikte die wahrscheinlichere Grundlage in den Abteilungsbeziehungen sind. Dies möglichst richtig einzuschätzen, ist zunächst die dringlichste Aufgabe einer Führungskraft.

Darüber hinaus ist jede Führungskraft darauf angewiesen, dass ihre Mitarbeiter dabei helfen, die gemeinsamen Aufgaben zu erledigen. Versagen Mitarbeiter ihre Gefolgschaft, werden Vorgesetzte sehr bald auch keine Vorgesetzten mehr sein. Wenn ihnen keiner mehr gehorcht, können sie ihre Führungsaufgabe nicht mehr erfüllen.

Derartige Situationen lassen sich auch nicht dadurch überwinden, dass Vorgesetzte knochenharte Anweisungen geben, weil dieses Führungsverhalten in aller Regel unterlaufen wird. Selbst wenn sich eine Führungskraft aufgrund ihrer Position durchzusetzen vermag, wird sie die beschriebene Reaktion ihrer Mitarbeiter allenfalls kurzfristig aufhalten, jedoch nicht wirklich ändern können. Sie wird vielleicht aufgrund ihrer Hierarchie eine fingierte Gefolgschaft haben, aber keine wirkliche, weil die Mitarbeiter das Unternehmen verlassen, sobald sie die Möglichkeit dazu haben.

Deshalb sollten Vorgesetzte ihre eigenen Erwartungen klar formulieren. Ob und wie Mitarbeiter Gleiches tun können oder dazu ermutigt werden sollten, ist nicht immer eindeutig bestimmbar. Im Sinne eines MbO sollte dies aber auch für Mitarbeiter möglich sein. Eine idealtypische Interpretation von MbO wird diese Wechselseitigkeit hervorheben. Diese darf jedoch nicht dadurch missbraucht werden, dass seitens der Mitarbeiter lediglich Meinungen darüber verbreitet werden, was denn ihre Führungskräfte für sie tun können. Das Ergebnis würde in ein Jammern auf hohem Niveau münden.

Schließlich sollten Vorgesetzte nicht übersehen, dass MbO auf die Mitarbeiterentwicklung von der Förderung über die Beförderung bis hin zur (variablen) Bezahlung ausgerichtet sein muss. Weder für das Unternehmen oder die Führungskraft noch für die Mitarbeiter sollten Ziele einen Selbstzweck erfüllen. Es muss für beide eine (nachvollziehbare) Ratio des Anreizes zur Zielerreichung geben. Andernfalls führt Führung zum „Schattenboxen".

3.1.5.2   Gespräche, die geführt werden müssen

MbO verlangt mehrere unterschiedliche Gespräche zwischen Vorgesetzten und Mitarbeitern. Neben der Festlegung und Definition der zu erreichenden Ziele ist zu überprüfen, ob man sich diesem Ziel annähert, dies bereits erreicht hat oder vielleicht gar nicht erreichen kann. Am Ende bedarf es der Überprüfung, ob das Ziel ambitioniert genug war oder nicht. Entsprechend wird unterschieden zwischen Zielvereinbarungsgesprächen am Beginn einer Leistungsperiode und Feedbackgesprächen während dieser Periode oder an deren Ende.

Der Erfolg dieser Gespräche und damit von MbO wird wesentlich bestimmt durch die Zeit, die sich eine Führungskraft für die anstehenden Gespräche nimmt, und durch die Zeitspanne der Gültigkeit der Zielvereinbarung.

Hier liegt eines der Probleme. Gibt man irgendetwas vor, muss man sich nicht auf Diskussionen einlassen. Dagegen spricht, dass Ziele realistisch sein sollen, was sie dann aber oftmals aufgrund fehlender Rückkopplung über die Mitarbeiter nicht sind. Deshalb gehören Mitarbeitergespräche zur zielorientierten Führung.

Vorgesetzte, die sich für Gespräche mit ihren Mitarbeitern nicht genügend Zeit nehmen und obendrein noch einen großen Zeithorizont bevorzugen, werden über kurz oder lang mit bösen Überraschungen rechnen müssen. Damit stellt sich die Frage, worauf man bei den zu führenden Gesprächen, die trotz ihrer Notwendigkeit noch lange nicht Führungsalltag sind, zu achten hat bzw. wie sie aussehen können?

3.1.5.2.1   Zielvereinbarungsgespräche

Zielvereinbarungsgespräche stehen am Anfang einer jeden zu erfüllenden Aufgabe als Festlegung und Definition des zu erreichenden Zieles.

Allgemeine Probleme Zuhören ist eine der wichtigsten Anforderungen in Mitarbeitergesprächen. „Zuhören" ist ein zentraler Punkt, den jeder Chef beherzigen sollte.

Überwiegend finden sehr allgemein gehaltene Gespräche statt, ohne dass man den Eindruck hat, dass es sich wirklich um Zielvereinbarungsgespräche handelt. Leider wird häufig
sowohl von Vorgesetzten als auch von deren Mitarbeitern nur wenig auf konkrete Ziele
eingegangen. Letzteres passiert nur, wenn die Zielerreichung Konsequenzen hat. Geht es
beispielsweise um die anteilige Bezahlung oder Provisionen, werden sich Vorgesetzte und
insbesondere auch deren Mitarbeiter ausgiebig auf die „Verhandlungen" vorbereiten – es
geht schließlich um Geld.

Wollen Vorgesetzte bei ihren Mitarbeitern ernsthaft Zielidentifikation erreichen, müssen sie in ihren Gesprächen versuchen, zunächst die Ziele zu formulieren, und eine ein-
deutige Übereinkunft dazu treffen. Nur so werden die Positionen klar oder ein möglicher
Konflikt verdeutlicht. Wer ein Zielvereinbarungsgespräch führt, der muss auch Ziele in den
Mittelpunkt stellen. Aber genau das passiert häufig nicht.

Wer den Unterschied zwischen einem Zielvereinbarungsgespräch und einer normalen
Rücksprache nicht kennt, sollte eigentlich keine Mitarbeiter führen. Fast jedes Unternehmen schult seine neuen und auch bereits altgedienten Führungskräfte. Trotzdem beherzigen viele nicht, was ihnen dort empfohlen wird, so dass es sich dann wiederum lediglich
um recht allgemeine Gespräche handelt.

Zielvereinbarungsgespräche brauchen Zeit, weil man zunächst ein Problemgespräch
führen sollte, um darüber auf einen gemeinsamen Problemnenner zu gelangen, auf
den dann das Zielvereinbarungsgespräch aufbaut. Keinesfalls sollten Vorgesetzte über-
zogene zeitliche Restriktionen haben und auch nicht schon zu Beginn versuchen, das
Gespräch zu fokussieren. Gleiches gilt für alle übrigen im Rahmen des MbO zu führenden
Gespräche.

Wer von den Mitarbeitern aber kann wirklich auf einem fast gleichen Level mit seinem
Chef Zielvereinbarungsgespräche führen, und sind es am Ende nicht doch Zielvorgaben,
weil diese letztlich einfacher für Vorgesetzte zu handhaben sind? Hinzu kommt, dass Ziele
gar nicht so einfach zu formulieren sind.

In vielen Zielvereinbarungsgesprächen wird man feststellen müssen, dass den Betroffe-
nen häufig nicht klar ist, was das konkrete Ziel ist und wie man es eventuell messen kann.
Zielklarheit aber ist *die* Voraussetzung für eine möglichst faire und gerechte Überprüfung.
Deshalb müssen Vorgesetzte hierauf ihr besonderes Augenmerk richten.

Fehler, die es zu verhindern gilt

- Abstrakte Zielformulierungen
  Sie deuten auf eine weniger klare Führung hin. In der Regel kann damit niemand etwas
  anfangen. Deshalb muss man deutlicher und konkreter formulieren. Klare und wider-
  spruchsfreie Formulierungen sind gefordert.

- Nicht messbare Ziele

  Ziele müssen messbar sein, weil man sich schließlich später darüber unterhalten will, warum ein Ziel erreicht wurde oder warum es nicht erreicht wurde. Vorgesetzte müssen deshalb versuchen, Kriterien zu schaffen, nach denen sie am Ende der jeweiligen Wegstrecke die Leistung beurteilen können. Dazu bedarf es Maßeinheiten oder Indikatoren und man braucht einen Zeithorizont, weil man wissen muss, in welcher Periode man das Ziel erreichen will.

  Bei quantitativen Zielen ist die Maßeinheit klar. Man nimmt Zahlen wie z. B. „Erhöhung des Marktanteils um 10 %" oder „Reduzierung der Fehlerquote um 20 %". Das lässt sich einfach nachrechnen.

  Bei qualitativen Zielen ist es schwieriger, weil sich hier die Frage stellt, wie abstrakt oder konkret Ziele formuliert sind. Beispielsweise führen verschiedene Auslegungen zu verschiedenen Ergebnissen, zu unfairen Beurteilungen durch Vorgesetzte usw.

  Abstrakte Ziele sind immer schwieriger zu messen. „Klare Führung" wäre ein solches Ziel. Nach welchen Kriterien kann hier die Zielerreichung gemessen werden?

  Eine mögliche Vorgehensweise im Umgang mit qualitativen Zielen ist, zunächst zu hinterfragen, was eigentlich „klare Führung" heißt. Meistens lassen sich dann schon aus dieser Beschreibung Indikatoren erkennen. Will man deren Messbarkeit überprüfen, ist zu überlegen, wie man zum gesteckten Ziel gelangt, um dann zu schauen, inwieweit man mit dieser Methode das Ziel, auch qualitative Ziele messen zu können, erreicht hat oder nicht. Wenn dies nicht möglich ist, muss man überlegen, wie man es anders machen kann, und sich andere Kriterien schaffen.

  Dieses Beispiel soll lediglich demonstrieren, dass es manchmal einfacher ist, auch bei qualitativen Zielen auf quantitative Kriterien zurückzugreifen. Hilfestellung gibt grundsätzlich immer die Frage, wie man zur Zielerreichung kommt.

- Zu wenig verpflichtende Zielführung

  Wenn eine Führungskraft sagt: „Ich möchte vielleicht etwas direkter führen" oder „Ich könnte das so und so machen", dann ist das der falsche Weg. Was heißt schon „vielleicht" oder „so und so"? Das hat überhaupt nichts mit den Mitarbeitern zu tun; das ist ein Ziel nur der Führung. Hier fehlt der bei Zielen als notwendig erachtete verpflichtende Charakter.

- Die Erreichbarkeit der Ziele ist häufig nicht gegeben

  Neben den wenig konkreten und zu wenig verpflichtenden Zielformulierungen wird häufig der Fehler begangen, dass Ziele (Ziele sollen herausfordern, aber gleichzeitig realistisch und erreichbar sein) gar nicht erreichbar sind. Man muss deshalb auch über Wege zum Ziel sprechen und überlegen, ob Mitarbeiter diese überhaupt umsetzen können. Das kommt meistens einem Balanceakt gleich. Zielvereinbarungen sollten Perspektiven aufzeigen, wie man zu diesen Zielen kommen kann. Allerdings sollten Vorgesetzte diese Gespräche nicht so führen, dass man sich über die Art der Zielerreichung verständigt.

Zunächst geht es immer darum, sich über Ziele zu verständigen. Dabei sollten Ziele möglichst nicht vorgegeben werden, sondern Vorgesetzte sollten sich mit ihren Mitarbeitern darüber einigen. Geradezu erfreulich wäre es, wenn Vorgesetzte ihre Mitarbeiter von ihren Zielvorstellungen überzeugen können. Gibt der Vorgesetzte allerdings auch noch die Zielerreichung vor, dann braucht man kein Zielvereinbarungsgespräch. Sinn eines MbO ist es, Ziele zu vereinbaren und Hilfestellungen aufzuzeigen, wie man zu diesen Zielen kommen kann, um dem Mitarbeiter dann den Weg dahin selber zu überlassen. Schließlich geht es bei Zielvereinbarungen darum, dass Mitarbeiter selbständig die Erreichung der Ziele in die Hand nehmen.

Es heißt nicht ohne Grund, dass Ziele vereinbart und nicht wie Aufgaben erledigt werden sollen – nicht konkrete Arbeitsschritte sollen vereinbart werden, sondern Ziele. Dennoch ist die Erreichbarkeit von Zielen ein wesentlicher Diskussionspunkt.

Obwohl es sich in vielen Zielvereinbarungsgesprächen um die Zielumsetzung dreht, ist dies häufig nicht das eigentliche Thema solcher Gespräche. Aber genau hier liegt der Konflikt. Es lässt sich über Ziele schneller eine Verständigung herbeiführen, wenn Vorgesetzte diese Gespräche entsprechend anlegen (s. Abschn. 4.4).

Gemeinsame Zielfindungen sind verpflichtender als einseitige Zielvorgaben.

Zentraler Effekt zielorientierter Führung ist es, das Mitarbeiterpotential bei der Zielfindung zu nutzen. Daraus ein der Situation entsprechendes „gemeinsames" Zielfindungskonzept zu entwickeln, ist das Besondere.

Jeder kennt solche Prozesse, die aus Mitarbeitersicht häufig sehr chaotisch, sehr vereinzelt und nicht sehr diplomatisch ablaufen. Diese wiederum können auch für Vorgesetzte nicht gerade zufriedenstellend sein. Entweder es ergeben sich aus den Gesprächen gleiche Ziele bzw. Übereinstimmungen oder das System des Zielfindungsprozesses versagt, wenn es auf Weisung tatsächlich dazu kommt, dass Zielsetzungen von vornherein festgesetzt werden.

Führen die Gespräche zwischen Vorgesetzten und Mitarbeitern und die Beratungen zu keinem Ende und redet man unter dem Deckmantel MbO drum herum, dann muss zum Schluss einer das letzte Wort haben. Dieser eine ist meistens der Vorgesetzte. Dann allerdings muss er/sie sich darüber im Klaren sein, dass seine/ihre Mitarbeiter ihre Leistung mit weniger Engagement anstreben, als wenn er/sie mit ihnen gemeinsam eine Zielsetzung entwickelt und gefunden hätte.

Gelingt es dagegen, eine Leistungsvorgabe (z. B. Steigerung der Verkaufszahlen) zu der seiner Mitarbeiter zu machen – dass diese davon überzeugt sind –, dann dürften sie die Aufgabe mit einer ganz anderen Intensität verfolgen. Das ist das Argument für einen Prozess der Beteiligung der Betroffenen bzw. aus Betroffenen Beteiligte zu machen. Hintergrund hierfür ist, bei Mitarbeitern die Akzeptanz von Zielen zu verbessern. Die dahinterstehende Gesetzmäßigkeit besagt, dass ein gemeinsam getragener und entwickelter Entscheidungsprozess Erfolg versprechend ist und Mitarbeiter viel mehr verpflichtet als ein reines Kontrollziel. Um die mit ihnen gemeinsam entwickelten Ziele werden *Mitarbeiter(innen)* kämpfen, weil sie diese selber vereinbart haben. Dann nämlich ist es ihr eigener Wunsch und Wille. Im Gegensatz hierzu werden sie sich bei einer fremd vorgegebenen Volumsteigerung nicht gerade stark engagieren.

Unabhängig davon, ob es zu einer gemeinsam akzeptierten Zielvereinbarung kommt oder nicht, müssen die Konsequenzen für Führungskräfte und Mitarbeiter klar sein. Leider klaffen in den beschriebenen Szenarien Anforderungsprofil und Qualifikationsprofil vieler Führungskräfte auseinander, weil das eine ganz andere Art von Führungskompetenz bedeutet als die, die häufig noch gepredigt wird oder über Beförderungskriterien den einzelnen Personen vermittelt wird. Das ist ein möglicher Fallstrick für die Führung und bedeutet, dass Zielvereinbarungen demokratischer werden müssen.

Wenn dem so ist, dann kann das – oberflächlich gedacht – den Nachteil nach sich ziehen, dass Zielvereinbarungen, weil sie demokratischer auf einer untergeordneten Ebene abgestimmt werden (müssen), vielleicht niedriger ausfallen und von daher schlechtere Ergebnisse herauskommen als sonst.

Als Gegenargument kann die Frage aufgeworfen werden, ob man mit einer autoritären Vorgabe die Qualität der Leistung überhaupt verbessern kann. Bei Zielvorgaben läuft man schon eher Gefahr, sich falsche Ziele zu setzen – vielleicht nur auf ein quantitatives Merkmal zu setzen und dabei die Qualität (völlig) außer Acht zu lassen. Würden Führungskräfte alle Entscheidungen alleine treffen, wäre die Gefahr einer Fehlentscheidung größer, als wenn vielleicht zehn Mitarbeiter in die Quere laufen. Allerdings ist auch dieses „in die Quere Laufen" kein Garant zur Fehlervermeidung.

Die Wahrscheinlichkeit, auf falsche Erwartungen zu setzen, ist geringer, wenn man Zielfindungsprozesse durchläuft. Gemeinsam erarbeitete Ziele sind einfach stärker als gesetzte Ziele!

3.1.5.2.2 Feedbackgespräche

Feedbackgespräche sind Rücksprachen, in denen Vorgesetzte die Zielentwicklung mit ihren Mitarbeitern besprechen. Gespräche in umgekehrter Richtung, dass Mitarbeiter ihre Chefs beurteilen, sind eher selten.

Feedbackgespräche sind immer erfolgsentscheidend für Führung – egal in welcher Situation. Ohne Feedback geht es nicht. Die Frage ist nur, ob solche Gespräche in einem standardisierten Prozess ablaufen wie übliche Mitarbeiterjahresgespräche „nur" on the job, ob sie offener gestaltet werden oder ob beides zugleich erfolgen soll.

Entscheidend ist, nach welchen Kriterien Feedback erfolgt. Es kommt auch hier darauf an, wie intensiv (zeitaufwendig) solche Gespräche geführt werden und was Vorgesetzte mit der Beurteilung machen, wie sie damit umgehen. Sind Vorgesetzte dazu nicht in der Lage, können sie mehr Schaden anrichten als Nutzen stiften.

Ein beliebter, allerdings unfairer Trick ist es, in solchen Gesprächen das Stressniveau allein schon dadurch zu steigern, dass Vorgesetzte die Geschwindigkeit ihrer Fragestellungen erhöhen. Das ist ein bewährtes Mittel, wenn man Mitarbeiter in die Enge treiben will. Es soll vorkommen, dass Vorgesetzte relativ schnell nachfragen, ohne dass ihr Gegenüber – also der Mitarbeiter – ausreden oder nachdenken kann. Das erzeugt Stress und ist keine sonderlich faire Methode; sie ist in einem Feedbackgespräch völlig fehl am Platze.

Selbst wenn Vorgesetzte in der Lage sind, Feedbackgespräche richtig zu führen, besteht dennoch die Gefahr, MbO als Sanktionsinstrument zu missbrauchen. Jedem, der sein Ziel nicht erreicht, wird „kräftig auf die Finger geklopft". Eigentlich aber geht es beim Feedback-gespräch nicht darum, Mitarbeiter unter Stress zu setzen, Sanktionen zu verteilen und sie dann noch obendrein auf unbestimmte Zeit zu demotivieren. Man mag sich fragen, wel-cher Vorgesetzte das denn ernsthaft tun würde? Aus Mitarbeitersicht wird es leider häufig so empfunden.

Ziele eines jeden Feedbackgespräches müssen sein, die Zielerreichung festzustellen und Ursachenforschung zu betreiben. Führungskräfte müssen nüchtern Ursachenanalyse be-treiben und je nach Ergebnis neue Perspektiven aufzeigen. Ergänzend dazu sollte es um mehr als die bloße Zielerfüllung gehen. Ohne diese Art von Rückkopplung werden Ziele zur Farce.

- Allerdings beschränken sich Vorgesetzte in ihren Feedbackgesprächen zunächst über-wiegend auf die zu beurteilende Leistung. Man hat Zielvereinbarungen, auf deren Basis die Beurteilung erfolgt. Das ist typisch für **Leistung**sbeurteilungen.
- Darüber hinaus sollten sie ihre Mitarbeiter nicht ausschließlich nach dem zahlen-mäßigen Ergebnis beurteilen, sondern auch nach dem, was getan wurde. Welche Anstrengungen wurden unternommen, um die Ziele zu erreichen? Dazu zählen Dinge wie Pünktlichkeit, Umgang mit anderen Mitarbeitern, Umgang mit Kunden usw. – das ist eigentlich nicht eine Leistung, sondern das sind **Verhalten**sweisen, die zur Sprache kommen.
- Schließlich kann auch **die Person** beurteilt werden. Was bringt der/die Mitarbeiter/in mit, was kann er/sie? Was hat er/sie sich angeeignet? Auch das kann Teil einer Zielverein-barung sein, wenn er/sie sich beispielsweise innerhalb des nächsten Jahres ausreichende Englischkenntnisse aneignen soll. Das wäre ein Ziel im Ziel, kein Leistungsbestandteil, sondern etwas, was sich Mitarbeiter zusätzlich aneignen – ein Input, den sie sich besor-gen, der unter Umständen dann eben auch Teil einer Beurteilung oder des Feedbacks werden kann.

Damit stellt sich die Frage, was Vorgesetzte in solchen Feedbacks stärker berücksichti-gen. In welchem Rahmen werden sie Leistungsfeedbacks, Verhaltensfeedbacks, Personen-feedbacks realisieren?

Je nachdem, wie wichtig bestimmte Mitarbeiter sind, wird neben einer Beurteilung auf Basis eines abgelaufenen Zeitraumes Wert auf eine Potentialeinschätzung gelegt. Vorgesetz-te werden sich fragen, was der zu beurteilende Mitarbeiter sich angeeignet hat, um vielleicht in Zukunft höhere Leistungen zu bringen. Letzteres spielt dann eine größere Rolle als die reinen Leistungsbeurteilungen.

Allerdings führt das häufig auch zu Kompetenzproblemen – nämlich einerseits die Leis-tungsbeurteilung und andererseits die Potentialbeurteilung, die dann wieder auf der Leis-tungsbeurteilung basiert, durchzuführen. Man sollte nicht aus dem, was Mitarbeiter ge-macht haben, ableiten, was sie in Zukunft machen werden. Man sollte nicht einfach auf-grund von Vergangenheitsdaten die Zukunft extrapolieren. Natürlich können Vorgesetz-te dies so handhaben, aber dann haben sie das typische Prognose-Risiko, wenn sie nur

Vergangenheitsdaten zugrunde legen. Wenn man jedoch merkt, dass ein/e Mitarbeiter/in schnell überfordert ist, unordentlich arbeitet, gegen Neuerungen ist usw., kann man schon eine Prognose wagen.

Fehlentwicklungen erkennen und möglichst eingrenzen Um bei Beurteilungen nicht als willkürlich (Augenfarbe, Sympathie usw.) handelnder Vorgesetzter zu erscheinen, sollten bei der Bewertung allgemein akzeptierte Kriterien herangezogen werden. Nichtsdestotrotz kann man nicht ausschließen, dass Beurteilungen immer auch subjektiv sind.

Es gibt viele unterschiedliche Wahrnehmungen des gleichen Sachverhaltes. Häufig registrieren wir gar nicht, dass Menschen das Gleiche ganz anders wahrnehmen. Auch darüber muss sich jeder Beurteiler im Klaren sein. Verstehen Mitarbeiter und Vorgesetzte, was sie sich gegenseitig sagen, dann kommen beide auf eine ähnliche Wahrnehmungsebene mit der Folge, dass Beurteilungen fairer scheinen. Das setzt voraus, dass alle Mitarbeiter/innen untereinander und mit dem Chef eine ähnliche Wahrnehmung haben.

Da Führung aus dem Selbstverständnis von Vorgesetzten heraus immer auch etwas mit Macht zu tun hat, müssen Mitarbeiter und Vorgesetzte eine Art Streitkultur zulassen und ertragen können. Sie müssen aber auch in der Lage sein, ihre jeweilige Stellungnahme offensiv vertreten zu können. Zu häufig kann man leider nur sehr schlecht mit konträren Meinungen umgehen und Konfliktgespräche aushalten.

Vorgesetzte und Mitarbeiter müssen sich an die Regeln eines Mitarbeitergespräches halten, indem nämlich jeder zunächst einmal zuhören können muss und nicht vorschnell beurteilt oder verurteilt. Nur dann sind die Möglichkeiten zu einer konstruktiven Auseinandersetzung gegeben.

Deshalb muss man sich bereits im Vorfeld solcher Gespräche darüber klar werden, welche gemeinsamen Ziele man vereinbart hat. Ebenso klar muss sein, dass man diese Ziele über einen Zeitraum verfolgt. Führungskräfte müssen darauf reflektieren, was am Anfang des Jahres vereinbart wurde und was demzufolge überhaupt nur beurteilungsrelevant ist. Nach diesen und nur nach diesen Kriterien sollte der Mitarbeiter dann eingeschätzt werden. Derjenige, dem die Führungsaufgabe obliegt, muss verdeutlichen, ob das Ziel erreicht wurde oder nicht.

Aus diesem Grund ist es wichtig, wie die Vorgesetzten selbst auf Feedbackgespräche vorbereitet sind. Dies wird erst recht deutlich, wenn man sich vergegenwärtigt, dass Beurteilungen im Allgemeinen nicht zuletzt sehr viel zu tun haben mit dem persönlichen Verhältnis zwischen Vorgesetztem und Mitarbeiter. Das ist zwar hochgradig unprofessionell, aber es ist nun einmal so, wie es ist.

Der einzige Weg, vom Problem der subjektiven Einschätzung wegzukommen, führt über MbO. Es gibt eine Zielvereinbarung und am Ende des Jahres weist beispielsweise der Computer in bestimmten Bereichen die Ergebnisse aus. Im Anschluss daran wird der Vergleich ausgerechnet. Dann zählt aber auch nur die Zielerreichung und sonst nichts. Nur so ist eine Beurteilung rein auf das Ergebnis abgestellt.

Gemessen wird üblicherweise zunächst der Zielerreichungsgrad. Es gibt jedoch immer auch externe Faktoren, die die Zielerreichung begünstigen oder nicht begünstigen, weshalb die Zielerreichung nicht immer identisch ist mit der erbrachten Leistung. In diesen Fällen zieht man die Leistungsabhängigkeit aus dem direkten Vorgesetzten-Mitarbeiter-Verhältnis heraus. Man trennt das Feedback-Verhalten von der Übertragung der Zahlenergebnisse.

Empfehlungen zur Führung von Feedbackgesprächen Wie bereits mehrfach erwähnt geht es nicht darum, Sanktionen zu erteilen und Mitarbeiter zu demotivieren. Man darf Mitarbeiter nicht bestrafen, nur weil sie das Ziel nicht erreicht haben. Ursachen für Abweichungen vom Ziel müssen nüchtern analysiert werden. Nicht erreichte Ziele können an einer zu anspruchsvollen Zielformulierung gelegen haben. Es können aber auch Faktoren gewesen sein, die sich außerhalb des Unternehmens abgespielt haben, weil sich Rahmenbedingungen geändert haben oder weil ein neuer Konkurrent auf den Markt gekommen ist, was man nicht absehen konnte. Ursachen können natürlich auch in der Person des Mitarbeiters liegen.

Deshalb sollte neben einer besseren Zielerreichung in der Zukunft das zentrale Ziel eines jeden Feedbackgespräches sein, Möglichkeiten für eine Verbesserung der Qualifikation der Mitarbeiter auszuloten, ihnen Hilfestellung zu geben, sich weiterentwickeln zu können. Wie genau man die Ursachen herausarbeitet, kann durchaus heikel sein, wenn anzunehmen ist, dass die Ursachen im privaten Umfeld des Mitarbeiters/der Mitarbeiterin liegen. Hier ist Fingerspitzengefühl der Führungskraft gefragt.

Wollen Vorgesetzte nicht nur Sachinformationen geben, sondern ein wirkliches Feedbackgespräch führen, warum Ziele (vielleicht) nicht erreicht wurden, sollten sie nach Möglichkeit kein erhöhtes Stressniveau in ihre Fragen bringen. Für den Erfolg solcher Gespräche ist entscheidend, wie sie geführt werden und worauf Vorgesetzte achten. Sie sollten

- ihre *Wertschätzung aussprechen*. Sofern es nicht gekünstelt wirkt, lockert es auf und hilft dem Mitarbeiter hinsichtlich seiner Einstellung gegenüber seinem/seiner Vorgesetzten.
- *zuhören können*
- *keine geschlossenen Fragen stellen*, auf die man nur mit Ja oder Nein antworten kann, z. B. „Sind Sie heute zu spät gekommen?" Antwort „Ja". „Haben Sie Ihre Aufgaben denn nicht erledigt?" Antwort „Ja".
- *W-Fragen stellen*; „Wieso", „Weshalb", „Warum", „Was" usw.
- *nicht unmittelbar nachhaken*, wozu allerdings Führungskräfte neigen. Sofortiges Nachhaken auf Antworten von Mitarbeitern ist eine Art der Gesprächsführung, die keine vertrauensvolle Atmosphäre schafft. Es wird dann schwierig, Feedback zu geben.
- versuchen, *Aussagen von Mitarbeitern mit eigenen Worten zu wiederholen*, um das gemeinsame Verständnis zu sichern. Etwa in der Form „Verstehe ich Sie richtig, wenn Sie meinen, dass …?" „Habe ich das richtig verstanden, dass Sie das so und so sehen?" Hier müssen Vorgesetzte insbesondere auf den Tonfall achten, damit sie nicht herausfordernd provokativ klingen.
  Es kommt sehr schnell zu Wahrnehmungsfehlern. Vorgesetzte nehmen bestimmte Äußerungen ganz anders auf, als es vielleicht der Mitarbeiter gemeint hat. Deshalb ist es

gut, die Antworten von Mitarbeitern noch einmal mit eigenen Worten zu wiederholen, um eine gemeinsame Verständigung sicherzustellen.

Kopplung von Fremd- und Selbstbewertung als Alternative? Auch wenn Selbstbewertungen von Mitarbeitern ihre Grenzen haben, können sie dennoch Sinn machen. Nach wie vor wird es die Fremdbewertung durch Vorgesetzte geben. Koppelt man jedoch Fremd- und Selbstbewertung, erhält man zwei verschiedene Wahrnehmungen. Kann man diese konstruktiv diskutieren (was eine gewisse Reife bei Vorgesetzten und auch deren Mitarbeiter voraussetzt), so ist das durchaus vorteilhaft, weil man mit mehreren Perspektiven umgehen kann, was für sich alleine schon zu einer kognitiven[6] Flexibilität führt. Man ist in der Lage, verschiedene Dinge aufzunehmen und aus verschiedenen Standpunkten zu sehen – also die Perspektive zu wechseln, was jedes Feedbackgespräch erleichtert.

Allein schon um die Kommunikation zu verbessern, sollten sich Vorgesetzte und Mitarbeiter darauf einlassen, wobei offen bleiben kann, was zuerst erfolgt – die Fremd- oder die Selbstbeurteilung. Für kritische Gespräche sollte man immer zuerst die Selbstbewertung des Mitarbeiters vornehmen. Bei unkritischen Gesprächen hat man die Wahl. Führt man die Selbstbewertung durch den Mitarbeiter zuerst durch, so erleichtert das dem Vorgesetzten die Kontrolle über das Gespräch.

Wichtig ist, dass Vorgesetzte strukturiert vorgehen. Handeln sie einfach aus dem „hohlen" Bauch heraus, kann das Gespräch – weil diffus vom Mitarbeiter wahrgenommen – genau das Gegenteil bewirken, was es eigentlich sollte.

Auch ist wichtig, dass Vorgesetzte ihren Mitarbeitern erklären, warum sie die Selbstbewertung in ihr Feedbackgespräch einbinden, worum es eigentlich letztlich gehen soll.

Eine richtig verstandene Gegenüberstellung von Selbst- und Fremdbewertung hat letztlich zum Ziel, Mitarbeiter weiterzuentwickeln und vielleicht auch die Beziehung zwischen Vorgesetzten und Mitarbeitern zu verbessern. Prinzipiell ist dagegen nichts einzuwenden. Es kommt lediglich darauf an, auf welche Art und Weise dies geschieht und wie beide – Vorgesetzter und Mitarbeiter – das empfinden.

Die Kombination von Selbst- und Fremdbewertung ist schon deshalb lohnend, weil Mitarbeiter nur auf diese Weise erkennen können, dass sie bei Selbsteinschätzungen durchaus „danebenliegen" können.

Wenn man in einer ersten Feedback-Runde erkennt, was nicht so gelaufen ist, wie man es sich vorgestellt hat, wird man in einer zweiten Runde versuchen, das Ganze noch einmal zu überdenken. Dann kommt man vielleicht dahin, dass eine Gegenüberstellung von Selbst- und Fremdbewertung zu einem gängigen Modell werden könnte. Ganz ohne Vertrauen und gegenseitigem Respekt ist dies nicht möglich! Ein Einzelgespräch reicht unter Umständen nicht aus. Es können mehrere Gesprächsrunden stattfinden.

Rollierende Zielanpassungen als Flexibilisierungsalternative Ziele sollten realistisch sein, was sie allerdings häufig nicht sind. Ziele sollten auch so gesteckt sein, dass Mitarbei-

---

[6] kognitiv = auf Wissen bezogen, Kenntnisse.

ter gefordert werden. Ziele, die nicht fordern, motivieren nicht. Sind sie jedoch zu hoch gesteckt, demotivieren sie; sind sie zu niedrig, demotivieren sie auch.

Damit stellt sich die Frage nach der Überprüfung der laufenden Entwicklung, wozu üblicherweise branchenabhängige Zwischengespräche geführt werden (wenn nicht monatlich, so doch quartalsweise oder sogar wie im Produktionsbereich üblich täglich). In diesen Gesprächen muss immer auch der Fairness wegen berücksichtigt werden, ob es neben unternehmensinternen Gründen (z. B. sind Abteilungen voneinander abhängig) auch externe Ursachen gibt, die die Zielerreichung nicht gewährleistet haben oder die dafür gesorgt haben, das Ziel zu übertreffen.

Insofern ist es empfehlenswert, eine Art rollierende Zielanpassung zu praktizieren. Man setzt sich nach einer überschaubaren Zeit zusammen und bespricht, ob bei einer Zielverfehlung unterjährig möglicherweise sogar eine Anhebung der Ziele für den Rest des Jahres notwendig wird. In diesen Fällen ist es besonders wichtig, Erfolg versprechende Korrekturmaßnahmen zu erarbeiten, da andernfalls eine geänderte Zielsetzung nicht glaubhaft erscheint. Es muss Möglichkeiten geben gegenzusteuern, wenn sich abzeichnet, dass bestimmte Ziele nicht zu erreichen sind. Allerdings ist eine „automatisch" eingebaute rollierende Zielanpassung nicht zu rechtfertigen, weil rollierende Zielanpassungen nur situationsbegründet erfolgen sollten.

Bei rollierenden Zielanpassungen sind saisonale Schwankungen oder andere gravierende Einflüsse zu berücksichtigen. Die Praxis insbesondere im Vertrieb zeigt, dass Ziele häufig entgegen dem in der laufenden Periode entstandenen Eindruck gegen Jahresende doch noch erreicht werden, auch wenn man in den ersten Monaten des Jahres weit unter den Erwartungen lag. Je mehr man sich dem Jahresende nähert, desto mehr wird gerade dann „geklotzt". Es muss also nicht dramatisch sein, wenn man im ersten Viertel- oder Halbjahr deutlich unter dem Jahresschnitt zurückliegt, sofern man aus der praktizierten Vergangenheit weiß, dass das „normalerweise" im November und Dezember wieder aufgeholt wird. Also würde man sich die Zielentwicklung nach einem Vierteljahr anschauen und in diesen Fällen sagen, dass das immer schon so gewesen ist. In allen anderen Fällen, in denen derartige Brancheninterna nicht üblich sind, werden bei nicht erwarteten Entwicklungen rollierende Zielanpassungen notwendig.

Auf jeden Fall sollte der Zeithorizont so übersichtlich gestaltet werden, dass man sich nicht gegenseitig ständig etwas vormacht. Insofern sind Zielanpassungen nichts Weltbewegendes, sondern gehören zum Alltag.

Es darf natürlich nicht sein, dass man als Vorgesetzter erst sehr spät nach einer langen Unterbrechung (z. B. nach zwei Jahren) mit seinem Mitarbeiter zusammentrifft und ihm dann auch noch mitteilt, dass die an ihn gestellten Erwartungen nicht erfüllt sind. In solchen Fällen muss ein Gespräch viel früher geführt werden, was in Abweichungsfällen auch ausdrücklich vorgesehen sein sollte.

Deshalb ist als Grundsatz zu empfehlen, kürzere Zeitabstände zu wählen und Ziele immer wieder an den Ist-Zustand anzupassen. Ein Jahr ist ein zu langer Abstand für eine Zielüberprüfung. Der Zeitraum, für den man Zielüberprüfungen festlegt, sollte jedoch nicht starr festgelegt werden. Das eigentliche Problem solcher Gespräche liegt darin, dass die Diskussionsbereitschaft häufig überhaupt nicht oder nur gering vorhanden ist. Ist diese nur auf einer Seite (entweder beim Vorgesetzten oder beim Mitarbeiter) nicht gegeben, wirkt sich das auf die jeweils andere Seite aus.

Die aufgezeigten Gesprächsintervalle sind Formalismen, die Anpassungsnotwendigkeiten definieren und letztlich Mitarbeitern eine Art Garantie zur Begleitung der Ziele geben sollen. Dies ist der Grund, warum solche Gesprächsintervalle in den meisten Fällen von Unternehmen einheitlich vorgeschrieben werden. Gleiches Interesse an der Verfolgung der Ziele sollten Mitarbeiter haben. Grundsätzlich wird auch deren Bereitschaft nicht fehlen, über die bisher erreichten bzw. noch nicht erreichten Ziele und die Anpassung an die Situation zu sprechen. Führt man im Tagesgeschäft wöchentlich Feedbackgespräche, wird das Jahresgespräch nicht mehr ganz so wichtig sein. Somit ist auch der Zeithorizont für Feedbackgespräche wie alle Überlegungen zur Führung sehr situationsabhängig. MbO ist flexibel und angepasst zu handhaben.

3.2   „Kooperative Führung"

▸ **Kooperative Führung** beschreibt die Einbeziehung von Mitarbeitern in Entscheidungsprozesse, die Diskussionen erlauben und sachliche Unterstützung erwarten. Man ist bemüht, sich gegenseitig Vertrauen entgegenzubringen und sich zu unterstützen. Ergebnisse sollten gemeinsam getragen werden und nicht bei Misserfolg nur vom Mitarbeiter und bei Erfolg nur vom Vorgesetzten (vgl. Wunderer und Grunwald 1980a, S. 8 f., 1980b, S. 339, 447).

In der Realität führt man überwiegend aus einem eher vorgesetztenzentrierten Verständnis heraus. Man hat immer noch die klassischen Führungsvorstellungen, die nach wie vor Nachahmer finden. Es wird lediglich behauptet, man müsse darüber reden, man müsse versuchen, zu einer gemeinsamen Entscheidung zu kommen.

Kooperative Führung wird von Führungskräften allzu gerne als eigenes Verhaltensmuster deklariert. Die daraus abgeleiteten Aktivitäten allerdings werden nur dann von Mitarbeitern ab- und angenommen, wenn die Identität ihrer Vorgesetzten in ihrem Führungshandeln erkennbar wird und deren Überzeugung entsprechend glaubwürdig vertreten wird (s. Abschn. 4.1).

Das, was Führungskräfte tun, und wie sie handeln, muss – wollen sie langfristig Erfolg haben – auch ihrem Denken und Sinn entsprechen. Andernfalls wird Führungsidentität für Mitarbeiter nicht wirklich erkennbar.

3.2.1   Partizipation – Grundlage zur kooperativen Führung

Um kooperative Führung praktizieren zu können, sind kooperationsfähige und kooperationswillige Vorgesetzte und Mitarbeiter Voraussetzung. Trifft ein kooperationswilliger

Vorgesetzter auf einen kooperationsunfähigen Mitarbeiter oder ein kooperationsunfähiger Vorgesetzter auf einen kooperationswilligen Mitarbeiter, kann kooperative Führung nicht funktionieren.

Das steigende Qualifikationsniveau der überwiegenden Mehrheit der Mitarbeiter lässt partizipative Entscheidungen sinnvoll erscheinen, weil diese sich immer mehr zu Spezialisten entwickeln. Als Folge daraus werden Vorgesetzte in der Regel ihre aus der beruflichen Vergangenheit resultierende Expertenmacht (Expertise) mehr und mehr abgeben (müssen). Sie sind nicht mehr so sehr Experte in den einzelnen Fachgebieten, sondern werden eher die verschiedenen Aufgabenstellungen als Experte koordinieren müssen.

Das bedeutet, dass sie ihre Mitarbeiter an bestimmten Fragestellungen partizipieren lassen müssen, weil diese die Qualifikation haben, bestimmte sie betreffende Arbeitsaufgaben und Entscheidungssituationen beurteilen zu können. Zieht man diese Entwicklung in Betracht, ist die Leitidee, kooperativ mitwirken zu können, eigentlich unvermeidbar.

3.2.2 Partizipationsspielräume

Hinter dem Begriff kooperative Führung stehen zwei unterschiedliche Varianten:

1. Es gibt die Variante, die man eher als pseudokooperativ bezeichnen kann. Solange man Zeit, Ressourcen und keinen Wettbewerbsdruck hat, läuft alles schön kooperativ. Sobald aber Wölkchen aufziehen, meldet sich der Vorgesetzte und sagt: „Jetzt entscheide ich"!
2. Eine alternative Ausprägung ist die wirklich kooperative Variante. Mit Einverständnis des Vorgesetzten besteht kooperative Führung darin, Mitarbeiter mit einzubinden und auch im Unfallszenario nicht selbst die Entscheidung zu treffen, sondern vor seine Mitarbeiter zu treten und zu sagen: „Wir haben (vielleicht) unterschiedliche Auffassungen zur Problemlösung und eine Situation, die darin besteht, dass wir das Problem (heute) lösen müssen und insofern eine Entscheidung herbeiführen müssen. Ich werde dafür sorgen, dass wir eine Entscheidung treffen. Ich weiß nicht, wie sie aussieht, ich treffe sie auch nicht, aber ich bringe euch dazu, dass ihr sie trefft."

In beiden Varianten steckt Sozialverhalten – einmal autoritäres und einmal partizipatives.

Bei kooperativer Führung müssen Vorgesetzte andere Fähigkeiten zeigen als bei autoritärer Führung. Treffen sie am Ende kooperativer Prozesse letztendlich autoritär eine Entscheidung, dann müssen sie die Kompetenz haben, selber entscheiden zu können. Bei rein kooperativer Führung müssen sie die Kompetenz haben, eine Entscheidung herbeizuführen, was kommunikative Fähigkeiten voraussetzt.

Erfolgreiche Vorgesetzte können beides und werden beides je nach Situation tun. „Macht" haben heißt auch Verantwortung übernehmen. Am Ende müssen sich Vorgesetzte im jeweiligen Einzelfall bewusst für ihren Weg entscheiden. Fragen, die sie sich zu beantworten haben, lauten: „Womit fahre ich besser, welches Verhalten führt zum besseren Ergebnis?"[7]

Es muss also jemanden geben, der letztlich die Entscheidung trifft. Dieses Recht behalten sich Vorgesetzte auch bei kooperativer Führung vor. Letztendlich ist es auch hier der Chef, der entscheidet.

3.2.3   Zwischen Anspruch und Wirklichkeit

In vielen Unternehmen wird kooperative Führung als modernes Führungsmodell beschrieben. Tatsächlich ist es so, dass man häufig zunächst die Führungssituation „testet", indem erst einmal kooperativ begonnen wird und später bei sich anbahnender negativer Entwicklung umgeschwenkt wird. Jeder, der dabei im Wege steht, wird „niedergemacht". Das ist das Spannungsfeld, das sich zwischen den theoretischen Erkenntnissen und den in der Praxis vorgefundenen Realitäten aufzeigt. Gründe hierfür sind Absicherungsängste der mit Macht ausgestatteten Vorgesetzten (Sicherheit hat Vorrang) und/oder der Drang zur Macht derjenigen, die noch keine oder nur eine geringe Macht haben.

Auf Karriere zu verzichten, wird niemand bereit sein. Es kann durchaus sein, dass kooperative Führung als Konzept deklariert wird, aber dass das damit einhergehende Verhandlungsprinzip nicht wirklich das verfolgte Führungsprinzip ist. Letztlich geht es um Vorgaben. Somit muss man unterscheiden zwischen der Idealvorstellung, der Realität und dem aus Sicht der Führungskräfte Machbaren.

Auch darf nicht verschwiegen werden, dass partizipative Entscheidungsfindungen in der Praxis zu einer übergeordneten „Quatschbude" führen können, wo immer nur verhandelt und gestritten wird. Positiv formuliert setzt kooperative Führung viel Reife und Konfliktfähigkeit bei allen Beteiligten (insbesondere bei Vorgesetzten) voraus, weil andernfalls der ganze Aufwand, kooperativ zu führen, viel zu groß ist. Insofern ist kooperative Führung ein sehr anspruchsvolles Modell, weil es offene Kommunikation, Zulassen von Ideen und Kritik, gemeinsame Erarbeitung von Projekten, Verteilung und Delegieren von Kompetenzen und Verantwortung, Mitsprache- und Entscheidungsmöglichkeiten der Mitarbeiter und gegenseitigen Respekt erfordert. Trotz aller Gemeinsamkeiten treten Vorgesetzte ihre Entscheidungsgewalt nicht ab. Gegenüber ihren Chefs sind sie voll für die Arbeit ihrer Abteilung verantwortlich – das ändert sich auch mit kooperativer Führung nicht.

Allein schon aus den genannten Gründen muss einer die disziplinarische Gewalt haben. Und dieser eine ist der Vorgesetzte. Vom Grundgedanken her ist kooperative Führung ein fachliches Gleichberechtigungskonzept zwischen Vorgesetzten und Mitarbeitern, das häufig verletzt bzw. bewusst umgekippt wird. Entweder gibt es eine Übermacht der Vorgesetzten oder – auch das hat keinen Seltenheitswert – es gibt eine Übermacht der Mitarbeiter (s. Abschn. 2.2.2). Dennoch ist und bleibt es der Vorgesetzte, der den Mitarbeiter bewer-

---

[7] Die meisten Mitarbeiter bemängeln, dass ihre Vorgesetzten keine klaren Entscheidungen treffen.

tet und ihn befördern kann. Von Gleichberechtigung im umfassenden Sinne zu sprechen, wäre eine Utopie.

Letztlich kommt es auf das Ergebnis an. Wenn das Schiff auf Grund läuft, muss der Kapitän auf der Brücke stehen und klare Anweisungen geben. Bei schönem Wetter oder im Hafen sieht die Welt wieder ganz anders aus. Aber irgendwann läuft das Schiff wieder aus und irgendwann gerät es wieder in einen Sturm und dann muss der Kapitän wieder ran. Er muss also sein Führungsverhalten der jeweiligen Situation anpassen. Das gilt auch für ganz normale Führungsprozesse. Eine bestimmte Art von Sozialverhalten zeigt man nur solange, wie man meint, dass es günstig ist. Sobald dies nicht mehr der Fall ist, gibt es auch kein kooperatives Verhalten mehr oder man schränkt es je nach empfundener „Unfallintensität" ein.

Letztendlich kommt es aber nicht auf die empfundene Unfallintensität an, sondern auf die Wahrnehmung der Realität. Ist die „Unfallsituation" objektiv nachvollziehbar, werden auch Mitarbeiter/innen anerkennen (müssen), dass in dieser Situation autoritär geführt werden muss. Es gibt somit Situationen, in denen kooperative Führung nicht mehr vertretbar wäre und auch Mitarbeiter einsehen müssen, dass irgendwann entschieden werden muss. Klare Entscheidungen und Vorgaben vom Vorgesetzten sind meist positiv.

Das Beispiel macht deutlich, dass in jeder Situation sowohl Aufgaben- als auch Sozialsteuerung in der Führung liegen. Die Aussage, die Sozialfunktion wäre nur bis zu einem bestimmten Punkt möglich und dann nicht mehr, stimmt in dieser Form nicht. Sowohl in der pseudokooperativen als auch in der „echt" kooperativen Variante steckt Sozialverhalten.

Schwache Vorgesetzte neigen dazu, sich den Anschein kooperativer Führung zu geben und die kooperative Führung zu missbrauchen. In anstehenden die Kooperation anscheinend verkörpernden Gesprächen versuchen sie, aus ihren Mitarbeitern alle wünschenswerten Informationen herauszuholen. Dies um die eigene schon vorgefasste Meinung abzusichern oder neue Ideen einzusammeln und für sich zu nutzen, indem sie schließlich doch wieder autoritär entscheiden. Das sind Verschleierungsvorteile derjenigen, die die Macht innehaben und die sicher nicht identitätsfördernd sind.

Es ist ohne Zweifel für Vorgesetzte schwierig, wenn Mitarbeiter eine andere Meinung vertreten, diese zu akzeptieren und auch noch die Verantwortung für die Entscheidung, die der Mitarbeiter trifft, zu übernehmen. Aber auch hier liegt das Problem nicht im Modell der kooperativen Führung, sondern im Charakter der Beteiligten.

Kooperative Führung braucht bestimmte Menschen, ein bestimmtes strukturelles Umfeld und vor allen Dingen eine bestimmte Kultur. Dazu gehört es, qualifizierte, motivierte Mitarbeiter und Vorgesetzte zu haben. Erst dann kann man anfangen aufzuzeigen, was vorhanden und machbar ist und mit welchen Instrumenten man die Entwicklung beeinflussen will. Das sind Grundlagen, um überhaupt kooperative Führung praktizieren zu können, aber auch um sicherzustellen, dass die Beteiligten zur kooperativen Führung fähig und vor allem willig sind. Stellt man fest, dass es nicht so läuft, wie es eigentlich sein soll, gerade dann sollte man weiterhin zur kooperativen Führung stehen können.

Es kann durchaus auch am kooperativen Führungsstil selbst liegen. Überlässt beispielsweise ein Vorgesetzter die Sitzplatzordnung seinen Mitarbeitern und können die sich nicht einigen, dann muss er letztlich entscheiden. Es gibt also Situationen (insbesondere bei Verteilungskämpfen), bei denen der umfassende kooperative Ansatz nicht funktionieren kann. Damit stellt sich die Frage, wann er denn funktionieren kann?

3.2.3.1   Überschaubare Führungseinheiten selektieren

Bei allem guten Willen zur kooperativen Führung muss man sich darüber im Klaren sein, dass kooperative Führung nur in einer überschaubaren Einheit sinnvoll ist. In einer Abteilung mit 50 oder mehr Mitarbeitern dürfte es schwierig sein, Ziele gemeinsam auszuarbeiten, weil zu viele gegensätzliche Meinungen auftreten können. Ganz anders sieht es aus, wenn die Leitungsspanne auf vier bis acht Mitarbeiter begrenzt ist. Dann kann sich der Abteilungsleiter mit diesen Mitarbeitern Ziele setzen. Das Ergebnis wird in die nächste Gruppe oder Ebene gehen, die dann wieder von deren Gruppen- oder Teamleiter kooperativ geführt wird usw. So kann sich das auf jeder Ebene oder in jeder größeren Abteilungseinheit aufeinander aufbauen, bis (zumindest theoretisch) schließlich die gesamte Einheit sozusagen kaskadenförmig – wenn möglich kooperativ – geführt wird und eine Face-to-Face-Kommunikation ermöglicht wird.

Entscheidend ist die Begrenzung der Leitungsspannen, deren Überschaubarkeit gewährleistet sein muss. Kooperative Führung ist nur sinnvoll in einem begrenzten Führungsrahmen – meistens im Kreis der Direktreports. Hierarchieübergreifende kooperative Führung ist weitaus komplexer; dennoch kann auch hier die Kaskadierung kooperativ sein – ausschließlich kooperativ über alle Ebenen hinweg zu führen, wird jedoch schwierig sein.

3.2.3.2   Chancen und Risiken abwägen

Auch kooperative Führung ist kritischen Situationen ausgesetzt. Deshalb müssen sich Vorgesetzte auf unterschiedliche Situationen einstellen:

- Ein neuralgischer Punkt in kooperativen Entscheidungsprozessen ist die Tatsache, dass die Intelligenz einer Gruppe nicht wirklich angezapft wird, weil letztlich Vorgesetzte diejenigen sind, die strukturieren. Neu ist nur die Art, wie sie ihre Entscheidungen „verkaufen". Das aber bringt in Bezug auf Gruppeneffekte wenig.
  Interessant ist dieser Punkt dennoch, weil man anfängt, Mitarbeiter als Gruppe zumindest in Bezug auf Entscheidungsvorschläge zu aktivieren. Es finden – zwar nicht notwendigerweise – Gruppenentscheidungen statt, die vorstrukturiert sind durch von Vorgesetzten beschriebene Problemdefinitionen und durch Aufzeigen von Entscheidungsgrenzen oder Entscheidungsspielräumen.
  Ein wichtiger Aspekt ist, dass kooperative Führung allein schon deshalb interessant ist, weil motivationspsychologisch der Erfolg darin liegt, dass Mitarbeiter als Gruppe oder ein Gruppenausschnitt von Mitarbeitern auch dann tatsächlich bereit sind, selber aktiv zu werden.

- Ein weiterer Problempunkt – hier liegt zugleich auch die entscheidende schwierige Grenze für Veränderungen in Gruppenprozessen – ist die Vorstellung, dass man es leichtfüßig schaffen kann, Gruppen von einem vorgefundenen oder vorhandenen Niveau auf ein anderes Niveau zu führen. Das wäre dann eine andere Ebene, die zu erreichen eines meistens sehr langen Entwicklungsprozesses bedürfte; vielleicht sogar mit den gleichen Personen gar nicht realisierbar ist.

  Muss man erkennen, dass man nicht vom Fleck kommt, ist es frustrierend, sich vorstellen zu müssen, man würde es schaffen, diese Hürde zu nehmen. Die psychologische Falle besteht darin, dass Vorgesetzte in dieser Situation stehend Idealmodelle wie die kooperative Führung vor Augen haben und in der Realität scheitern, wenn sie merken, es geht nicht, es bewegt sich nicht, es schlägt allenfalls kurzzeitig durch. Dann wird Vorgesetzten kooperative Führung meistens wiederum zu viel und sie blocken ab.

- Vorgesetzte dürfen ihre trotz kooperativer Führung weiterhin bestehende Verantwortung nicht übersehen. Letztlich müssen sie gegenüber ihren Vorgesetzten oder nach außen gegenüber Kunden die Verantwortung übernehmen. Es kann auch schwierig sein, sich als Vorgesetzter gegenüber seinem eigenen „Big Boss" vor seine Gruppe stellen zu müssen. Hier zeigt sich die Führungsqualifikation und die sich daraus ergebende Akzeptanz und Identifikation der Mitarbeiter.

- Es gibt eine Fülle von Situationen, in denen Vorgesetzte selber kaum noch in der Lage sind, Entscheidungen allein treffen zu können, da sie auf die Fachkompetenz ihrer Mitarbeiter angewiesen sind. Trotzdem wird von ihnen gefordert, die Verantwortung auch für auf diese Art zustande gekommene Entscheidungen zu übernehmen. Das ist der Spagat, den nicht nur kooperative Führung Vorgesetzten abverlangt. (Mitarbeiter haben de facto ein Mitspracherecht, kritisieren unter Umständen, bringen ihre vielleicht zum Vorgesetzten konträre Meinung ein und führen auch noch die Entscheidung herbei, die dann vom Vorgesetzten verantwortet werden muss.)

  Es geht nicht darum, wer letztlich eine zu lösende Aufgabe entwickelt. Es geht um die beste Lösung. Und wenn die beste Lösung vom Mitarbeiter kommt, ist das für alle Beteiligten in Ordnung.

  So verstanden ist dies für die Zielerreichung der Idealfall. Die Verantwortung trägt der Vorgesetzte sowieso. Nur kann er sich mehrere Meinungen/Aspekte anhören und darauf basierend eine ausgewogene Entscheidung fällen.

- Es darf auch nicht übersehen werden, dass Mitarbeiter häufig folgendes Verhalten an den Tag legen: „Solange sich oben nichts ändert, wieso sollen wir unten etwas machen?" oder „Solange meine Vorgesetzten sich so verhalten, können wir uns nicht anders verhalten!" Umgekehrt trifft diese Einstellung durchaus auch auf Vorgesetzte zu: „Wenn die da unten sich nicht ändern wollen, warum sollen wir oben dann Veränderungen anstreben?"

  Die zentrale Schwierigkeit besteht darin, dass man derartige Führungsbeziehungen vollkommen einseitig interpretiert – nämlich jeweils aus Sicht des „anderen". Man sagt nicht „der andere kann nicht", sondern „er will nicht". Hat man dann autoritäre Verhaltensweisen im Kopf oder erfahren, wird ein solches Verhalten mit Aggressionen beantwortet.

Eine Störquelle liegt an der mangelnden Bereitschaft zur besseren Zusammenarbeit und an fehlender Einsicht. Hier sind als Erste die Vorgesetzten und nicht deren Mitarbeiter gefordert (s. Abschn. 4.4.2)!

Die beschriebenen Situationen verdeutlichen, dass kooperative Führung Vorgesetzten ganz andere Fähigkeiten abverlangt als autoritäres Führungshandeln. Kooperative Führung erfordert, in unterschiedlichen Situationen jeweils die richtige Entscheidung treffen und durchhalten zu können. Gleiches wird von autoritärer Führung, die auch richtige Entscheidungen treffen soll, erwartet. Der Unterschied besteht darin, dass kooperative Führung Einfühlungsvermögen und Durchsetzungskraft der Vorgesetzten erfordert und damit auch die Chance eröffnet, Mitarbeiterpotentiale effektiver nutzen zu können.

Voraussetzung dafür ist, dass Vorgesetzte Vor- und Nachteile kooperativer Führung führungssituativ im jeweils richtigen Verhältnis abwägen können.

3.2.3.2.1   Vorteile kooperativer Führung

- Förderung von Kreativität und eigenständigem Arbeiten (Mitarbeiter können sich je nach Arbeitsverhalten ihre Arbeit einteilen, was die Effizienz steigert),
- besseres Einbringen von Expertenwissen,
- Motivation durch Verantwortung (Wertschätzung und Vertrauensbeweis von oben),
- steigende Leistungs- und Verantwortungsbereitschaft,
- Zusammengehörigkeitsgefühl (alle in einem Boot),
- Führung wird von Verantwortung entlastet,
- kaum administratives Arbeiten.

3.2.3.2.2   Nachteile kooperativer Führung

- der erhöhte Konkurrenzdruck bzw. das Konkurrenzverhalten unter den Mitarbeitern und
- die teils zeitintensive Konsensfindung.

Beide (Vor- und Nachteile) muss eine fähige und sensible Führungsperson managen können!

3.2.3.3   Sachliche und mentale Annäherung an Handlungsspielräume

Gründe, warum kooperative Führung nicht so gehandhabt wird, wie es das Modell vorsieht, gibt es viele. Wichtig ist, zu erkennen, wo man als Vorgesetzter steht und welche Spielräume man hat, um nicht frustriert Diskrepanzen hinterherlaufen zu müssen, die eigentlich nicht aufzulösen sind. Dazu ist es notwendig zu erkennen, dass die Mitarbeiter

- nicht allesamt „Misserfolgsmeider"[8] sind, die sich weniger Ziele setzen, sondern Ziele vorgesetzt und ebenso den Weg aufgezeigt bekommen wollen – die also primär Sicherheit ihres Handelns verfolgen oder
- sich selbst Ziele setzen wollen und können und
- fähig sind, an Entscheidungsbeteiligungen teilhaben zu können und diese auch durchstehen wollen.

Das setzt entsprechende Qualifikationen voraus. Damit wird deutlich, dass Vorgesetzte in ihrem eigenen Interesse „gezwungen" sind, sich zu bemühen, aus ihrer Mitarbeiterschaft eine Stammcrew herauszufiltern, die kooperatives Führungshandeln ermöglicht.

Sind Vorgesetzte dazu, aus welchen Gründen auch immer, nicht in der Lage, wird ihre Mannschaft nicht die Leistung erbringen, die man ansonsten von kooperativer Führung erwarten kann. Wird die Leistung dennoch erbracht, sieht der/die Vorgesetzte dabei „alt" aus.

Um keine bösartigen Überraschungen erleben zu müssen, sollten Vorgesetzte zur Einschätzung ihrer konkreten Führungssituation abschätzen, ob sie in ihrem eigenen Verhalten (sofern sie dazu ernsthaft in der Lage sind!) oder im Verhalten ihrer Mitarbeiter Schwierigkeiten aufkommen sehen. Dazu ist zu klären,

- wie stark sie das Engagement ihrer Mitarbeiter für die Abteilung und sich selbst einschätzen,
- wie weit ihr Vertrauen zu ihren Mitarbeitern und umgekehrt das Vertrauen ihrer Mitarbeiter zu ihnen geht,
- wie weit sie wichtige Arbeitsprobleme besprechen können,
- was ihre Mitarbeiter von ihnen erwarten und wie sich das vereinbaren lässt mit ihrer Führungshandhabe,
- wie sie mit der Situation umgehen, wenn Mitarbeiter über sich selbst hinauswachsen.

Eingehend auf die letzte Frage befürchten Vorgesetzte vielleicht, in ihrer Akzeptanz beschnitten zu werden, weil plötzlich eine Art Wettbewerb zwischen ihnen und ihren Mitarbeitern entsteht. Plötzlich wird ihnen bewusst, dass sich die Beziehung ändert. Es sind nicht mehr nur Überlegenheitsbeziehungen. Auf diese Weise spüren Vorgesetzte, dass ihre Mitarbeiter vielleicht mehr (erreichen) können als sie selbst. In solchen Situationen lernen zu müssen, dass Mitarbeiter an Wertigkeit und Ansehen gewinnen, ist ein entscheidender und auch wichtiger Punkt für das Führungshandeln im Umgang mit gefühlten individuellen Konflikten.

Andererseits wird man nicht erleben, dass Vorgesetzte wegen herausragender Leistungen ihrer Mitarbeiter gehen müssen – das Gegenteil ist der Fall. Alle beneiden die Führungskraft um diese Mitarbeiter, die schnell den nächsten Karrieresprung machen werden.

---

[8] Misserfolgsmeider = risikoscheuer und sicherheitsorientierter Typ.

Akzeptanzängste in Führungsprozessen kommen nur auf, wenn sich Vorgesetzte ausschließlich aus ihrer ureigenen speziellen Fachkompetenz definieren. Das aber wäre ein grober Fehler.

Jede Erfolg versprechende Zusammenarbeit mit Mitarbeitern setzt voraus, dass Führungskräfte keine übertriebenen Erwartungen haben und selbst keine großen Ängste provozieren. Ebenso ist der Kooperation nicht dienlich, wenn Mitarbeiter aus unkooperativem Verhalten Nutzen ziehen wollen.

Um solchen Entwicklungen vorzubeugen, sollten Vorgesetzte zu Beginn ihrer Kooperationsbemühungen die Freiheitsgrade ihrer Mitarbeiter zunächst beschränken, um sie anschließend ggf. sukzessive zu erweitern. Der Grund für diese Abfolge liegt darin, dass andernfalls eine möglicherweise später notwendig werdende Korrektur mit Widerstand und Frustration verbunden ist. Zu viel Freiheit der Mitarbeiter gefährdet die Zielerreichung und es kann sogar zum Vorwurf gemacht werden, dass Vorgesetzte im Falle eines Misserfolgs ihrer Führungsverantwortung nicht gerecht geworden sind. Das mag despotisch erscheinen und einen Mangel an Charakterstärke seitens der Führungsperson und darüber hinaus einen Mangel an Vertrauen zu den Mitarbeitern zeigen. Dennoch kommt eine solche Situation durchaus vor.

Bis Kooperation wirklich gelebt werden kann, vollziehen sich über eine gewisse Zeit hinweg Annäherungsprozesse. Erfolgen diese in Windeseile, ist Skepsis angebracht. Liebe auf den ersten Blick ist im Ökonomischen ein gewagtes Spiel! Man sollte sein Gegenüber schon kennen!

Unabhängig vom Ergebnis dieser Überlegungen sollten sich Vorgesetzte vor einer Entscheidung für oder gegen kooperative Führung die Frage stellen, was sie bei dieser Form der Zusammenarbeit mit ihren Mitarbeitern besonders stören könnte. Das führt zu der eigentlich wichtigeren Frage: „Ist das Ergebnis (Zielerreichung) besser, wenn man kooperativ führt?" Je weiter Kooperationsabsichten vorangeschritten sind, desto deutlicher wird, dass das Ergebnis auch abhängig ist vom Typ und der Persönlichkeit der Vorgesetzten, und desto deutlicher fällt die auf den jeweils konkreten Fall bezogene Antwort aus. Fällt die Antwort positiv aus, sollte man kooperative Führung ausbauen. Wenn nicht, sollte man sie zurückschrauben!

Es wäre ein grober Fehler zu übersehen, dass es bei derartigen Überlegungen auf die Führungskraft, auf die Mitarbeiter, auf die Gepflogenheiten im Betrieb und auf die Aufgaben ankommt. Werfen Vorgesetzte nur einen Blick auf das, was sie bei Mitarbeitern am meisten stört, so ist das ein völlig falscher Ansatz, weil dann die persönliche Einstellung („Passt mir die Nase des Mitarbeiters?") über grundlegende Führungsansätze entscheidet. Selbst wenn es so wäre, ist es definitiv kein guter Ansatz. Es wäre mangelnde situative Professionalität.

Die Perspektiven für den Umgang mit Mitarbeitern begründen sich aus den Zielen und Interessen der an Führungsprozessen beteiligten Menschen. Dabei stellt sich die Frage, welche Ziele Vorgesetzte im Verhältnis zu ihren Mitarbeitern haben. Vertrauen können sie am besten durch eine verstärkte aktive und fundierte Kommunikation erlangen. Die wiederum kann nur gelingen, wenn Vorgesetzten bewusst ist, wie sie sich verhalten können und wie sie sich verhalten wollen. Verhalten sie sich distanziert und unabhängig oder begeben sie sich in eine Nähe zu ihren Mitarbeitern?

Es kommt nicht darauf an, dass man Beziehungen zu seinen Mitarbeitern formuliert, sondern dass man sie stabilisiert oder ändert. Das kann nur durch eine sich aufbauende, faire Annäherung von Vorgesetzten an ihre Mitarbeiter gelingen.

3.3 Delegative Führung (Management by Delegation/MbD)

▶ **Definition** Unter dem Primat „möglichst viel **Selbstorganisation** durch Mitarbeiter" hat jede Führungskraft zu entscheiden, von wem anstehende Aufgaben „gemanagt" werden sollen. Selbstorganisation der Mitarbeiter muss nicht immer die effektivere Variante sein. Sie verschafft jedoch Freiraum für Vorgesetzte. Die Fähigkeit, die „richtigen" Mitarbeiter zu entdecken und ihnen Aufgaben und Verantwortung zu übertragen, ist ein Erkennungsmerkmal starker Führungskräfte und der sicherste Weg für die eigene Karriere. Vorgesetzte, die keine Delegationsprozesse auslösen können, stoßen schnell an ihre eigenen Entwicklungsgrenzen.

3.3.1 Zum Selbstverständnis delegativer Führung

Schaut man sich Führungsbeziehungen genauer an, so bedeuten Delegationssituationen die Vermittlung zwischen dem praktizierten Delegationsmodell (vgl. Wunderer und Grunwald 1980a, S. 288 f.) und den zwischen Vorgesetzten und deren Mitarbeiter stattfindenden Interaktionen.

Wer delegiert, sagt damit seinem Mitarbeiter: „Mach Du das." Dann muss aber auch derjenige, an den delegiert wird, die fachliche Kompetenz haben, das wirklich selber machen zu können und zu dürfen. Es muss eine Gestalt geschaffen werden, in der Delegation wirklich möglich ist.

Zu dieser Gestalt gehört, die richtig qualifizierten, die richtig motivierten Mitarbeiter am richtigen Ort einzusetzen. Delegative Führung muss konsequenterweise weitgehend führungsstark sein, nicht fachlich stark. Das Entscheidende ist die Selbstführung – die Selbststeuerungsfähigkeit der delegierten Mitarbeiter. Vorgesetzte müssen dann nur noch einen relativ kleinen Steuerungsanteil darstellen, der zwar klein ist, aber hinsichtlich der Gesamtverantwortung schon gewichtig genug ist.

Delegative Führung erfordert weniger Spezialistenwissen, dafür jedoch vielmehr breiteres und allgemeines Wissen. Delegation braucht

- einerseits Kooperationsfähigkeit, Eigeninitiative und Fachkompetenz,
- auf der anderen Seite ein breit ausgerichtetes Spektrum an Qualifikationen und
- die Motivation, unternehmerisch tätig sein zu wollen, und unternehmerisches Denken.

Die Umsetzung delegativer Führung ist recht anspruchsvoll und auch mit ziemlichen Schwierigkeiten verbunden. Wenn Mitarbeiter von ihrem Chef erfahren, was sie zu tun haben, welches ihre Aufgaben sind, müssen sie vor allem clever genug sein, delegierte Aufgaben auch wirklich zu erledigen. Damit scheint das Delegationsmodell zunächst eine softere Version autoritärer Vorgesetzten zu sein.

Je qualifizierter Mitarbeiter sind, desto mehr neigen sie dazu, möglichst viel direkt selber machen zu wollen. Wollen sie sich für höherwertige, weiter reichende Aufgaben empfehlen, müssen sie sich insbesondere durch Eigeninitiative und unternehmerisches Handeln (vgl. Pinchot 1988, S. 41 f.) hervorheben. Je umfangreicher Delegationsaufgaben sind, desto qualifizierter müssen die damit betrauten Mitarbeiter in Bezug auf die Anforderungen der anstehenden Aufgaben sein. Das setzt natürlich auch voraus, dass Vorgesetzte eine entsprechende Führungsreife mitbringen.

Darüber hinaus bildet Delegation ein Gegengewicht zur Hierarchie. Delegation erfordert kein bestimmtes fachliches Spezialwissen von Vorgesetzten. Delegation bedeutet, dass eine bestimmte Aufgabe gelöst werden muss, und zwar mit all ihren Teilaufgaben. Wie schon bei der kooperativen Führung soll die delegative Führung helfen, Wissen und Erfahrung der Mitarbeiter besser nutzen und einsetzen zu können, weil Vorgesetzte das nicht mehr leisten können. Insofern zeigt das Delegationsmodell keinen signifikanten Unterschied zu anderen Führungsmodellen, was die Qualifikation der Mitarbeiter angeht, wohl aber, was deren breite Ausrichtung anbelangt.

Wie bei kooperativer Führung werden durch Delegation von Aufgaben, entsprechenden Verantwortungen und Kompetenzen an Mitarbeiter Vorgesetzte von Routineentscheidungen entlastet. Dennoch werden sie sich ihre Führungsverantwortung vorbehalten, da sie ihre Abteilungsverantwortung nicht als Ganzes delegieren werden.

Schließlich sind trotz aller Delegationsbemühungen Kontrollen – insbesondere Ergebniskontrollen – nötig!

3.3.2 Situations- und Entwicklungsorientierung

Delegative Führung hat einerseits den Vorteil, dass Vorgesetzte das Potential ihrer Mitarbeiter filtern und dadurch besser nutzen können. Sie schaffen sich selber Freiräume, weil sie nicht alles selber machen müssen. Andererseits ist die Übernahme von vom Vorgesetzten übertragenen abteilungsinternen Teilverantwortungen, die sich natürlich auf die weiterhin gegebene Gesamtverantwortung des Vorgesetzten auswirken, an seine Mitarbeiter ein Problem.

Geht etwas schief, können Vorgesetzte gegenüber ihren Chefs die Verantwortung nicht abschieben, weil sie ja diejenigen sind, die letztlich die Verantwortung tragen. Häufen sich solche Schieflagen, werden sie sicher wenig ambitioniert sein zu delegieren – zumindest werden sie keine herausfordernden Aufgaben delegieren. Deshalb sollte Delegation eigentlich bedeuten, nicht nur Aufgaben zu delegieren, sondern auch Verantwortung. Nicht zuletzt aus diesen Gründen sollten Vorgesetzte die Delegation als Führungsmodell weniger mechanisch verstehen, denn

- zum einen ist Delegation die beste Möglichkeit, den Arbeitsplatz mit einer Lernkomponente auszustatten – also Wert auf eine entwicklungsorientierte Arbeitsgestaltung zu legen,
- zum anderen ist Delegation mit Zielen, Aufgaben, Kompetenzen usw. verbunden.

Delegation verschafft Vorgesetzten und Mitarbeitern instrumentelle wie auch methodische Querschnittsqualifikationen. Dass Delegation dynamisch ist und zu einem neuen viel anspruchsvolleren Führungsverständnis führt, weil der Entwicklungsmotor sozusagen am Arbeitsplatz eingebaut ist, wollen viele Vorgesetzte nicht wahrhaben.

Wichtige Mitarbeiter/innen sind diejenigen, denen man ein Erwartungspotential zuspricht, das für anstehende Arbeitsprozesse und deren interner Steuerung notwendig ist. Deshalb ist deren Qualifikation zur Kooperationsfähigkeit, zum Selbstmanagement und natürlich auch zum Fach ein zentraler Punkt. Aus diesem Grund sollten Vorgesetzte mit Blick auf förderungswürdige Mitarbeiter nicht ausdrücklich spezielles Fachwissen in ihre Auswahlkriterien einbeziehen und anstreben, sondern über Mehrfachqualifikationen und Führungsfähigkeiten sogenannten „Talenten" Chancen eröffnen. Hinter einer solchen erweiterten, zentralen Zielgröße wird dann auch eine bestimmte Motivation stehen.

Die Realisierung solcher Vorhaben ist recht anspruchsvoll und mit Schwierigkeiten verbunden, weil Delegation auch voraussetzt, dass Vorgesetzte erkennen, welches Mitarbeiterpotential ihnen zur Verfügung steht.

Filtert man die Führungsbeziehungen aus dem Qualifikationsmix heraus, dann ist Delegation die Brücke vom beabsichtigten Führungshandeln hin zu den notwendig stattfindenden Interaktionen für die Entwicklung ausgewählter Mitarbeiter. Wollen Vorgesetzte delegieren, müssen sie die dafür in Frage kommenden Mitarbeiter darauf vorbereiten. Delegative Führung ist aus diesem Blickwinkel eine Mitarbeiter-Entwicklungsmaßnahme, weil mit den betroffenen Mitarbeitern Gespräche geführt werden, die über die üblichen Mitarbeitergespräche hinausgehen und in denen insbesondere die Delegation betreffende Probleme besprochen werden.

Somit können Delegationsprozesse immer auch Qualifikations- und Entwicklungsprozesse auslösen wie umgekehrt Entwicklungsprozesse sozusagen automatisch auch Delegationsprozesse auslösen können! Diese wechselseitige Wirkung ist eigentlich das, was man mit Delegation erreichen kann und hoffentlich auch erreichen will.

Von Führungskräften darf erwartet werden, dass sie die Selbstmanagementkompetenz ihrer förderungsfähigen Mitarbeiter fördern und sie vorausahnend für künftige Aufgaben befähigen.

Daraus lässt sich für engagierte sach- und problemlösungskompetente Mitarbeiter ableiten, dass sie ihrerseits mit ihren „Chefs" rückkoppeln, um zu erfahren, wo diese hin wollen, welche Wege sie zu gehen beabsichtigen usw. Die jeweils richtige Situations- und Selbsteinschätzung ist insbesondere bei delegativer Führung wichtig.

3.3.3 Freiraum für größere Leitungsspannen

Delegation bewegt sich im Spannungsfeld zwischen Fremd- und Selbstorganisation. Vorgesetzte sollten ihren Mitarbeitern möglichst viel Selbstorganisation lassen, indem sie ihre anordnungsbezogene Führung zurücknehmen und anstehende Aufgaben auf die nächste Ebene (nach unten) verlagern. Delegation heißt Weitergabe von Aufgaben sowie dazu gehörenden Kompetenzen und Ressourcen, um diese Aufgaben in Eigenverantwortung erfüllen zu können.

Aufgrund des Selbstverständnisses von Mitarbeitern zur Selbststeuerung können Vorgesetzte eine größere Kontrollspanne handhaben. Sie können dieses „Mehr an Mitarbeitern" direkt führen und verkraften, weil sie nicht mehr alles kontrollieren müssen. Nicht zuletzt deshalb nimmt der Anteil delegativer Führung mit steigender Hierarchieebene zu. Derjenige ist ein starker Vorgesetzter, der mehr Mitarbeiter unter seiner Führung verkraften kann als Vorgesetzte, die sich mit der Delegation schwertun. Die Handhabe größerer Leitungsspannen ist auch ein Ergebnis delegativer Führung, weil Vorgesetzte nicht mehr Total- oder Verfahrenskontrollen durchführen müssen. Sie kontrollieren eigentlich nur noch Ergebnisse.

Dann muss aber auch derjenige, an den ein komplexes Aufgabengebiet delegiert wird, die Kompetenz haben, das selber machen zu können. Die Organisation eines Unternehmens und damit gleichlaufend dessen Führungskräfte müssen eine Situation, Voraussetzung und Atmosphäre schaffen, in der das möglich ist. Andernfalls sind größere Leitungsspannen nicht wirklich realisierbar.

Gelingt es nicht, diesen Rahmen zu schaffen, werden Vorgesetzte schnell das Problem haben, sich überlastet zu fühlen und allem anderen nur noch hinterherlaufen zu müssen. Sie sind dauernd damit beschäftigt, Probleme ihrer Mitarbeiter zu lösen. Für ihre eigentlichen Aufgaben bzw. Probleme verbleibt immer weniger Zeit, obwohl sie sich doch gerade mit der Delegation für anderweitige Aufgaben einen Freiraum schaffen wollten.

Das ist der Punkt, an dem deutlich wird, dass Vorgesetzte die „richtigen" Mitarbeiterinnen und Mitarbeiter hinsichtlich Motivation und Qualifikation haben müssen, um wirklich delegieren zu können und Delegation nicht nur als Pseudonym für Führung zu verstehen.

3.3.4 Was Vorgesetzte nicht übersehen sollten

Es lassen sich eine Reihe von Situationen (s. Abschn. 4.1) beschreiben, die Vorgesetzte nicht überraschen sollten:

- Delegationsskeptiker kommentieren Delegationsprozesse negativ, weil aus ihrer Sicht am Ende jeder Führungskraft wäre und keiner mehr arbeiten wolle. In der Praxis trifft man nicht wenige Vorgesetzte an, deren ganzes Bestreben darin besteht, nur weiter zu delegieren. Das verkennt die eigentliche Führungsaufgabe.

- Bei jeder Delegation werden Aufgaben und Entscheidungskompetenzen von oben nach unten abgegeben. Wenn Vorgesetzte übereifrig delegieren und Aufgaben nach unten weitergeben, kann die gegenseitige Kommunikation leiden, weil sich dann häufig Gespräche nur noch auf die Kontrolle zum Zeitpunkt der Aufgabenerfüllung beschränken. Man redet in solchen Fällen seltener miteinander.

  Es findet jedoch auch das Gegenläufige statt, wenn von unten nach oben andere Aufgaben übernommen werden. Letzteres wird gerne übersehen, weil man immer nur von zwei an der Delegation Beteiligten ausgeht. Man sieht häufig nur diesen einen Teil, nämlich dass ein Abteilungsleiter Aufgaben an seinen Gruppenleiter (von oben nach unten) abgibt. Ändert man die Perspektive und geht die Hierarchie hinauf, wird erkennbar, dass bei einer erweiterten Betrachtung auch der Vorgesetzte des Abteilungsleiters – der Hauptabteilungsleiter – in die Betrachtung einbezogen werden muss. Aus dieser Sicht umfasst jede Delegation nicht zwei, sondern immer drei Ebenen.

- Delegation ist kein singulärer Vorgang. Delegation bedeutet für Führungskräfte nicht nur Entlastung, sondern auch die Übernahme neuwertiger Aufgaben. Letzteres macht den eigentlichen Sinn für Führungskräfte aus. Vorgesetzte, die delegieren, machen dies normalerweise nicht, damit sie weniger Arbeit haben, sondern damit sie sich für höhere, wichtigere Aufgaben freisetzen und empfehlen.

  Die häufig registrierbare Delegationsangst ist weniger die des Verlustes bestehender, liebgewonnener Aufgaben als vielmehr die, dass man das neue Vakuum, was ja noch nicht gefüllt ist, nicht ausfüllen kann, weil es zu schwierig erscheint oder weil man sich dafür nicht genügend ausgebildet sieht oder was auch immer. Wenn man von Delegationsangst spricht, ist es auch die Angst vor neuen Entscheidungssituationen, die als komplexer, als bedrohlicher, als grundsätzlicher betrachtet werden als das, was man bisher gemacht hat. Dies könnte ein Aspekt sein, warum sich Vorgesetzte mit der Delegation von Aufgaben ein wenig schwertun.

- In der Praxis ist es häufig die Fülle der Aufgaben, die viele Vorgesetzte an ihre Grenzen stoßen lässt. Man gibt in den Topf mit Sach- und Führungsaufgaben, was nur hinein geht. Dabei ist klar, dass selbst bei Führungskräften mit großem Potential dieser Topf irgendwann voll ist und eigentlich nichts mehr hinein passt. Irgendwann muss dann doch etwas herausfallen!

  Deshalb sollte man allein schon aus Eigeninteresse bestrebt sein, Mitarbeiter problemlösungsfähiger und selbstführungsfähiger machen zu wollen. Dies insbesondere deshalb, damit unmittelbare Führungsaufgaben von diesen selbst erfüllt werden können und der Bottich frei wird für eine Entlastung der Vorgesetzten.

- Nicht wenige Vorgesetzte betreiben mehr oder weniger aus Unsicherheit und Ängsten heraus lieber ihre eigene Absicherung als Mitarbeiter delegationsreif zu machen. Sie konzentrieren sich damit auf einen letztlich aufgabenfremden Aktionismus im Hinblick auf ihre Führungsrolle.

  Die Fähigkeit, die „richtigen" Mitarbeiter zu entdecken und ihnen Aufgaben und Verantwortung zu übertragen, ist ein Erkennungsmerkmal starker Führungskräfte und der sicherste Weg für die eigene Karriere. Vorgesetzte, die keine Delegationsprozesse auslösen können, stoßen schnell an ihre eigenen Entwicklungsgrenzen!

- Delegative Führung erscheint auch deshalb in einem falschen Licht, weil alle darüber reden und die meisten auch glauben, sie zu kennen und vielleicht sogar schon x-mal besprochen zu haben. Steigt man jedoch in das „Problemfeld" ein und diskutiert die allgemeine Situation, dann lautet oft das Fazit: „Haben wir, funktioniert aber nicht."
Es gibt offensichtlich verschiedene Gründe, warum Delegation nicht funktioniert:
  - Entweder regieren Vorgesetzte von oben nach unten durch, oder
  - Mitarbeiter sind noch nicht reif für dieses Konzept und delegieren zurück, oder
  - in den noch überwiegend bürokratisch orientierten Organisationen wird Delegation nur sehr beschränkt zugelassen. Wenn alles festgeschrieben ist, gibt es nicht viel zu delegieren.
- Wer erfolgreich delegieren will, muss mit der dazu notwendigen Transparenz umgehen können. Offensichtlich sind viele an der Delegation Beteiligte nicht fähig, Probleme sachlich zu klären, oder sie wollen es nicht. Aufkommende Probleme schaukeln sich relativ schnell hoch, so dass man über die eigentlichen Sachverhalte gar nicht mehr redet. Wenn es so weit kommt, ist Delegation nicht wirklich möglich.

3.3.5 Organisatorische und personelle Gesichtspunkte

Es gibt zwei Aspekte, auf die Vorgesetzte bei Planung ihrer Führungsabsichten Wert legen müssen: die Erfüllung der Aufgabenstellung und die Beziehung zu den Mitarbeitern.

1. Delegation ist neben dem Führungs- auch ein Organisationsmodell, das man trennen muss von den personellen Kompetenzen, die sich dahinter verbergen. Delegation an sich braucht Vertrauen. Vertrauen aber ist kein zu organisierendes Merkmal. Vertrauen kann man nicht organisieren. Es ist vorhanden oder aber nicht und basiert auf der bereits vorhandenen Zuverlässigkeit von Vorgesetzten und Mitarbeitern, was wiederum mit Kompetenz zu tun hat. Wer delegativ führen will, der muss wissen, dass er es immer auch mit einem Stück Organisation zu tun hat. Dazu gehören Ziele, Aufgaben, Kompetenzen, Verantwortung.
2. Daneben gibt es immer eine Art „Personalmodell". Hier stellt sich die Frage, welche Voraussetzungen erfüllt sein müssen, damit delegative Führung überhaupt erst möglich ist.

Delegative Führung muss auf diese beiden Komponenten abgestimmt werden, so dass sich die Frage stellt, wie Führung ausgestattet sein muss und welche Probleme überwunden werden müssen. Zur Beantwortung bedarf es u. a. der Klärung organisatorischer und personeller Fragen.

3.3.5.1   Organisatorische Aspekte

Um den organisatorischen Anforderungen entsprechen zu können,

- braucht man ein Ziel (was soll erreicht werden?),
- müssen die Hauptaufgaben festliegen,
- müssen gewisse Kompetenzen gegeben sein, weil Delegation einen Freiraum für den Mitarbeiter darstellen soll. Damit verbunden ist auch
- die Verantwortung, und
- es braucht schließlich die entsprechenden Ressourcen der Mitarbeiter. Es gehört dazu, dass zu Kompetenz und Verantwortung auch die notwendigen Sachmittel existieren müssen.

Das sind die wesentlichen organisatorischen Voraussetzungen für ein Delegationsmodell. In diesem Sinne beschränkt sich Delegation nicht nur auf Aufgaben. Statt „nur" von Delegation sollte man genauer von „Delegation von Aufgaben und Verantwortung" sprechen, damit deutlich wird, wie häufig man gerade hier Fehler begeht. Nicht selten wird alles Mögliche delegiert, nur nicht die Verantwortung.

3.3.5.2   Personelle Aspekte

Delegationswürdige Mitarbeiter zeichnen sich durch eine bestimmte Art von Qualifikationen aus:

- Es muss eine Qualifikation in Bezug auf Kooperationsfähigkeit vorliegen (wird, wenn überhaupt, meist an letzter Stelle genannt).
- Die in Betracht kommenden Mitarbeiter müssen Fähigkeiten in Richtung Selbständigkeit und Selbstmanagement haben, und
- sie müssen auch über Qualifikationen in ihrem Fach verfügen.

Klassisch sind die letzten beiden Aspekte. Am klassischsten ist der letzte Aspekt. Erst muss man sich sozusagen den Fachmann schaffen und dann kann man delegieren. Das Problem dabei ist, dass der in diesem Modell innewohnende Selbstmanagementaspekt häufig übersehen wird.

Die für die Delegation infrage kommenden Mitarbeiter müssen im Grunde ihr Gebiet selber managen können. Sie müssen Koordinationsleistungen und Abstimmungsleistungen erbringen. Sie sollten schon etwas von Selbststeuerung verstehen, weil sie in ihrer „neuen" Aufgabe koordinieren müssen, entscheiden müssen, planen müssen, organisieren müssen usw.; und zwar auf ihre Verantwortung an Ort und Stelle. Dieser „Koordinationsaspekt" wird in aller Regel übersehen.

Qualifikation als zentraler Punkt auf der personellen Seite wurde bereits mehrfach erwähnt. Ein ergänzender Aspekt dieser Qualifikation ist eine bestimmte Motivation, die dahinterstehen muss. Das geeignete Kürzel dafür ist das unternehmerische Denken.

3.3.6   Besonderheiten, die zu beachten sind

Delegation gibt – wie bereits erwähnt – eine Antwort auf die Frage nach situationsgerechter Führung. Es ist durchaus berechtigt zu fragen, wie lange Vorgesetzte und Mitarbeiter delegative Führung wirklich durchhalten können.

Ähnlich wie bei kooperativer Führung werden sie bei geringerer Qualifikation ihrer Mitarbeiter ihr Führungshandeln niedriger ansetzen und beim kleinsten Störfall wieder selbst führen. Bei größerer Reife werden sie eher in der Lage sein, gemeinsam mit ihren Mitarbeitern besser auf Störfälle reagieren zu können als ohne delegative Führung mit autoritärem Verhalten, weil der Selbstgestaltungsgrad dieser Mitarbeiter größer ist.

3.3.6.1   Interaktionslastige Beziehungen
Über MbD wird mehr oder weniger erfolgreich versucht, die Interessen von Vorgesetzten mit den Interessen engagierter Mitarbeiter abzugleichen.

In diesem Bewusstsein achten viele Vorgesetzte sehr genau darauf und neigen bei einem Fehler der von ihnen mit Delegationsaufgaben betrauten Mitarbeiter dazu, relativ schnell ihre versprochenen oder gegebenen „Delegationsanreize" zurückzunehmen. Es dauert dann eine ganze Zeit, bis sie merken, dass dies nicht der Weisheit bester Schluss war.

Treten Probleme auf, liegen die Ursachen in der Regel auf der Beziehungsschiene zwischen Führungskraft und Mitarbeiter. Man versteht sich oder man versteht sich nicht. Man hat entweder zu schwache und/oder zu autoritäre Vorgesetzte oder aber Qualifikations- und Motivationsprobleme bei Mitarbeitern, möglicherweise auch bei Vorgesetzten. Die zentrale Erfolgsschiene verläuft zwischen Führung und Mitarbeiter. Wenn die nicht funktioniert, kann MbD nicht wirklich gelebt werden.

Der Erfolg insbesondere delegativer Führung hängt u. a. ab vom ständigen Wechselspiel zwischen Vorgesetztem und Mitarbeiter; und zwar in verbaler wie auch nonverbaler Form (s. Abschn. 4.4).

3.3.6.2   Zur Bedeutung freier Spielräume
Entscheidungsspielräume sind für delegative Führung wichtig. Es ist nicht nur von Belang, dass Mitarbeiter die für die zu bewältigende Arbeit notwendige Qualifikation erlangt haben. Sie müssen auch wissen, wenn sie etwas entscheiden wollen, dass sie es dann auch dürfen.

Deshalb sollten Vorgesetzte genau abgrenzen, inwieweit und in welchem Bereich ihre Mitarbeiter einen delegierten Verantwortungsbereich haben. Nur dann können sie auch dafür verantwortlich gemacht werden, welche Leistung sie erbringen.

Formen der Autonomie führen immer zu einer Aufgabenerfüllung mit Freiheitsgraden beim Mitarbeiter. Die Leistung beruht auf der Freiheit der Entscheidung, Leistung zu bringen, und auch der Möglichkeit, sie selber zu gestalten.

Es geht also auch darum, dass durch den Vorgesetzten eine Motivation geschaffen wird, die z. B. leistungsorientierte Entlohnung oder Selbständigkeit unterstützt, und dass Mitarbeitergespräche geführt werden, in deren Rahmen solche Leistungs- und Führungsfragen geregelt sind.

Will beispielsweise ein Vorgesetzter in seiner Abteilung eine möglichst flexible Handhabe der anfallenden Arbeitsabläufe einführen und sollen seine Mitarbeiter möglichst selbst bestimmen, wer welche Arbeiten annimmt und wie sie gestaltet werden, dann muss er davon ausgehen, dass jeder Mitarbeiter selber weiß, was er kann und wie er sich einbringen kann. Kooperative und delegative Führung bieten sich als Alternativen an.

Entweder wollen Vorgesetzte ihre Führung kooperativ „austesten" oder sie wollen es einmal probieren und übergeben deshalb die dafür notwendige Verantwortung an ihre Mitarbeiter. Die Verantwortung für deren persönliche Handhabe liegt dann bei jedem Einzelnen in seinem Aufgabenbereich. Das wäre das Leitbild, also die Maßnahme, die der Vorgesetzte einführen will – sozusagen das System.

3.3.6.3 Modelle und Führungsaktivitäten in das „richtige" Verhältnis zueinander setzen

Vorgesetzten stellt sich immer die Frage, wie sie Führungsbeziehungen so gestalten können, dass die von ihnen geplanten Aktivitäten auch in den Köpfen ihrer Mitarbeiter ankommen und angenommen werden.

Will man eine möglichst flexible Handhabe der Arbeitsabläufe implementieren, dann muss den betroffenen Mitarbeitern durch individuelle Maßnahmen Gelegenheit geboten werden, mitzuwirken. Hintergrund muss die Förderung unternehmerischen Denkens und die Transparenz für die Arbeitsergebnisse sein. Das ist im Prinzip eine vorbereitende Mitarbeiterentwicklungsmaßnahme. Die Mitarbeiter müssen darauf vorbereitet werden und gleichzeitig müssen – das ist wichtig – Mitarbeitergespräche geführt werden, über die man ein Forum hat, wo dann auftretende Probleme auch besprochen werden können.

Wann beispielsweise kooperative Führung als „Weg" geeignet erscheint, bedarf einer genauen Abwägung durch den Vorgesetzten, weil kooperative Führung immer noch eine sehr starke Kopplung zur Führungskraft hat, die zwar demokratisch ist, aber es bleibt diese Kopplung. Eine flexible Arbeitshandhabe macht nur dann Sinn, wenn man nicht nur eine generelle Regelung dafür frei wählen kann, sondern wenn Vorgesetzte ihre Mitarbeiter sich auch weitgehend selbständig definieren lassen. Das wiederum geht sehr stark in Richtung delegative Führung.

Die voraussichtlich größten Widerstände kommen von den Vorgesetzten selbst, wenn verlangt wird, Mitarbeiter „nur" delegativ zu führen. Kommunikationsfähigkeit und Konfliktlösungsfähigkeit sind dabei besonders wichtig, weil flexible Systeme konfliktträchtig sind.

Das betrifft jeden Verantwortungsbereich in einer Abteilung oder im Team, wo kooperative, delegative und zielorientierte Führung ineinander übergehen. Beginnt man mit nur einer Führungsalternative an einer Stelle, hat man unmittelbar Schnittstellen zu den anderen Führungsvarianten. Damit haben Vorgesetzte sehr häufig ein Problem.

Es kommt also darauf an, Führungsmodelle und das daraus zu folgernde Führungs-handeln zueinander ins Verhältnis zu setzen und aufzuzeigen, dass man eigentlich nie eindeutig delegativ oder kooperativ führen kann.

- Bei delegativer Führung handelt es sich im gleichen Maße um Vorgaben und Arbeitsan-weisungen wie bei kooperativer Führung auch. Die fachlichen und persönlichen Quali-fikationen unterscheiden sich eigentlich nur hinsichtlich des Grades an Eigenverantwor-tung (wobei jedoch den höheren Instanzen gegenüber wieder nur der Vorgesetzte sich verantworten muss).
- Bei kooperativer Führung werden eine wesentlich höhere Kommunikationsbereitschaft zu den Mitarbeitern sowie Kreativität vorausgesetzt. Damit stellt diese Form der Füh-rung eine größere Herausforderung dar, zumal der hohe demokratische Aspekt viel „Ta-lent" auf verschiedenen Ebenen voraussetzt.

Bei enger Auslegung könnte man annehmen, dass delegative Führung „nur" eine ent-schärfte Version von autoritärer Führung ist.

Obwohl in vielen Unternehmen (insbesondere Produktion/Vertrieb) das eine oder an-dere Führungsmodell empfohlen wird, lassen sich derartige Empfehlungen nicht ohne Wei-teres auf „New-Economy-Unternehmen" übertragen. Bei EBay oder Google beispielsweise arbeiten hoch spezialisierte Einzelgenies, weshalb sich hier stets die Frage stellt, an welche Führungspersonen man sich richtet.

Literatur

Bleicher K (1995) Das Konzept Integriertes Management, 3. Aufl. St. Galler Management-Konzept. Bd 1. Campus Verlag, Frankfurt/New York, S 265

Neuberger O (1/1990) Personalführung, S 3–10

Pinchot G (1988) Intrapreneuring – Mitarbeiter als Unternehmer. Gabler, Wiesbaden, S 41

Wunderer R, Grunwald W (1980a) Führungslehre. Bd 1. Walter de Gruyter, Berlin, New York (S 8 f, 288 f, 305 f)

Wunderer R, Grunwald W (1980b) Kooperative Führung. Bd 2. Walter de Gruyter, Berlin, New York (S 47 f, 339, 447)

Suche nach Identität und Führungsstärke

4

Überblick

„Sie werden in leitender Position nur überzeugen, wenn Ihre Mitarbeiter Sie als Menschen akzeptieren. Wie aber können Sie das, wenn Sie sich nicht menschlich geben? Bemühen Sie sich also, menschlich zu wirken. Das können Sie aber nur, wenn Sie auch (kontrolliert) zeigen, was und wie Sie fühlen." (Lay 1975, S. 98) Es hängt viel davon ab, welche Identifikationsmöglichkeiten Vorgesetzte wie nutzen und welche Identifikationswirkungen bei ihren Mitarbeitern damit verbunden sind. Wer Führungsstärke vermitteln will, muss überzeugen können und fähig sein, emotional Bindung herstellen zu können. Dabei wirken Führungskräfte umso souveräner, je situationsgerechter sie führen.

Führung findet zwischen Menschen – Vorgesetzten und Mitarbeitern – statt. Deshalb sind Vorgesetzte nur dann erfolgreich, wenn sie ihre Mitarbeiter dazu bringen, Erfolge zu haben. Das wird ihnen umso besser gelingen, je stärker gemeinsame Erwartungen und Interessen erkennbar werden.

Die Leistungsmotivation verbessert sich mit zunehmenden Identitätswahrnehmungen. Das setzt voraus, dass Vorgesetzte mit durchaus sehr unterschiedlichen Situationen umgehen können. Um eine entsprechende Führungsflexibilität zu erlangen, müssen sie sich mit Funktionsträgern (Identifikationsträger) zur Identität auseinandersetzen und sozusagen spiegelbildlich selbst hinterfragen. Entscheidend dafür sind die persönlichen Voraussetzungen, weshalb Vorgesetzte nicht den zweiten Schritt (Führungshandeln) vor dem ersten Schritt (Führungsanalyse) machen sollten. Eine Identitätsanalyse als Grundlage lässt sich

4

wie folgt darstellen:

Identität = F (Interaktion + Kultur + Motivation + Führungshandeln + Entwicklung)[1]

Führungsaktivitäten können das gesamte Identifikationsspektrum umfassen – sie können sich aber auch auf einzelne partielle Aspekte konzentrieren.

Es wird viel davon abhängen, welche Identifikationsmöglichkeiten auf welche Art und Weise genutzt werden und welche Identitätswirkungen damit verbunden sind. Dabei gilt es, Chancen und Risiken der Identifikationsträger gegeneinander abzuwägen. Chancen können ohne viel Aufwand identitätsfördernd genutzt werden. Risiken sollten aber auch als Chance gesehen werden, sofern sie überwindbar erscheinen, weil gerade deren Lösungen die Akzeptanz bei Mitarbeitern verbessern können und so eine Identitätswirkung trotz ursprünglicher Defizite erreichen.

Nicht unerwähnt bleiben soll, dass im Führungsalltag Veränderungen häufig als notwendig angesprochen werden. Wenn es dann jedoch um die Umsetzung geht, treten oft genug Eigeninteressen in den Vordergrund, die nicht immer der führungsmäßig erwünschten Identitätswirkung dienlich sind.

4.1 Interaktion als Identifikationsträger

▸ **Führung** ist kein eindimensionaler Prozess, sondern ein interaktioneller Prozess (Abb. 4.1). Interaktion ist eine soziale Tatsache, eine Art soziales Grundgesetz der Führung. Interaktion ist die wesentliche Steuerungsplattform für Führungskräfte, die eine überwiegende Anzahl von Identitätswahrnehmungen bewirken soll. Sowohl in positiven wie in negativen Situationen können Interaktionen ihre Eigendynamik entwickeln.

Interaktionelle Führungsansätze gehen davon aus, dass Führung ein Prozess ist, der zwischen Menschen hin und her geht. Auch wenn Mitarbeiter nichts bestimmen, so können sie allein durch die Art ihrer Reaktion ihre Vorgesetzten zumindest bei deren nächster Führungshandlung dazu bringen, nicht mehr so zu führen, wie sie zuvor geführt haben.

Führung vollzieht sich in der Wechselseitigkeit zwischen Vorgesetzten und Mitarbeitern und unterscheidet sich durch die Art der Interaktionen. Interaktionen vollziehen sich in der direkt geführten Kommunikation (verbal) wie auch indirekt über Umwege in Form von Gesten, Mimik, Blickkontakten, Haltung usw. (non-verbale Kommunikation). So ergibt sich eine Menge an Signalen, die Vorgesetzten auf Dauer mitteilen, ob sie sich nicht anders verhalten sollten. Führung ist immer davon abhängig, wie die Menschen, die geführt werden, reagieren. Selbst wenn man nicht von einem Partizipationsmodell ausgeht, vollzieht sich allein schon durch die Form, wie man auf solche Einflüsse reagiert, ein interaktioneller Prozess.

---

[1] F = Funktion (Abhängige) von ...

Abb. 4.1 Inner Circle der
Interaktion

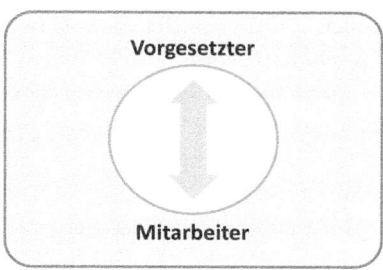

Wo immer Menschen interagieren, kann es zu Konflikten kommen. Das gilt insbesondere für Führungsbeziehungen. Anstatt – wie häufig üblich – von Führungsverhalten zu sprechen, ist es sinnvoller, Führungsbeziehungen in den Mittelpunkt der Überlegungen zu stellen. Andernfalls kann der fatale Eindruck entstehen, als wäre Führungsverhalten nur ein Aspekt der Vorgesetzten gegenüber ihren Mitarbeitern, während „Führungsbeziehung" die Beziehungen auch aus der Perspektive der Mitarbeiter betrachten lässt.

In der Führungspraxis allerdings dominiert meistens der Vorgesetzte, so dass die vorgesetztenzentrierte Führung im Vergleich zur mitarbeiterorientierten Führung die Oberhand behält. Andererseits lässt sich eine einseitig ausgelegte Führung kaum noch durchhalten, weil Führungserfolge letztlich nur möglich sind, wenn Vorgesetzte und Mitarbeiter jeder aus seiner Sicht dahinterstehen. Das hat zur Folge, dass Führungserfolge langfristig nur möglich sind, wenn dieser Wechselseitigkeit entsprochen wird. Auch bei rein autoritärer Führungspraxis ist diese Zweierbeziehung vorhanden, bei der sich der Mitarbeiter „unterwirft."

Konsequenterweise müssten sich Ansprüche und Erwartungen aller in Führungsprozesse involvierten Personen auf einem gemeinsamen Nenner treffen. Wie stark diese Brücke der Gemeinsamkeiten ist, hängt von Faktoren ab, die die Identität der betroffenen Menschen ausmachen. Diese Faktoren mögen durchaus unterschiedlich in ihrer Wertigkeit gesehen werden. Als Ergebnis aber muss eine überwiegende Anzahl von Identitätswahrnehmungen herauskommen.

Die Orientierung beispielsweise an den beschriebenen Führungsmodellen als Leitlinien lässt Überlegungen für das Führungshandeln zu. Ob allerdings die konkrete Umsetzung immer der Idealform zielorientierter, kooperativer oder delegativer Führung entspricht, sei dahingestellt. Eine alleinige Ausrichtung an diesen Modellen kann schon deshalb nicht erfolgreich sein, weil über die Modellbetrachtungen hinaus noch andere Faktoren, die situativ zu lösen sind, auf Identitätswahrnehmungen einwirken.

4.1.1 Interaktion ist überall – viele wissen es nur nicht!

Interaktion findet immer und überall in Unternehmen statt. Die Frage ist „Wie"?

Bei Führung steht immer noch der Regelungsaspekt mit einer Dominanz bei den Vorgesetzten im Vordergrund. Darüber denken Führungskräfte häufig zu wenig nach oder wollen es nicht wahrhaben, weil sie zunächst alles nur von ihrem persönlichen Standpunkt aus sehen (wollen).

Menschen müssen oder wollen unterschiedlich geführt werden. In Abteilungen mit schlechtem Sozialklima laufen Führungsprozesse anders ab als in gut funktionierenden Arbeitsgruppen. Das gilt entsprechend für jeden einzelnen Mitarbeiter und auch für jegliche Kommunikation.

Interaktionen sind das Kernstück von Führungsprozessen und damit die wesentliche Steuerungsplattform für Führungskräfte. Interaktionelle Prozesse sind zunächst einmal per se positiv. Wenn allerdings etwas schiefgeht, sollten Führungskräfte nicht auf die stattfindenden Interaktionen schimpfen, sondern auf ihre Art zu führen. Das Ergebnis daraus kann negative Folgen haben. Sowohl in positiven wie in negativen Situationen können Interaktionen ihre Eigendynamik entwickeln.

Führungsbeziehungen sind abhängig von direkten wie auch indirekten Interaktionen zwischen Vorgesetztem und Mitarbeiter und als Folge daraus auch zwischen Mitarbeiter und Mitarbeitergruppen untereinander. In dem Moment, in dem ein Vorgesetzter führt, beeinflusst er das Verhalten seiner Mitarbeiter, so dass immer auch Wechselwirkungen stattfinden. Interaktion ist eine soziale Tatsache, eine Art soziales Grundgesetz der Führung. Man kann nicht führen ohne Interaktion. Interaktion an sich ist weder positiv noch negativ. Sie kann positiv sein, sie kann negativ sein. Interaktion ist das Terrain, auf dem Vorgesetzte führen. Für sie sind Interaktionen ein Steuerungsinstrument und deshalb zunächst einmal positiv.

Immer nur Vorgesetzte als Führende zu definieren (wie das landläufig häufig geschieht), ist eine verengte Perspektive, weil sich dann alle Gestaltungsmaßnahmen, wie man effektiv führt, nur auf sie richten und alle anderen (also auch die Mitarbeiter) ausgeklammert werden. Eine solche Einstellung kann längerfristig kaum Erfolge aufweisen, weil die Beziehungsqualität zwischen Vorgesetzten und Mitarbeitern unberücksichtigt bleibt.

Ohne Interaktion geht also faktisch nichts – auch wenn man mit Führung noch keine Erfahrung hat. Gleichgültig, wohin man blickt, hat jeder seine ihm eigenen Interaktionserfahrungen. Zwar hat nicht jeder automatisch Führungserfahrung. Aber jede Führungskraft hat Erfahrung damit, geführt worden zu sein. Insofern dürfte hinsichtlich des Interaktionsbewusstseins keine Fehleinschätzung vorliegen.

Demzufolge wird jede Führungskraft wissen, dass sich über Interaktionen Gemeinsamkeiten aufbauen lassen, die die Chance zur Identifikation in sich tragen. Andererseits wird sich mit abnehmender Identifikation die Wahrscheinlichkeit für erhoffte und beabsichtigte Führungserfolge verschlechtern. Deshalb ist eine wesentliche, wenn nicht sogar die wesentlichste Voraussetzung für Führungserfolge das Wissen um die Bedeutung interaktioneller Prozesse im Führungsalltag.

Führung ist immer abhängig von der Sensibilität aller unmittelbar an Führungsprozessen Beteiligten. Vorgesetzte wie auch Mitarbeiter brauchen Optimismus und Selbstbejahung, wenn sie die Herausforderungen ihres Arbeitsalltags bewältigen wollen. Allein schon deshalb müssen Vorgesetzte ihr Augenmerk auf die Betonung der interaktionsbezogenen Sichtweise lenken.

Interaktionelle Barrieren zwischen Vorgesetzten und Mitarbeiter blockieren die für Führung so wichtigen Identifikationsprozesse. Es kommt dann nicht wirklich etwas „rüber". Jeder igelt sich ein. Negative Erfahrungen verhindern die eigentlich erwünschten sich gegenseitig befruchtenden Identifikationsprozesse.

4.1.2   Einflussfaktoren innerhalb Vorgesetzten-Mitarbeiter-Beziehungen

Führung ist Einflussnahme – in welcher Form auch immer – und damit Ausdruck von „Macht". Macht an und für sich ist weder positiv noch negativ. Die entscheidende Frage lautet: „Wie nutzt wer seine Macht?"

Hebel in Führungsbeziehungen sind Autorität, Expertise und Persönlichkeit. Die disziplinarische Führung bleibt; was aber Expertise und Persönlichkeit anbelangt, so sind diese in Bewegung.

Üblicherweise haben Vorgesetzte die Hoheit über die Kommunikation und Interaktion mit Mitarbeiter. Sie können bestimmen, wie lange und in welcher Form man sich austauscht. Meistens haben Mitarbeiter dies zu akzeptieren. Das Problem besteht darin, dass Führungskräfte bei falscher disziplinarischer Führung ihre Mitarbeiter „mental" verlieren. Demotivation ist die Folge. Das allerdings kann auch bei zu viel oder zu wenig MbO, bei zu viel oder zu wenig Kooperation und bei zu viel oder zu wenig Delegation passieren. Man muss konstatieren, dass Führungsrealitäten nicht so stabil sind, wie man gerne annimmt! Selbständigkeit und Qualifizierung haben ihre Grenzen. Gerade deshalb sollte Disziplinierung glaubhaft und für jedermann nachvollziehbar gehandhabt werden.

Wie so vieles ist auch Führung im unternehmerischen Alltag im Wandel. „Warum ist dies so?" und „Wie reagieren Mitarbeiter auf die Führung ihrer Vorgesetzten?" Damit stellen sich die Fragen,

- wie und ob Vorgesetzte ihre Führungsabsichten umsetzen wollen und können;
- ob sich Mitarbeiter überhaupt wehren können, in welchem Maße sie sich wehren können und ob sie sich überhaupt wehren wollen?

Um dieses Fragen beantworten zu können, bedarf es der Überlegung, worauf Einfluss und Macht zurückzuführen sind. Welche Ressourcen, welche Möglichkeiten besitzt jemand, wenn er Macht ausübt?

In Vorgesetzten-Mitarbeiter-Beziehungen trifft man auf Realitäten, die stark miteinander verwoben sind. Man trifft auch auf Akzeptanz oder Nicht-Akzeptanz der daraus abgeleiteten Führungssituationen, die auf die Intensität der Identifikation mit Vorgesetzten Einfluss nehmen und sich wie folgt beschreiben lassen:

1. Die formale **Position** einer Führungskraft. Es ist die offiziell verliehene „Übermacht" im Gewand der disziplinarischen Führungsautorität, die eine Führungskraft in einem Unternehmen über andere Menschen innehat.

2. Die **Persönlichkeit.** Hier handelt es sich um die Art und Weise, wie eine Führungskraft auf ihre Mitarbeiter wirkt. Man könnte auch vom Charisma sprechen – auf jeden Fall ist es etwas Besonderes, das Fluidum, das jemanden interessant und für andere attraktiv macht.

   Persönlichkeit zeichnet sich insbesondere dadurch aus, dass sie sich nicht profilierend präsentieren oder darstellen muss. Das ist auch der Grund dafür, warum man ausgereifte Persönlichkeiten erst nach längerer Zeit erkennt. Führungspersönlichkeiten dagegen eilt oft der Ruf voraus, dass man ihnen aufgrund ihrer Glaubwürdigkeit und Sachrichtigkeit vertrauen kann und sich mit ihren Entscheidungen – nicht blindlings – identifizieren kann. Ausgereifte Persönlichkeiten erzeugen durch ihr ganz persönliches Flair, dass sich Mitarbeiter mit ihnen identifizieren.

3. Die **Expertise,** die Sachlichkeit als Experte, der Spezialist in seinem Fach, der Ruf, ein Experte zu sein. Das ist neben der Persönlichkeit die zweite Komponente, die in der Person selbst (eine Frage der Ausbildung und Qualifikation) begründet ist; die allerdings ohne Persönlichkeit wenig Führungserfolge erzielen dürfte.

Interessanter als die Beschreibung dieser „Führungsquellen" ist die Frage nach deren tatsächlicher Aufteilung auf Vorgesetzte und Mitarbeiter. Aus der Art und Weise, welchen Einfluss die o. g. „Faktoren" auf Führungsprozesse haben und diese bestimmen, schöpft man seine jeweilige Gestaltungsfreiheit.

Eine einseitige Ausrichtung nur an der Position, der Expertise oder der Persönlichkeit wird zu Verzerrungen führen, die langfristig den erwünschten Führungserfolg in Frage stellen. In der Führungsrealität handelt es sich eher um eine Mixtur, die allerdings immer auf unterschiedlichen Schwerpunkten beruht und selten gleich verteilt ist. Selten wird eine bestimmte Person zu gleichen Teilen aus allen drei Führungsquellen schöpfen können.

Alltagserfahrungen machen deutlich, dass die meisten Vorgesetzten in der Regel etwas an sich haben, was sie dominant erscheinen lässt. Entweder ist ein Vorgesetzter jemand,

- der sagt, so wird es gemacht, weil er es ja schließlich verantworten, also auch entscheiden muss, (autoritärer Ansatz), oder
- der überzeugt und so lange argumentiert, bis Mitarbeiter sagen: „Na gut, der scheint ja recht zu haben." (mehr oder weniger kooperativer Ansatz), oder
- der zu Mitarbeitern kommt und sagt: „Wollen wir es nicht so machen?" (delegativer Ansatz).

Dieses unterschiedliche Verhalten zeigt, dass die Wahl des Führungshandelns auf charakterlichen Grundeinstellungen und dem Selbstbild eines Vorgesetzten beruht. Diese Verhaltensweisen sind sehr wahrscheinlich nicht einfach austauschbar, da Vorgesetzte sonst an Glaubwürdigkeit verlieren würden. Dies würde ihnen ihre Mitarbeiter abspenstig machen und man würde die Vorgesetzten nicht mehr ernst nehmen können. Damit würden sie sich selbst ihrer Führungsautorität berauben.

Position, Expertise und Persönlichkeit sind kein Kuchen, den man nur einmal verteilen kann. Persönlichkeit kann man aufbauen, Sachverstand kann man aufbauen: Also sind diese beiden Merkmale auch auf Mitarbeiter zutreffend. Lediglich die Position und damit einhergehend die disziplinarische Führung ist relativ fix, weil durch sie im Rahmen der Aufbauorganisation eines Unternehmens garantiert wird, dass Vorgesetzte mehr von dieser „Machtfülle" besitzen als Mitarbeiter.

Andererseits birgt die Position als Regelungsfaktor für Führung die Gefahr in sich, im Laufe sich entwickelnder Führungsbeziehungen immer weniger akzeptiert zu werden, sofern sie die alleinige Grundlage für das Führungsverhalten von Vorgesetzten ist. Auf Dauer wird sich eine Führungskraft ausschließlich mit disziplinarischer Führung gegen eine überlegene Expertise und/oder gegen eine überlegene Persönlichkeit ihrer Mitarbeiter nur schwer halten können. Langfristig gegen Expertentum vorgehen zu wollen, ist sehr zeitaufwendig und kostet zu viel, was sicher nicht im Interesse des Unternehmens sein kann. Die „Kontrollkosten" würden bald so hoch sein, dass sie nicht mehr getragen werden können. Das ganze System wird ineffizient und kippt – die Führungskraft rutscht auf ihren Absturz zu. Eine in dieser Art beschriebene Führungssituation ist nicht zwangsläufig. Sie sollte jedoch von Führungskräften bei kompetenteren und charismatischeren Mitarbeitern, als sie sich selbst einschätzen, durchaus ins Führungskalkül einbezogen werden.

Auch spricht wenig dafür, dass Vorgesetzte immer die stärkeren Persönlichkeiten sind, zumal sie häufig noch immer befördert werden aufgrund ihrer Sach- und nicht ihrer Führungskompetenz – nicht nach Anforderungen der nächsthöheren Stufe, sondern nach in der Vergangenheit erbrachten Leistungen. Wer sagt aber, dass die Leistungskriterien der neuen Aufgabe die gleichen sind wie die der alten Aufgabe?

In Bezug auf Expertise und Persönlichkeit gibt es nur wenige Gründe, von vornherein anzunehmen, dass Vorgesetzte besser sind als die ihnen unterstellten Mitarbeiter. Qualifizierte Mitarbeiter lassen sich nicht mehr so einfach „abwimmeln". Darüber hinaus sprechen die relativ knappen Ressourcen wirklich qualifizierter Mitarbeiter nicht dafür, dass Vorgesetzte ihre Art der Führung ihren Mitarbeitern ohne jegliche Schwierigkeiten überstülpen können. Man muss schon ein wirklich altgedienter Vorgesetzter sein, diese Realität nicht sehen zu wollen. Aber auch das ist Realität, davon gibt es (leider) noch genügend!

Allerdings gibt es in der Beziehung zwischen Vorgesetzten und Mitarbeitern reines Hierarchiedenken und ein damit einhergehendes Obrigkeitsdenken im Selbstverständnis von Führung eigentlich nicht mehr. Es gibt nur Abhängigkeiten. Und genau dieses Abhängigkeitsverhältnis ist die eigentliche Führungslegitimation.

Vorgesetzte entscheiden über die Entwicklung ihrer Mitarbeiter. Das ist das wesentliche Führungskriterium. Mitarbeiter entscheiden aber auch (meist mit vielen anderen) über den Erfolg ihrer Vorgesetzten. In diesen Abhängigkeiten findet Führung statt. Kann ein Mitarbeiter alles besser als sein Vorgesetzter, kann er dennoch erfolgreich geführt werden. Er will sicher weiterkommen und sein Vorgesetzter kann ihm dies ermöglichen. Letztlich ist dies eine Persönlichkeitsfrage. Es gibt auch Mitarbeiter, die die Verantwortung nicht tragen wollen oder können.

Fallstricke entstehen dadurch, dass eine einseitige nicht nachvollziehbare Auslegung disziplinarischer Führung Schwächen offenbart, die die Führungsrolle von Vorgesetzten unterlaufen. Allein nur auf Positionsmacht zu setzen, mag kurzfristig die wahre Führungssituation überspielen, mittel- bis langfristig jedoch zum führungsmäßigen Selbstmord auf Raten werden.

Die positionelle Autorität allein legitimiert weniger denn je die Einflussnahme durch Vorgesetzte, weil

- Expertise und Persönlichkeit stärker als früher auch beim Mitarbeiter erkennbar sind,
- die Autoritätsfixierung nachgelassen hat, Mitarbeiter stärker hinterfragen und weniger autoritätsabhängig sind.

Das alles ändert nichts an der notwendigen Entschiedenheit von Führungskräften in ihrem Handeln, wohl aber an ihrer Unentschiedenheit hinsichtlich der Beurteilung der jeweiligen Führungssituation.

Inwieweit Persönlichkeit und Führungshandeln übereinstimmen, ist wichtig, weil derjenige, der Persönlichkeit verkörpert, seine Ziele zu Zielen anderer machen kann. Andererseits bleibt demjenigen, der sich nicht wirklich mit seinem Führungshandeln identifizieren kann, nur der Ausweg, seine Rolle je nach Situation so gut wie möglich zu „spielen" und darzustellen. Er mag damit kurzfristig Erfolge haben. Längerfristig jedoch dürfte er wegen mangelnder Identität mit seinem Führungshandeln von seinen Mitarbeitern nicht mehr ernst genommen werden. Unter Umständen ruft er sogar Ängste hervor, die jegliche vertrauenswürdige Zusammenarbeit abwürgen.

4.1.3　Vertrauen und Misstrauen

Wer möchte, dass man ihm vertraut, der muss auch in der Lage sein, anderen vertrauen zu können!

Können Vorgesetzte davon ausgehen, dass ihre Mitarbeiter sich mit ihnen solidarisch erklären, die sogenannte Chemie stimmt und keine Tretminen gelegt werden? Können Mitarbeiter davon ausgehen, dass ihr Vorgesetzter hinter ihnen steht und keine Meinungen Dritten gegenüber vertritt, wogegen sie sich nicht wehren können?

- Es soll Vorgesetzte geben, die Taktiken entwickeln, nach denen sie zu ein und derselben Problemlage in verschiedenen Situationen und womöglich auch an verschiedenen Orten unterschiedliche Aussagen treffen und diese auch noch in einem individuellen Protokoll – als sozusagen ganz persönliches „Tagebuch" – zum Eigengebrauch festhalten. Manch ein Untergebener hat schon darauf gesetzt, dass solch ein Vorgesetzter sich irgendwann einmal verraten müsste. In den meisten Fällen allerdings muss man lange warten, weil diese Vorgesetzten Perfektionisten ihrer individuellen System- und Siche-rungsanwendung sind.

Je mehr man kontrolliert, desto größer wird das Misstrauen.

• Andererseits soll es Mitarbeiter geben, die Vorgesetzten Solidarität und Loyalität vor-gaukeln, in Wirklichkeit jedoch darauf bedacht sind, ihren eigenen Nutzen zu Lasten ihrer Vorgesetzten zu ziehen, wann immer das möglich ist.

Treffen solche Verhaltensweisen zu, so deutet dies darauf hin, dass jeder versucht, (ei-gentlich ausschließlich) seine eigenen Interessen durchsetzen zu wollen mit der Folge,

1. dass Vorgesetzte verunsichert werden und vorzugsweise alles Konfliktträchtige abschir-men, indem sie „Sicherheitsposten" (in größeren Abteilungen, die dies zulassen, Stäbe oder in kleineren Abteilungen Assistenten) etablieren, die letztlich nichts anderes be-deuten als Misstrauen gegenüber erstarkenden Mitarbeitern, und
2. dass Mitarbeiter (besonders problematisch wird es, wenn die unterstellten Mitarbeiter selber Führungskraft sind) zwangsläufig in Konflikt geraten zwischen Solidarität gegen-über ihren Vorgesetzten und/oder gegenüber Abteilungs- und Unternehmensinteressen.

In beiden Fällen handelt es sich im Kern um Unsicherheit und bei sich häufenden Wie-derholungen um angstgesteuerte Menschen, die sich ihrer eigentlichen Stärken nicht mehr bewusst sind oder die zu wenig Selbstvertrauen haben. Angstgesteuerte Menschen sind von Natur aus skeptisch und misstrauisch und – das ist noch viel wichtiger – erzeugen auch wie-derum Skepsis und Misstrauen. Erfahrungen werden im Laufe der Zeit Teil ihrer Biografie und schließlich Teil ihrer Identität.

Ursache für derartige Entwicklungen sind letztlich unterschiedliche Interessen. Solche Konflikte können sich ergeben

• aus Erwartungen der Unternehmensleitung an ihre Vorgesetzten. Im Prinzip ist das ein Konflikt, der indirekt auf die Mitarbeiter abstrahlt, weil diese Erwartungen auf sie durch-schlagen;
• aus Erwartungen der Führungskräfte an ihre Mitarbeiter und schließlich
• aus Erwartungen der Mitarbeiter an die Führungskräfte und das Unternehmen.

Insbesondere neue Führungskräfte mit bisher nicht gekannter Führungsverantwortung werden häufig mit dem Problem konfrontiert, dass ihnen gegenüber Misstrauen besteht. Andererseits sind auch sie misstrauisch, weil ihnen die Mitarbeiter das Leben schwer ma-chen könnten, wenn diese erst einmal erkennen, welche wirklichen Vorstellungen die/der „Neue" beispielsweise hinsichtlich einer künftigen Abteilungsausrichtung hat.

Trotz aller Unwägbarkeiten darf nicht übersehen werden, dass jeder einen Charakter hat. Wenn der verlorengeht, endet auch der Erfolg.

4.2   Kultur als Identifikationsträger

Überblick
Unter dem Deckmantel von Führungskultur schlummern nicht immer unmittelbar erkennbare kulturelle Gruppenspezifika wie die Unternehmens-, die Sparten-, die Abteilungs-, die Vorgesetzten- und Mitarbeiter- sowie deren Familien- und Freundeskulturen. Kultur kann Abteilungen nach vorne treiben; Kultur (z. B. Blockadeverhalten) kann aber auch Abteilungsentwicklungen abwürgen! Am Kulturphänomen kommen Vorgesetzte nicht wirklich vorbei. Kultur zu ignorieren kann sehr schnell zum Bumerang werden.

Qualität und Motivation der in einem Unternehmen arbeitenden Menschen sind die zentralen Erfolgsfaktoren. Darüber spannt sich wie ein Schirm die Kultur. Sie ist immer nur im Zeitverlauf zu verstehen. Dahinter steht immer eine „Tradition".

4.2.1   Spezifika zur Unternehmenskultur

Als begriffliche Eingrenzung wird Unternehmenskultur als die in einem Unternehmen am häufigsten vertretenen Werte bezeichnet. Letztlich sind Ziele, Konzepte und auch Instrumente Spiegelbilder der jeweils vorherrschenden Kultur.

Häufig handelt es sich um eine Kultur, die in den ersten Jahren eines Unternehmens/einer Firma entstand. Bei Firmen wie Siemens oder Krupp z. B. fußt die Firmenkultur auf kulturellen Werten/Ideen, die aus heutiger Sicht antiquiert erscheinen mögen. Damit wird deutlich, dass Unternehmenskultur sehr stark vom Gründer eines Unternehmens, seinem Charakter und seiner Zeit geprägt ist und weniger von den aktuellen kulturellen Begebenheiten. Was vorherrscht, mag eine standortspezifische Kultur sein, die allerdings durch die zunehmende Globalisierung der Märkte und insbesondere durch das Internet aufzuweichen beginnt.

Die Umsetzung der jeweiligen Unternehmenskultur hängt im Wesentlichen davon ab, mit welcher Kultur und Ausprägung sich die im Unternehmen tätigen Menschen identifizieren. Somit ist der Erfolg zielorientierter, delegativer und kooperativer Führung auch abhängig von der gelebten und erlebten Unternehmenskultur ebenso wie von der Kultur der im Unternehmen tätigen Menschen.

„Auf der Suche nach Führungsidentität" hebt als bestimmendes Segment die Führungsthematik heraus. Welche Einstellungen haben die in Unternehmen tätigen Menschen und was beinhaltet der Begriff Kultur in diesem Kontext?

- Wie verhalten sich die betroffenen Menschen in diesem Zusammenhang gegenüber der Macht, und
- welche Folgen hat das für sie?

In diesem Zusammenhang müssen Abhängigkeiten führungs- und schichtenspezifisch herausgearbeitet und entsprechende Konsequenzen für das Führungshandeln ermittelt werden.

Aufgrund ihrer Position im Unternehmen haben Vorgesetzte eine bestimmte Rolle. Durch diese Rolle richten sich bestimmte Erwartungen auf sie und durch diese Rolle sind sie auch bereit, ein bestimmtes Verhalten ungeprüft zu Tage zu fördern. Erfahrungsgemäß verfügt jeder gemäß seiner Rolle über ein bestimmtes Repertoire an Verhaltensweisen. Deshalb ist es wichtig, eine Kompetenz zu entwickeln, das Repertoire sinnvoll in das Betriebsgeschehen einbringen zu können.

Führungskräfte sollten nicht vergessen, dass sie auch dann Vorgesetzte bleiben, wenn sie ihren Untergebenen Freiraum gestatten und jeder innerhalb seines Zuständigkeitsbereiches handeln kann. In diesem Sinne sind Spielregeln der kulturelle Rahmen, der aber, um auf Dauer führen zu können, nicht ohne das dynamische Moment bei den Mitarbeitern auskommt.

Unternehmenskultur ist das Ergebnis der Tradition eines Unternehmens in Form gemeinsam entstandener und geteilter Werte und Überzeugungen, die überall im Unternehmen eine wichtige Entscheidungen beeinflussende Rolle spielen. Sie sind es, die Identität schaffen.

„Der Geist dieses Hauses ist", „wie man es bei uns macht" oder „was uns wichtig ist" sind solche dominierenden Verallgemeinerungen und Wertvorstellungen. Es sind Ausdrücke, die typisch sind für das, was man mit Unternehmens- und/oder Abteilungskultur meint. Das „Ja" in einer Wertpapierabteilung (von mir an Dich beim Kauf oder Verkauf von Wertpapieren) einer Bank ist etwas ganz anderes als das „Ja" in einer Kreditabteilung, das vom Image her eingeschränkter (ja, aber … unter bestimmten meistens noch zu prüfenden Rahmenbedingungen) ist. Ohne diese Wertpapier- oder Kreditkultur ließen sich bestimmte Verhaltensweisen nur schwer ergründen. Führung hätte keinen sie legitimierenden Rahmen, aus dem heraus Abstimmungs- oder Entscheidungsperspektiven auf einen gemeinsamen Nenner gebracht werden könnten. Ähnliche Beispiele wird es geben im Industriesektor, in der Werbebranche oder in anderen Bereichen mit jeweils vergleichbar lautenden typischen „Kulturphänomenen".

Die sich daraus entwickelnde Identität ist die wichtigste Funktion von Kultur, weil Werte nur dann funktionieren, wenn Menschen sich damit identifizieren. Es ist wohl so, dass mit dieser Identität im Laufe der Zeit auch die Legitimation wächst. Man kann nicht ständig in einem völligen Wertekonflikt leben. Mechanismen dieser Art gibt es immer und überall, nur sind sie eben sehr unterschiedlich ausgeprägt und müssen in irgendeiner Form zusammengeführt werden.

Es wird in Unternehmen unter Berücksichtigung auf unternehmensinterne Werte gehandelt und geführt. Aus der Unternehmenskultur können Konflikte entstehen, wenn sie antiquiert erscheint, keine Zustimmung erhält oder so dominant durchgesetzt wird, dass sie Handlungsspielräume einengt. Das wiederum hat Auswirkungen auf das Führungsverhalten. Gleiches lässt sich ableiten aus der Persönlichkeit von Vorgesetzten wie auch von Mitarbeitern.

Man setzt ein bestimmtes Denken, bestimmte Werthaltungen, bestimmte Einstellungen voraus. Es geht um Wahrnehmungsfähigkeiten, Wertschätzungen und Wertmuster. Das alles hält Führung als solche zusammen. Man versteht darunter und erhofft sich, dass die Kultur eines Unternehmens von Mitarbeitern akzeptiert ist und gleichzeitig dazu führt, sozusagen freiwillig Leistungsmotivation freizusetzen.

Letzteres trifft nur zu, wenn man eine Kultur hat, in der Flexibilität und Lernfähigkeit eine relativ große Rolle spielen. Die Aussage trifft nicht zu, wenn man eine Haltung vertritt wie: „Das geht nicht, das haben wir noch nie gemacht." oder „Dafür sind wir nicht geeignet." Solche Aussagen hört man relativ häufig. Sie sind jedoch nicht zur Verallgemeinerung geeignet, weil Abteilungskulturen sehr unterschiedlich sein können. Die Kultur beispielsweise einer Abteilung mit Fließbandarbeit lebt nicht von Flexibilität und Lernfähigkeit, sondern eher von funktionierender Gemeinschaft.

Kultur kann Abteilungen nach vorne treiben; Kultur kann aber auch Abteilungsentwicklungen abwürgen! Letztendlich soll die Kultur eines Unternehmens via Identität den Zusammenhalt der Mitarbeiter fördern und sichern.

Probleme lassen sich oft genug nur noch lösen, wenn alle an einem Strang ziehen. Führungstechnisch heißt das „Beteiligung der Betroffenen". Auch das verkörpert Kultur. Damit spricht man von Selbstorganisation und Selbstverantwortung, indem man sagt: „Wir können unsere Probleme nur noch lösen, wenn sich Gruppen selbst organisieren und wenn jeder Mitarbeiter eigene Problemlösungsfähigkeiten hat oder entwickeln kann." Alle fühlen sich mehr oder weniger wohl und sind auch motiviert. Erhalten Mitarbeiter mehr Freiräume, mehr Selbstorganisation und delegiert man mehr, werden zumindest die engagierten und motivierbaren Mitarbeiter glücklicher.

Mitarbeitern grundsätzlich mehr Freiraum zu geben, ist jedoch nicht automatisch sinnvoll. Das sollten Führungskräfte im Hinterkopf behalten, weil es nur schwerlich einen totalen kulturellen Gleichklang geben wird.

Wollen Vorgesetzte erfolgreich führen, bedarf es neben allen sonstigen Qualitäten auch eines Werteverständnisses als gemeinsamem Nenner mit ihren Mitarbeitern.

4.2.2   Kulturelle Widersprüche

Wer über Kultur nachdenkt, der kommt weder an blühenden Landschaften noch am „sozialen Eisberg" als Hintergrund vorbei. Das, was im Kern Kultur ist, befindet sich unterhalb der Oberfläche – ist also nicht sichtbar. Kultur im engeren Sinne kann man nicht beobachten. Wer beispielsweise als Vorgesetzter Mitarbeiter oder aus Mitarbeitersicht Vorgesetzte beurteilt, beurteilt überwiegend das Erscheinungsbild und die Vorstellung – selten nur den Menschen selbst und damit die Ursachen für dessen Erscheinungsbild.

Wir beurteilen selten etwas nur aufgrund seiner unmittelbaren Funktion und Form, sondern immer auch aufgrund einer Funktion, die wir dahinter vermuten. Jeder Gegenstand und jede Handlung – das ist eine der wichtigsten Konsequenzen dieses kulturorientierten Denkens – haben neben ihrer unmittelbaren, originären Funktion immer auch eine soziale Komponente, die Kultur beinhalten kann und in den meisten Fällen auch beinhaltet.

Angenommen, ein(e) Vorgesetzte(r) würde beispielsweise MbO einführen, dann führt er/sie damit nicht nur eine ganz bestimmte Problemlösung ein, nämlich Arbeitsprozesse auf Ziele auszurichten. Er/sie beeinflusst gleichzeitig damit auch die Abteilungskultur. In der Regel finden sie schon eine bestimmte Abteilungskultur vor, so dass er/sie sich fragen müssen, ob das, was sie machen wollen, kulturkompatibel ist (lässt die vorhandene Kultur das, was er/sie betreiben will, zu). Findet er/sie keine zielorientierte Arbeitsweise oder Ausrichtung vor, so heißt das nicht, dass sie von ihrem Vorhaben, MbO einführen zu wollen, Abstand nehmen müssen bzw. Abstand nehmen. Es heißt nur, dass er/sie dann mit an Sicherheit grenzender Wahrscheinlichkeit mit Einführungswiderständen rechnen muss. Insofern zeigt sich eine gewisse Schizophrenie von Kultur als Führungsgröße darin, dass

- einerseits jede Art von Kultur primär konservativ im Sinne von „sie konserviert" ist. Das muss sie auch, weil sie auf Werten basiert, die durch einen längeren Entwicklungsprozess entstanden sind. Erst dadurch, dass diese Werte identifizierbar werden, werden sie in der Kultur auch wirken, so dass man ein Set von Werten hat, was typisch ist für ein Unternehmen, für eine Abteilung, für ein Team. Solche Sets sind nicht mehr leicht zu ändern, weshalb traditionell in jeder Kultur immer ein Beharrungswiderstand vorhanden ist. Was lange braucht, um sich zu entwickeln, das braucht auch lange, um sich zu ändern. Das kann insbesondere sich in Veränderungssituationen (z. B. Reformen) negativ auswirken.
- Andererseits kann Unternehmenskultur eine nicht zu unterschätzende Stabilisierung bringen; eine Stabilisierung, die sich zum Beispiel in der Identität der Mitarbeiter zeigt. Die sich auch darin zeigt, dass Dinge, die von Mitarbeitern beschnuppert und angenommen werden, anders gar nicht mehr geregelt zu werden brauchen. Corporate Identity funktioniert sozusagen wie ein Autopilot in einem Flugzeug – einmal eingestellt oder einmal sozialisiert, orientieren sich Mitarbeiter daran und es bedarf keiner zusätzlich ergänzenden Maßnahmen. In diesen Fällen liefe sehr viel sozusagen ohne unmittelbare Einwirkungen durch den Vorgesetzten.

Diese beiden Perspektiven machen das kulturelle Spannungsfeld aus, mit dem Vorgesetzte umgehen müssen. Das ist wichtig zu wissen, will ein Vorgesetzter an sich eingenisteten Führungsriten drehen. Will er beispielsweise die Selbstverantwortung seiner Mitarbeiter erheblich ausdehnen, sich diese Mitarbeiter aber aufgrund von Gerüchten und Erfahrungen in anderen Abteilungen stark verängstigt fühlen und große Zweifel hegen, so befindet er sich im Zentrum des „Wirbelsturms".

Veränderungen in der Führung sind in der Regel mit einer mehr oder weniger starken Veränderung der vorhandenen Führungskultur verbunden. Sie zeichnen sich dadurch aus, dass vorhandene echte Grundmuster verändert werden, was wiederum große Schwierigkeiten bereitet. Als Führungskraft nur eine Seite dieser Veränderungen sehen zu wollen, ginge an der Realität vorbei.

Ein Bruch mit der bisher gelebten Führungskultur ist praktisch nicht zu bewältigen, wenn sich Mitarbeiter vehement dagegenstemmen. Wollen Vorgesetzte ihre Mitarbeiter für ihre Art zu führen gewinnen, dann müssen sie sie auch davon überzeugen, dass Änderungen im Führungshandeln mit Veränderungen der vorhandenen Kultur verbunden sind.

4.2.3 Kultur und Führung

Vorgesetzte kommen am Kulturphänomen nicht wirklich vorbei. Kultur ist einfach da. Mal ist sie kühl und distanziert, mal ist sie offen, kommunikativ, mal ist sie exklusiv, mal ist sie sozial ausgelegt. Auch wenn Unternehmenskultur nicht als Führungsgröße im engeren Sinne zu verstehen ist, so ist sie doch Basis für Führung.

Dennoch glauben viele Vorgesetzte, Kultur ignorieren zu können, indem sie ihre Führung völlig sachrational aufzubauen versuchen. Emotionen, Werte, Bewertungen usw. spielen dabei keine Rolle, wohingegen alles, was geregelt wird (Anweisungen, Position und Fachautorität), in ihren Augen die anscheinend entscheidende Rolle spielt.

Des Weiteren fällt auf, dass Abteilungsführungen häufig nicht darauf achten, welche Subkulturen[2] sich bei den Menschen in ihren Abteilungen herauskristallisieren. Jeder weiß, dass es so ist, aber es wird ignoriert und es wird sozusagen eine Hülle darum gelegt, die nur schwer zu durchdringen ist.

Wer kulturbewusst führen will, der sollte versuchen, Diskrepanzen möglichst zu vermeiden. Er sollte die Abteilungskultur – soweit möglich auch die in einer Abteilung erkennbare Familienkultur[3] der Mitarbeiter – in sein Führungshandeln einbinden. Wenn Vorgesetzte gegen eine vorhandene Kultur etwas versuchen zu verändern, müssen sie damit rechnen, dass sie größte Schwierigkeiten (Bleicher 1995, S. 458 ff.) bekommen und Ziele kaum durchsetzen können.

Bei genauerem Hinsehen ist es noch komplizierter. Kultur und Führung beeinflussen sich gegenseitig. Wie man führt oder wie man Führung verändert, hat Einfluss auf die Kultur und die Kultur wiederum hat Einfluss auf das Führungsverhalten.

Wollen Vorgesetzte erfolgreich führen, müssen sie mit auftretenden kulturellen Schwierigkeiten umgehen können. Sie müssen erkennen, wohin Diskrepanzen zwischen ihrer Art zu führen und der vorherrschenden Abteilungskultur führen können. Sie müssen aber auch erkennen, dass gerade Kulturstärken (Ehrlichkeit, Disziplin, Fairness, Harmonie usw.) die Leistungsfähigkeit garantieren. Wenn Mitarbeiter im Arbeitsalltag keine eigenständige Kultur entwickelt hätten, hätten Vorgesetzte vermutlich schon viel größere Probleme. Würde eine Abteilung wirklich immer so arbeiten, wie sie offiziell arbeiten soll (formelle Führung), wäre sie vermutlich weniger erfolgreich. Daran sieht man, dass das, was hin und

---

[2] Subkulturen = Untergruppen innerhalb einer bestehenden dominierenden Kultur.
[3] Familienkultur ist die Ansammlung oder Häufung der Kulturgewohnheiten der Mitarbeiter(innen).

wieder als „falsche" Kultur (informelle Führungsprozesse) verunglimpft wird, in Wahrheit eigentlich das Schmiermittel ist, was Abteilungen am Laufen hält.

Kultur erzeugt – wie bereits erwähnt – notwendigerweise eine Stabilisierungs- und zugleich auch eine Veränderungswirkung. Versucht man ständig, die vorherrschende Kultur zurückzudrängen, entsteht geradezu automatisch eine Kultur, die man möglicherweise gar nicht mehr unter Kontrolle halten kann. Deshalb muss der Versuch unternommen werden, Kulturen zu schaffen, die möglichst wenig zu Verkrustungen und Starre neigen. Das kann nur gelingen, indem man versucht, Flexibilität, Lernen, Veränderungsbereitschaft usw. in die Abteilungskultur hineinzubringen – sozusagen als Wert zu implementieren.

Wer bestimmte dominierende Werte verändern will, der sollte bewusst kulturorientiert arbeiten. Das erreicht man nicht, wenn man Kultur ignoriert. Man erreicht es nur dadurch, dass man gezielt Kulturen erarbeitet. Das wiederum gelingt nur, indem man versucht, Kultur als Querschnittsgröße einzusetzen, um Mitarbeiter für grundsätzlichere, umfassendere Veränderungen bereit zu machen. Auf jeden Fall sollten Vorgesetzte versuchen, möglichst viele äußere Erscheinungsformen zu finden, in denen Mitarbeiter ihren dominierenden Wert, der das Wesen der bestehenden Kultur verändern wird, wiedererkennen.

Dazu ist hilfreich, die Kommunikation mit seinen Mitarbeitern zusätzlich zu verstärken, indem Vorgesetzte beispielsweise klar ausdrücken, was sie vom Mitarbeiter erwarten. „Was will ich?", „Was will ich ganz besonders?" und „Was will ich ganz bestimmt nicht?" Allerdings ist das ein Punkt, der Schwierigkeiten bereiten kann.

Wollen Vorgesetzte bei ihren Mitarbeitern Identität mit den Abteilungszielen erreichen, werden sie versuchen müssen, Identifikation als Führungsmotor in den Mittelpunkt zu stellen – also über eine offene Kommunikation führen. Wenn man sich „versteht", entwickelt sich gegenseitiges Vertrauen. Das dabei entstehende Image ist dann sozusagen die Außenwirkung der Kultur von Vorgesetzten und zugleich Identifikationspotential ihrer Führung.

Es gibt Situationen, in denen man praktisch nur noch die allgemeine Richtung durch Kultur vorgeben kann. Das ist einer der wesentlichen Gründe für die Bedeutung von Kultur: Man kommt in vielen Bereichen ohne die Steuerungsfunktion Kultur nicht aus. Je mehr Selbststeuerung durch Mitarbeiter angestrebt wird, desto wichtiger wird Kultur, weil man auf herkömmliche meist hierarchisch geprägte Führungsmechanismen verzichten muss. Da ist dann Kultur das entscheidende Mittel, mit dem man versucht, eine abteilungsspezifische Identifizierung, die für alle Abteilungsmitglieder gilt, herauszuarbeiten. Kultur kann als Implementierungshilfe wirken; möglicherweise aber auch als Implementierungsproblem. Kultur kann man schließlich nicht vorgeben.

In der Praxis werden Vorgesetzte zunächst die vorhandenen Wertmuster deuten, indem sie versuchen, bei ihren Mitarbeitern ähnliche Interpretationen wie bei sich selbst zu finden. Sie werden so lange darüber sprechen, bis sie den Eindruck haben, einen gemeinsamen Nenner gefunden zu haben.

Dieser im Idealfall gemeinsamen Kulturdeutung entnehmen Vorgesetzte, ob und inwieweit bestimmte Führungsvorstellungen von ihren Mitarbeitern unterstützt werden oder eben nicht unterstützt werden. Auf jeden Fall scheitern Vorgesetzte mit ihren Bemühungen, wenn sie nicht auch Kulturentwicklung betreiben. In irgendeiner Form müssen flankierende, kulturstützende Maßnahmen ergriffen werden.

Allerdings stellt sich die Frage, wie genau Vorgesetzte die Möglichkeit haben sollen, die bestehende Unternehmenskultur so umformen zu können, dass sie diese an ihre Abteilung anpassen können. Müssen sie dabei nicht mit Problemen von oben rechnen? Eigentlich geht es nur um eine gemeinsame Ausgangssituation oder Basis, einen Weg zu finden, dass alle an einem Strang ziehen können – selbst wenn sie sich persönlich nicht mögen.

Es gibt Maßnahmen, die unmittelbar wirken, weil sie bei den äußeren Erscheinungsformen ansetzen. Diese Maßnahmen wirken zwar schneller, gehen dafür aber weniger tief und sind hinsichtlich ihrer Wirkung unspezifisch. Daneben gibt es nicht auf der sichtbaren Ebene einsetzende Wirkungen. Sie sind auf den unter der Oberfläche liegenden Kern der Kultur gerichtet. Es sind symbolische Handlungen in Form von Vermittlungsaktivitäten, die meistens nicht in bestimmte Maßnahmen und Instrumente gegossen werden – die aber häufig länger wirken. Das geschieht im Wesentlichen in Form von Kommunikation. Dabei geht es insbesondere um das Betreiben von Kulturentwicklung zur Sicherung von Führungsbemühungen. Die Kulturbeobachtung besteht dabei darin, dass sich Vorgesetzte beispielsweise fragen, ob die Kommunikation in ihrer Abteilung offener geworden ist. Gegenüber früher wird sich sicher etwas verändert haben.

Es geht in der Praxis nie darum, dass die gemeinsame Kultur darin besteht, dass es überhaupt keine Abweichung gibt. Je nachdem, in welche Richtung (z. B. Erfolgssucher- oder Misserfolgsvermeidungskultur) es geht, erfordert dies von Vorgesetzten ein unterschiedliches Verhalten, was ihre Führung angeht, was den Auftritt angeht, was Kommunikation angeht usw. Dabei zeigt sich, dass Führungskompetenz und Führungserfolg eine enge Beziehung zur Kultur aufweisen.

Entweder stellt sich Führung den kulturellen Rahmenbedingungen oder sie ignoriert die vorhandene Kultur. Das Erste ist gut, das Letzte immer ein Risiko.

4.2.4 Mit dem eigenen Identitätskern punkten

Unter Identitätskern ist die ganz persönliche Eigenart und Eigentümlichkeit eines Menschen in seinem Handeln – also der Charakter eines Menschen – zu verstehen. Im Falle der Führung ist es die individuelle personen- und persönlichkeitsbezogene Echtheit im Führungshandeln von Vorgesetzten. Sie vermitteln ein Bild von sich, das beim Mitarbeiter als real, offenkundig, ungekünstelt wahrgenommen wird. Es ist der Markenkern eines jeden Vorgesetzten. Dabei muss es sich nicht notwendigerweise um seine realen Eigenschaften handeln. Es können auch Zuschreibungen der Mitarbeiter diese Eindrücke verursachen, die Teil einer gelungenen Inszenierung sein können. Ist die Inszenierung übertrieben, wirkt sie schnell klischeehaft.

Führungskräfte sollten ihr Führungshandeln nur so lange an einer ihnen nicht entsprechenden Rolle ausrichten, wie es die Situation unbedingt erfordert. Das ist Grund genug dafür, dass sie ihre Führungsaktivitäten ständig hinterfragen und sich ihren Mitarbeitern gegenüber möglichst so verhalten, wie sie selbst von ihren Vorgesetzten behandelt werden möchten. Eine auf Dauer seinem Naturell nicht entsprechende Rolle hält langfristig kein Mensch durch. Das trifft genauso auf Mitarbeiter zu. Ein auf Dauer Rollen spielender Vorgesetzter verliert bei seinen Mitarbeitern an Akzeptanz. Ein nur aus künstlichen Rollen bestehendes Gitterwerk führt letzten Endes dazu, den Boden unter den Füßen zu verlieren. Die Identität mit ihrem Führungshandeln ist aus Sicht der Mitarbeiter/innen die Duftmarke, die Vorgesetzte setzen.

Am Beispiel der delegativen Führung wird aufgezeigt, wie wichtig die Kulturperspektive sowohl aus Sicht von Vorgesetzten als auch aus Sicht ihrer Mitarbeiter ist. Wird eine Aufgabe delegiert, muss aus der jeweiligen Verantwortung (Führungsverantwortung des Vorgesetzten und Eigenverantwortung des Mitarbeiters) heraus ein kultureller Rahmen entwickelt werden, der dem Delegationsmodell entspricht.

- Es wäre nicht vertretbar, wenn Mitarbeiter die Einstellung hätten, sich an der delegativen Ausrichtung nur ein bisschen zu beteiligen. Das ist in einem Delegationsmodell nicht vertretbar. Delegation soll nicht für den Mitarbeiter heißen, dass er lieber etwas vor die Wand fahren lässt, als seinen Vorgesetzten um Hilfe zu bitten; aber er soll auch nicht für jede Kleinigkeit zu seinem Vorgesetzten laufen.
- Genauso wenig vertretbar ist, wenn Vorgesetzte dauernd daneben stehen. Nicht vertretbar ist auch, wenn sie zusehen und beim ersten Fehler alles wieder zurücknehmen. Kopf-ab-Delegation wäre der richtige Terminus dafür.

Dieses Beispiel soll zeigen, dass Führung auch über Werte gesteuert wird. Will man, dass delegierte Aufgaben weder gegen die Wand gefahren noch überwacht werden, erfordert delegative Führung von Vorgesetzten die Fähigkeit, für die von ihnen delegierten Mitarbeiter einen möglichst hohen Selbstorganisationsspielraum zu schaffen.

Handlungsrahmen sollten so weit wie möglich geöffnet werden – also so wenig wie möglich vorgesteuert sein. Der Selbstorganisationsspielraum muss von Interessen und Werten getragen werden, die nicht nur einseitig verpflichtend sind, sondern möglichst einen gesunden Kompromiss aus den vorhandenen unterschiedlichen Interessen darstellen. Vorgesetzte, die delegieren, müssen dafür sorgen und zulassen, dass die Selbststeuerungskompetenz ihrer Mitarbeiter steigt. Wird diese Haltung von Mitarbeitern als ehrliche und nachvollziehbare Absicht aufgenommen, dürften Vorgesetzte im Rahmen der delegierten Aufgaben seitens ihrer Mitarbeiter weniger beansprucht und notwendig werden. Entscheidend ist der Selbststeuerungsgrad der Mitarbeiter. Je kleiner er ist, desto schwieriger wird delegative Führung; je höher er ist, desto leichter lässt sich delegative Führung praktizieren.

Letztendlich ist es unerheblich, wie Vorgesetzte führen wollen und was sie infolgedessen umsetzen. Sie müssen dafür einen Rahmen schaffen. Sie müssen übergeordnete Führungsgrößen schaffen, die sie nicht ständig ändern und mit denen sie einzelne Arbeitsprozesse auch gar nicht beeinflussen können. Eine dieser zentralen Stellgrößen ist die Kultur.

Wer ganzheitliche oder vernetzte Führung im Fokus hat, der meint damit eigentlich nichts anderes, als dass Führung nicht erklärt werden kann über einzelne Variablen wie z. B. MbO oder MbM[4] oder MbD. Ziele oder Motivation sind nicht mehr die zentrale Ausrichtung, sondern das Zusammenwirken möglichst vieler Führungsvariablen ergibt erst dieses Paket, das eigentlich für Führung wesentlich ist. Auch dieses Führungshandeln bewirkt wiederum eine besondere Art von Kultur, die Vorgesetzte vorleben und ermöglichen müssen. Entscheidend ist letztlich, dass sie mit ihrem führungseigenen Identitätskern[5] bei ihren Mitarbeitern punkten.

Identität an und für sich ist sehr persönlich und sehr privat, so dass sie auch für Vorgesetzte schützenswert ist. Da deren Preisgabe auch Vorgesetzte angreifbar, verletzbar und sogar erpressbar machen kann, müssen sie für sich entscheiden, wie viel sie von sich preisgeben. Nicht zuletzt aus diesen Gründen können sich Vorgesetzte nicht einmal von ihren Mitarbeiter/innen ein vages Bild machen, weil einige dies nie zulassen würden.

Deren Zusammenarbeit basiert auf ihren Charaktereigenschaften, denen ihrer Kollegen und denen ihrer Vorgesetzten. Sind Mitarbeiter motiviert, können sie durchaus professionell arbeiten und dabei „Charakterschwächen" auf beiden Seiten (vorgesetzten- wie auch mitarbeiterseitig) ausblenden. Vertrauen, Zuversicht und Motivation sind dafür Voraussetzungen!

Schließlich gibt es im alltäglichen Führungshandeln Momente, die man nicht plant, die man einfach „tut". Das ist pures emotionales Handeln, das Identifikation hervorruft oder verweigert. Die Resonanz bei Mitarbeitern wird auf jeden Fall sehr stark ausfallen, und zwar positiv oder negativ.

Wer spontan handelt, den werden Mitarbeiter mit größerer Resonanz begleiten. Im positiven Fall verbessern sich die Führungsbeziehungen. Die Unmittelbarkeit einer solchen symbolträchtigen Identitätswirkung ist am wirkungsvollsten und fördert bei positiver Auslegung durch die Mitarbeiter die Vorbildfunktion von Vorgesetzten.

4.3 Motivation als Identifikationsträger

Überblick

Die Kunst des Motivierens besteht nicht in der permanenten Wiederholung ein und derselben Aktivität, sondern in sich ändernden Anpassungen an unterschiedliche Situationen. Dabei sollten Führungskräfte auf welche Weise auch immer versuchen, die Bedürfnisstruktur ihrer Mitarbeiter zu erfassen, bevor sie Entscheidungen über die Bedürfniserfüllung von Mitarbeitern treffen, weil sonst die Gefahr besteht, dass

---

[4] MbM = Management by Motivation = motivationale Führung.
[5] Identitätskern = ganz persönliche Eigenschaften.

sie ihre eigene Motivationsstruktur an ihre Mitarbeiter anlegen. Gelingt es, dass Mitarbeiter sich mit ihrer Arbeit identifizieren, entwickeln sie sich zu motivationalen Selbstläufern.

Motivation ist die Aktivierung zielorientierten Verhaltens; Motivation ist immer situativ. Situative Führung bedeutet, möglichst genau auf die Situation und den Mitarbeiter individuell einzugehen – und zwar immer auch auf die Motivation seiner Handlungen. Motivationale Führung zeichnet sich dadurch aus, jemanden zu etwas zu führen, ihm beratend zur Seite zu stehen und zu versuchen, ihn zu motivieren.

Hilfestellung leisten dabei Motivationsmodelle und Konzepte. Bei aller Logik, die sich dahinter verbirgt, bleiben sie Modelle. Ihre Umsetzung in die Praxis stößt an Grenzen, sobald Vorgesetzte sich selber für motivierter halten als ihre Mitarbeiter und/oder die Meinung vertreten, die Motivation ihrer Mitarbeiter durch konsequentes Festhalten an diesen Modellen erreichen zu können.

Um einen Identitätsschub bei Mitarbeitern hervorzurufen, bedarf jedes Modell wie auch schon die beschriebenen Führungsmodelle der individuellen Interpretation durch seinen Anwender. Andernfalls besteht die Gefahr, dass die konkrete Situation zu wenig eingebunden wird.

Motivation läuft in der Praxis sehr stark über extrinsische Anreize – über Belohnung und Bestrafung. Sie sollte jedoch stärker über Identifikation erreicht werden, was gleichzusetzen ist mit dem, was unter intrinsischer Motivation verstanden wird. Gelingt dies, ist auch die Arbeit von Mitarbeiter/innen als solche die entscheidende Motivation. Sie werden bestrebt sein, möglichst viel Verantwortung im Rahmen ihres Aufgabengebietes sozusagen „freiwillig" zu übernehmen.

Derjenige Vorgesetzte wird erfolgreich sein, dem es gelingt, bei seinen Mitarbeitern eine Identifikation mit deren Aufgaben herbeizuführen. Mitarbeiter, die sich mit ihrer Arbeit identifizieren, entwickeln sich zum motivationalen Selbstläufer.

In der Theorie unterscheidet man zwischen motivtheoretischen (inhaltlichen) und prozesstheoretischen Motivationskonzepten.

4.3.1 Motivtheoretische Überlegungen

Die bekanntesten Motivationsmodelle sind die von Maslow[6] und Herzberg.[7] Sie gehen davon aus, dass jedem Handeln ein Motiv zugrunde liegt. Menschen handeln nicht sinnlos. Sie haben Motive!

---

[6] Abraham Harold Maslow, US-amerikanischer Psychologe (1908–1970).
[7] Frederick Herzberg, US-amerikanischer Arbeitswissenschaftler (1923–2000).

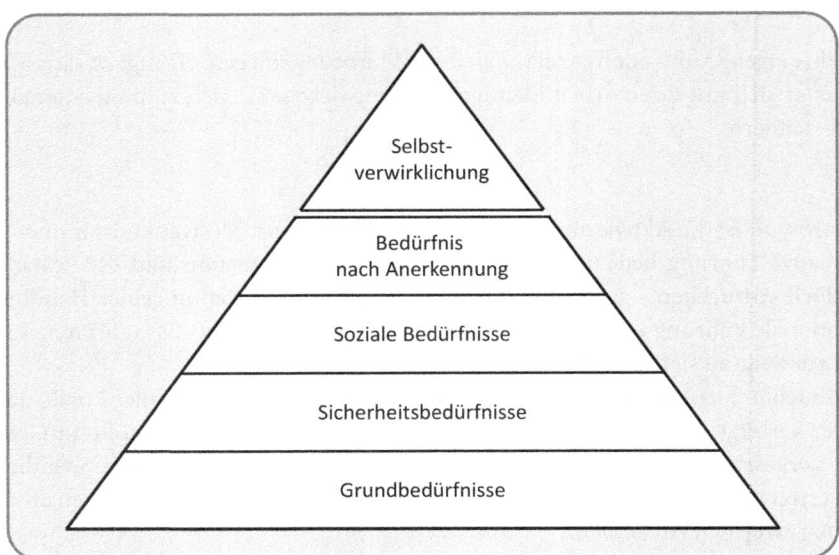

Abb. 4.2 Bedürfnispyramide von Maslow

Diese Theorien versuchen das Ranking von Bedürfnissen zu beschreiben und welche man anreizen muss. Auch wenn man schon davon gehört hat, dass diese sich an Bedürfnissen ausrichtenden Modelle ihre Grenzen haben, sollte man dennoch zunächst prüfen, was man mit ihnen anfangen kann, um schließlich zu ermitteln, was man mit ihnen nicht anfangen kann.

4.3.1.1 Die Maslow'sche Bedürfnispyramide

Stellen Sie sich vor, Sie sind Vorgesetzte(r) und wollen ihre Mitarbeiter/innen motivieren. Dabei haben Sie das Raster von Maslow im Kopf, weil Sie davon schon etwas gehört haben oder glauben, dieses schon zu kennen.

Vereinfacht dargestellt beschreibt Maslow eine Hierarchie (Maslow 1943a, S. 370–396, 1943b, S. 85–89) von aufeinander aufbauenden Bedürfnissen (Abb. 4.2):

- Die unterste Stufe der Bedürfnisse sind *Grundbedürfnisse* (Hunger, Durst, Sex, Wohnung, Kleidung). Auf den Beruf bezogen geht es zunächst darum, eine Art Basis für die Existenz überhaupt zu finden. Etwas Elementares zu tun, wäre ein Grundbedürfnis – also überhaupt arbeiten zu können.
- Auf diesen Grundbedürfnissen aufbauend folgen *Sicherheitsbedürfnisse* (materielle und berufliche Sicherheit, Existenzsicherheit). Das Sicherheitsbedürfnis ist berufsbezogen das Bedürfnis nach einem sicheren Arbeitsplatz.
- Es folgen auf der dritten Stufe *soziale Bedürfnisse* (Betriebsklima, Partnerschaft, Gruppenzugehörigkeit, Übereinstimmung mit gesellschaftlichen Normen).

- *Anerkennungsbedürfnisse* (Bedeutung, Einfluss, Wertschätzung und Respekt durch andere, Prestige, Image) zeichnen die vierte Stufe aus.
- Die Spitze dieser Pyramide sind *Selbstverwirklichungsbedürfnisse* (Individualität, Selbstfindung usw.).

Auch wenn die Beispiele nicht wie bei Maslow nur dann zutreffen, wenn das jeweilige Bedürfnis auf der vorherigen Stufe bereits befriedigt wurde, so zeigt die Übertragung auf Mitarbeiter und deren Bedürfnisse (wer keinen sicheren Job hat, sucht dennoch nach Anerkennung) doch einen Anhaltspunkt für eine schichtweise Betrachtung (vgl. Wunderer und Grunwald 1980, S. 176 ff., 186 ff.) von Motivationsansätzen. Auch hier gilt weiterhin als Kernüberlegung zur motivationalen Situation, dass das jeweils höher stehende Bedürfnis erst an Bedeutung gewinnt, wenn die im individuellen Ranking ermittelten hierarchisch niedrigeren Bedürfnisse befriedigt sind.

Innerhalb der Bedürfnispyramide unterscheidet Maslow zwischen Mangelmotiven und Wachstumsmotiven:

Alle *Bedürfnisse unterhalb der Selbstverwirklichung* werden von ihm als Mangelbedürfnisse angesehen, weil sie zwar befriedigt werden können, aus ihnen dann aber keine weitere Motivationskraft erwächst. Sind Defizitbedürfnisse befriedigt, motiviert ein anderer Anreiz in der gleichen Richtung nicht mehr. Die dahintersteckende Idee ist, dass man diese Bedürfnisse prinzipiell befriedigen kann.

Ausschließlich Selbstverwirklichungsbedürfnisse werden von ihm als Wachstumsbedürfnisse gesehen. Das Besondere bei der Selbstverwirklichung ist, dass sie generell nicht zu befriedigen ist, sondern eigendynamisch und potentiell wirkt. Jeder Impuls in Richtung Steigerung der Selbstverwirklichung erhöht das Verlangen nach weiterer Selbstverwirklichung zwar nicht generell und notwendigerweise, aber tendenziell.

Neben der Stufeneinteilung eröffnet das Modell eine individuelle Einstufung von Bedürfnisdefiziten und Motivationschancen eines jeden einzelnen Mitarbeiters. Jeder Mitarbeiter hat sozusagen seine eigene Bedürfnispyramide!

Zur Ermittlung derselben empfiehlt sich folgende Vorgehensweise:

1. Zu ermitteln versuchen, auf welcher Stufe der Pyramide ein Mitarbeiter steht,
2. einen adäquaten Anreiz geben und
3. herauszufinden versuchen, wie sich die jeweils individuelle Mitarbeiter-Pyramide zusammensetzt.

Man muss also „nur" schauen, wie die Motiv-Situation eines Mitarbeiters ist, um entsprechend motivierend eingreifen zu können.

So einfach, wie es klingt, ist es jedoch nicht:

- Was die individuelle Pyramide kennzeichnet, wie stark die Skalierung ausgeprägt ist, wo der Mitarbeiter steht, sind Fragen, die nicht immer einfach zu beantworten sind. Es stellt sich auch die Frage, ob Vorgesetzte überhaupt über die richtigen Anreize, die jeweiligen Bedürfnisebenen zielgerichtet anzupacken, verfügen. Wenn beispielsweise das

Bedürfnis nach sozialer Orientierung besteht, was macht dann ein Vorgesetzter, der eine Abteilung von hochkarätigen Spezialisten leitet, die alle Aufgaben getrennt voneinander erledigen müssen und wo jede soziale Interferenz[8] störend wirkt? Darüber hinaus ist offen, ob Vorgesetzte überhaupt aus der Situation heraus handeln können.

- Schwierig wird es auch, wenn eines dieser Bedürfnisse aus der Reihe tanzt und sozusagen in sich implodiert. Selbstverwirklicher sind nie zufrieden. Sie wollen die permanente Dynamik, und permanente Dynamik ist etwas, was auch selbst noch so gute Führungskräfte überhaupt nicht vertragen. Sie sind überwiegend auf permanente Ruhe und nicht auf permanente Dynamik angelegt. Eigentlich ist an permanenter Dynamik nichts Falsches; nur sind nicht alle Arbeitsplätze darauf ausgelegt. In einem Forschungszentrum beispielsweise ist permanente Dynamik durchaus sinnvoll. In einer Produktionsstätte mit stets wiederkehrenden Arbeiten sieht dies ganz anders aus.

Es muss auch hier jeweils situativ entschieden werden. In gängigen alltäglichen Führungssituationen sind Selbstverwirklicher nur in geringen Dosen gefragt und erträglich. Jeder Vorgesetzte wird allein schon bei dem Gedanken, nur Selbstverwirklicher um sich zu haben, die Notbremse ziehen.

Es darf nicht unerwähnt bleiben, dass man beim Thema Selbstverwirklichung gerne so tut,

1. als seien alle Menschen schon in dieser Kategorie und würden sich selbst verwirklichen wollen. Für sie besteht unsere Gesellschaft in ihrem Lebensverständnis aus Selbstverwirklichern, so dass aus dieser Sicht die stufenweise sich aufbauende Motivation und damit die Übersetzung der Maslow'schen Pyramide ins Arbeitsverhältnis falsch ist.
2. als sei es selbstverständlich, Selbstverwirklichung zu realisieren oder zumindest dazu einen Beitrag zu leisten.
   Selbstverwirklicher laufen Gefahr, permanent frustriert zu sein, weil sie nie so richtig zufrieden sind und immer weiter wollen. Dieses endlose „Immer weiter", dieses Rast- und Ruhelose ist eine Situation, die psychisch und physisch sehr anstrengend ist. Solche Spannungszustände können nur wenige Menschen aushalten. So betrachtet ist das Selbstverwirklichungsdasein ein durchaus sehr schwieriges Dasein.

An diesen Beispielen kann man erkennen, dass die Stufenlogik über alle Mitarbeiter hinweg nicht funktioniert. Letztendlich kann sie auch nicht funktionieren, sondern soll lediglich als Modell eine Vorstellung der unterschiedlichen Bedürfnisse zeigen und den Blick dafür öffnen.

Maslows Bedürfnispyramide als Motivationsstrategie reicht nicht aus und ist auch nur ein relativ grobes Instrument. Trotzdem ist es nicht uninteressant, sich zu überlegen, welche Art von Motiven in einer bestimmten Situation für einen bestimmten Mitarbeiter reizvoller ist als andere. Was man aufgeben muss, ist der strikte hierarchische Aufbau. Vielleicht sollte

---

[8] Interferenz = Überlagerung, Überschneidung.

Motivatoren	Hygienefaktoren
Selbstbestätigung und Leistungserfolg Anerkennung Verantwortung Beförderung und Aufstieg Interessante Aufgaben Erfolgserlebnisse Autonomie/Handlungsspielräume Macht/Einfluss Spaß ...	Bezahlung/Einkommen Entwicklungsaussichten Beziehung zu Untergebenen Status Beziehung zu Vorgesetzen Beziehung zu Kollegen Führungsverhalten der Vorgesetzten Firmenpolitik und –organisation Arbeitsbedingungen Privatleben Arbeitsplatzsicherheit ...

Abb. 4.3 Motivatoren und Hygienefaktoren

man als Vorgesetzter eine aus den Maslow'schen Vorgaben abgeleitete individuelle oder gruppenspezifische „Bedürfnispyramide" für seine Mitarbeiter entwickeln.

Anerkennungsbedürfnisse werden als Defizitbedürfnisse erklärt, weil es eigentlich Teilbedürfnisse sind. Letztlich sind alle Stufen unterhalb der Selbstverwirklichung ein bestimmter Teilaspekt der Persönlichkeit eines Menschen. Erst die Selbstverwirklichung entwickelt die Persönlichkeit als Ganzes; spricht also alle Komponenten in einem Menschen gleichzeitig an.

Man entwickelt zunächst die Teile und wenn man diese bis zu einer gewissen Reife hin entwickelt hat – also bis zur Entwicklung des Selbst, des Ichs – dann kann man anfangen, seine gesamte Persönlichkeit selbst zu verwirklichen.

Allerdings muss man sich im Klaren darüber sein, dass es ein idealtypisches Modell ist. Es bildet eine bestimmte Theorie eines Menschen ideal ab – nämlich den Aufbau der Identität von Menschen als Orientierungsmodell.

Vorgesetzte sollten mit den Grundgedanken dieser Pyramide freizügig umgehen können, wenn sie versuchen, sie anzuwenden. Maslow geht von einer Hierarchie von Bedürfnissen aus, die allerdings in dieser automatischen Verkettung nicht gegeben sein muss.

4.3.1.2   Die Zwei-Faktoren-Theorie von Herzberg

Frederic Herzberg (1959 und 1966) unterscheidet zwischen Motivatoren (Zufriedenheit) und Hygienefaktoren (Unzufriedenheit) (Abb. 4.3).

Sind die Arbeitskomponenten (intrinsische Faktoren/Verantwortung, Anerkennung, Leistung an sich, Freude, Aufstieg) positiv, so bedeutet dies nach Herzberg, dass die Motivatoren befriedigt sind und eine hohe Zufriedenheit gegeben ist. Fallen die Arbeitsbedingungen (extrinsische Faktoren/physische Arbeitsbedingungen, Beziehung zu Vorgesetzten, Kollegen und Mitarbeiter, Geld usw.) negativ aus – was ja nicht selten der Fall ist –, so heißt das, dass die Hygienefaktoren defizitär sind und hohe Unzufriedenheit sich ausbreitet.

Bei Herzberg kann die interessante Situation auftreten, dass ein Mensch zu gleicher Zeit sowohl hoch zufrieden als auch hoch unzufrieden ist. Hoch unzufrieden ist er, wenn die Hygienefaktoren nicht befriedigt sind, und hoch zufrieden ist er, wenn die Motivatoren zufriedengestellt sind. Da es unterschiedliche Faktoren sind, kann beides zu gleicher Zeit eintreten.

- Eine von Herzbergs Empfehlungen ist, dass Motivatoren nur wirken können, wenn die Hygienefaktoren erfüllt sind. Somit sind Hygienefaktoren Voraussetzung und/oder Absicherung der Motivatoren.
- Eine weitere Empfehlung besagt, auf keinen Fall mit Hygienefaktoren zu motivieren. Herzberg hat eine klar auf Leistungsmotivation gerichtete Theorie entwickelt. Macht man Mitarbeiter zufrieden, werden sie Leistung erbringen. Will man, dass sie mehr leisten, muss man sie noch zufriedener machen. Seine zentrale These lautet: Zufriedenheit führt zu Leistung!

Durch Erfüllung der Hygienefaktoren kann man Unzufriedenheit abbauen, aber man kann nicht motivieren, keine Zufriedenheit erzeugen. Die Arbeit mit Hygienefaktoren ist zu teuer, weil sie überhaupt nicht zum angestrebten Ergebnis, nämlich zur Leistung führt. Deshalb ist nach Herzberg alles Geld, was mit dem Hintergrund der Leistungsmotivation in Hygienefaktoren investiert wird, falsch investiertes Geld.

Von der Struktur her ist zunächst interessant zu erfahren, was Hygienefaktoren und was Motivatoren sind. Die herkömmliche Antwort liegt in der Unterscheidung zwischen extrinsischer und intrinsischer Motivation, was zugleich zum größten Problem dieses Konzeptes führt.

Kann man überhaupt im Rahmen der Theorie von Herzberg sinnvoll nachweisen, was Hygienefaktoren und was Motivatoren sind, wenn es für bestimmte Faktoren eine Menge von Überschneidungen (mal wird Geld als Motivator empfunden, mal ist es Hygienefaktor) gibt? Die Trennung zwischen Hygienefaktoren und Motivatoren ist nicht wirklich eindeutig. Der erste Firmenwagen wird sicher als Motivator empfunden. Hat man sich daran gewöhnt, wird er irgendwann zu einem Hygienefaktor. Variable Vergütungsformen (z. B. Tantieme, Provision) sind immer ein Motivator und zählen dennoch bei Herzberg als extrinsischer Faktor. Obwohl es nie 100-prozentig stimmt, wird die Herzberg'sche Unterscheidung dennoch rein von der Idee her dahingehend interpretiert, dass intrinsische Faktoren als Motivatoren und extrinsische als Hygienefaktoren bezeichnet werden.

Intrinsisch ist eine nur von innen kommende Motivation. Das sind alle Faktoren, die mit dem zu tun haben, was zentraler Gegenstand der Motivation ist. Wenn es um die Arbeitsmotivation geht, ist es die Einstellung zur Arbeit, die motiviert. Intrinsische Motivation ist eine Motivation, die aus der Sache selbst erwächst. Es ist die intensivste (auch billigste) Form der Motivation, weil man seine Motivationskraft aus seiner Arbeit schöpft. „Ich führe meine Arbeit aus, weil ich sie interessant finde, weil ich sie wichtig finde, weil ich davon überzeugt bin usw." Nur das motiviert nach Herzberg wirklich.

Alles andere, nämlich wie viel Geld man für seine Arbeit erhält, welche Beziehungen man zu seinem Vorgesetzten hat usw. sind im Grunde genommen Hygienefaktoren. Sie machen, wenn sie gut sind, nicht wirklich zufrieden. Sie wirken nicht positiv auf die Leistung, sondern verhindern „nur" Unzufriedenheit. Von der Tendenz her kann man dem zustimmen. Wer allerdings daran glaubt, dass Geld die Welt regiert, der wird Geld zu den Motivatoren schlechthin zählen. Wer wenig Geld hat und wenig verdient, für den ist Geld sicher ein Motivator. Jemand, der schon genug Geld hat, der will häufig immer noch mehr davon. Ob das für ihn Motivator oder Hygienefaktor ist, ist abhängig von seiner Ausgangssituation, die sich nur schwerlich eindeutig bestimmen lässt.

An diesen Beispielen wird deutlich, wie schwierig es ist, eine feststehende Zuordnung zu Hygienefaktoren und Motivatoren vorzunehmen. Sie bleibt letztlich subjektiv und hängt ähnlich wie bei Maslow von der Situation der Betroffenen ab.

In dem Moment, in dem Vorgesetzte intrinsische Faktoren ansprechen, sind diese zwangsläufig auf die Arbeit des einzelnen Mitarbeiters zugeschnitten. Motivationsoptimal (nicht einfach motivierend) wäre „Belohnen statt Entlohnen" – irgendwas Besonderes, Individuelles (extra Geschenke zum Geburtstag, zu Weihnachten usw.). Dies wäre der Fall, wenn Mitarbeiter spüren, dass sich ihr Vorgesetzter ernsthaft Gedanken über sie macht. Geld lässt sich einfach verteilen, aber irgendwas herauszufinden, was Mitarbeiter vielleicht gerne hätten, was ihnen Freude bereitet, einen wirklichen Anreiz bietet, erfordert schon mehr Nachdenken. Es würde die Identifikation mit dem Vorgesetzten erheblich stärken.

Es ist festzuhalten, dass man nicht exakt sagen kann, was Motivatoren und was Hygienefaktoren sind. Man kann jedoch von der Tendenz her der Aussage zustimmen, dass Faktoren, die sich unmittelbar mit der Arbeit auseinandersetzen, am bedeutendsten sind, weil die Bedeutung (nicht die Wertschätzung) der Arbeit selber für den Einzelnen steigt. Es wird immer wichtiger, dass Menschen eine anspruchsvolle, sinnvolle und einigermaßen interessante Aufgabe haben. Offensichtlich gibt es intrinsische Faktoren, die eine besondere Rolle für den Motivationsprozess spielen, wohingegen andere keine so große Rolle spielen.

Allein schon diese ausschnittweise Betrachtung zeigt, dass sich das reine Modell nur schwerlich in die Praxis umsetzen lässt. Vorgesetzte müssen sich deshalb fragen, was sie für ihr persönliches Motivationshandling aus diesem Modell übernehmen wollen und können und was nicht.

4.3.1.3   Konsequenzen aus den auf Bedürfnisse ausgerichteten Theorien

Eine starre Umsetzung der rein auf Bedürfnisse abzielenden Motivationsmodelle kann schon deshalb nicht Erfolg versprechend sein, da sie sich auf die Perspektive des Vorgesetzten beschränkt. Wenn man die Perspektive ändert und alles aus Sicht der Mitarbeiter sieht, dann ändert sich auch die Sichtweise.

In diesem Sinne ist bei Maslow die Idee der hierarchischen Schichtung in Form der Bedürfnispyramide interessant. Dass sie nicht in dieser Form funktioniert, wissen alle. Dass

```
┌─────────────────────────────────────────────────────────────┐
│        Aufgabentausch              Weiterbildungsmaßnahmen    │
│                               Aufgabe an sich                 │
│      Selbstverwirklichung                                     │
│                                  Lob vom Vorgesetzten         │
│                          Gehalt/Geld                          │
│         Anerkennung                  Entscheidungsfreiheit/Kompetenz │
│                          Team-Mitgliedschaft                  │
│           Erfolg (beim Kunden)          Selbständiges Arbeiten│
│      Freiräume/Gestaltungsmöglichkeiten                       │
│                                                               │
│          Berufliche Entwicklungsmöglichkeiten/Perspektive     │
└─────────────────────────────────────────────────────────────┘
```

Abb. 4.4 Mitarbeitermotivation

es solche Schichtungsprinzipien aber gibt und dass man auch solchen Schichtungen unter-
liegt, hat jeder schon erfahren. Es weiß auch jeder, dass es Situationen geben kann, in denen
Ego-Anreize nichts bringen, weil man im Augenblick ganz andere Probleme hat, nämlich
solche einer anderen Stufe.

Gleiches gilt für Herzberg. Hier ist empfehlenswert, die Idee der Klassifizierung von
Motivatoren und Hygienefaktoren auf die konkrete Mitarbeitersituation zu übertragen.
Allerdings hat man wieder wie schon bei der Umsetzung von Maslow das Problem der
subjektiven Interpretation.

Vorgesetzte sollten auf jeden Fall mit den Grundgedanken dieser Theorien umgehen
können. Die eigentliche Erkenntnis liegt in der unterschiedlichen Klassifizierung der Mo-
dellfaktoren. Die jeweilige Ausformulierung und Zuordnung der konkreten Motive muss
deshalb aus der Situation heraus erfolgen und bedarf einer Abstimmung zwischen Vorgesetzten und Mitarbeitern. Die Praxis wird das stärker annehmen als eine starre Anwendung
dieser Konzepte in ihrer Ursprungsfassung.

Beispielsweise könnten Mitarbeiter auf die Frage nach der eigenen Arbeitsmotivation
folgende Antworten geben (Abb. 4.4).

Bei einer anschließenden Prioritätenabfrage werden vielleicht die fettgedruckten Motive in Abb. 4.4 als besonders wichtig angesehen.

Eine solche Kurzbefragung macht deutlich, auf welch hohem Niveau mögliche Arbeitsmotivation betrieben werden muss und dass materielle Anreize nicht so abwegig sind, wie
häufig angenommen wird. Es wird auch deutlich, wie einfach sich vor Ort abteilungsspezifische Schichtungen ermitteln lassen.

Hinsichtlich der Führungssituation ist das Wissen dieser Theorien für Vorgesetzte hilfreich, indem sich Begriffe wie Schichtungsprinzip oder Hygienefaktoren und Motivatoren
in ihrem Denken verankern. Es ist allerdings nicht erfolgreich, wenn Vorgesetzte meinen, mit diesen Begriffen das gesamte Problem der Motivation erfassen zu können. Das
funktioniert nicht! Dennoch sollte man diese Modelle nie endgültig verwerfen. Ein starres
Festhalten daran ist jedoch die Garantie für Ernüchterung und Frustration.

Es muss Vorgesetzten gelingen, die Motivation ihrer Mitarbeiter (= die Identifikation der persönlichen Ziele mit dem Unternehmen, mit der Abteilung und mit dem Vorgesetzten) zu erreichen. Die Angemessenheit ihrer Führung muss sich im Gefüge der Abteilung wiederfinden.

4.3.2 Prozesstheoretische Überlegungen

Trotz der Bekanntheit der Theorien von Maslow und Herzberg sollte man kritisch überdenken, ob der Weg, rein motivbezogen vorzugehen, immer angebracht ist. Vielleicht liegt die Crux der Motivation ganz woanders, nämlich im Prozess des Motivierens – und zwar unabhängig von den Motiven.

Aufgaben, die nicht machbar erscheinen, motivieren nicht und sind wertlos. Da können die Motive noch so interessant sein. Deshalb ist es wichtig, Aufgaben zu erhalten, die man auch tatsächlich schaffen kann oder bei denen die Bedingungen so gestellt sind, dass sie erreichbar erscheinen.

Wenn Mitarbeiter beispielsweise bei MbO die Ziele zwar als erstrebenswert ansehen, sie jedoch der Meinung sind, das nicht schaffen zu können (weil sie die Aufgabe als zu schwierig ansehen, weil sie ihre Qualifikation als nicht ausreichend ansehen oder weil sie sonstige Hindernisse sehen auf dem Weg dahin), dann wird sie dieses MbO letztendlich nicht nur nicht motivieren, sondern sie werden sich gegen diese Aufgabe zu wehren versuchen und sich erst recht nicht mit der Aufgabe identifizieren.

Deshalb genügt es nicht, einfach nur Anreize zu bieten. Die Mitarbeiter müssen sehen, dass sie auch wirklich eine Chance haben, die Ziele zu erreichen. Es macht wenig Sinn, Mitarbeiter im Glauben daran zu motivieren, dass sie das dann schon schaffen. Man muss Begleitfaktoren wie die Einschätzung der jeweiligen Situation berücksichtigen, ob sie das auch tatsächlich erreichen können. Deshalb müssen Vorgesetzte darauf achten, dass ihre Mitarbeiter Ziele auch als erreichbar ansehen, also sich zutrauen. Erst dann werden Anreize zu Vergleichsbedingungen von zunehmender Bedeutung.

Die Grundlagen aller Prozesstheorien wurden gelegt von John William Atkinson (1964) (Risiko-Wahl-Modell) und Robert J. House (1971) (Weg-Ziel-Theorie). Atkinson unterscheidet zwischen einer Erfolgs- und Misserfolgsvermeidungsmotivation. House entwickelte ein Führungsmodell, das motivational durch den Erwartungsfaktor (Instrumentalität) besonders hervorsticht. Die Kombination dieser beiden Theorien macht den Erkenntniswert der Prozesstheorien aus.

Als wesentliche Führungsaufgabe stellen sich die Einschätzung der Mitarbeiter (Orientierung) und die entsprechende Aufgabenzuteilung unter Berücksichtigung des Unsicherheitsgrades dar.

Demnach besteht die Aufgabe darin,

- über die Erwartungswahrscheinlichkeit zu versuchen, Bedürfnisse nach positiven Ergebnissen zu wecken und mögliche Hindernisse aus dem Weg zu schaffen, und/oder

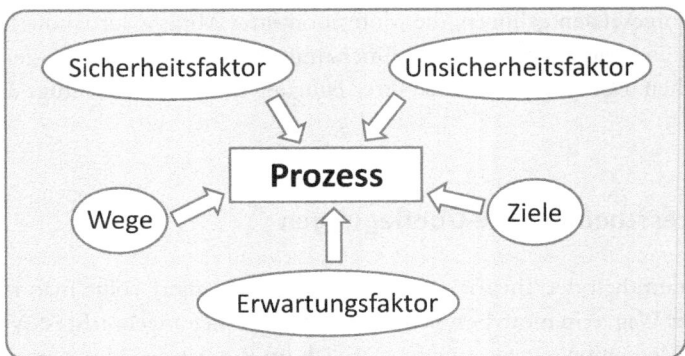

Abb. 4.5 Einflussfaktoren auf Motivationsprozesse

- über die Persönlichkeit des Mitarbeiters als primär Erfolgssucher oder primär Misserfolgsmeider vorhandene Ansätze möglichst motivational zu nutzen.

Hintergrund ist aus führungsmäßiger Sicht die Leistungsmotivation. Sie ist für eine bestimmte Aktivität (z. B. die Motivation bzw. Anstrengungsbereitschaft, einen bestimmten Arbeitsauftrag zu erfüllen) das Produkt von Erwartungen und Werten eines Menschen und wird als eine Funktion von Ziel, Weg und Instrumentalität beschrieben.

Die klassische Motivationsformel aller Prozesstheorien lautet:

Leistungsmotivation = F (Ziel + Weg + Instrumentalität)[9]

Diese Betrachtung versucht nicht, Bedürfnisse herauszukristallisieren, sondern will auf den Motivationsprozess (s. Abb. 4.5) Einfluss nehmen. Leistungsmotivation kommt zustande,

1. wenn man das Ziel für wünschenswert hält,
2. wenn man den Weg, der zu diesem Ziel führt, auch für wünschenswert hält und
3. wenn man der Meinung ist, dass der Weg auch tatsächlich zum Ziel führen kann. Dafür steht in der Formel die Instrumentalität.

Die Instrumentalität sagt etwas darüber aus, wie hoch man die Wahrscheinlichkeit einschätzt, dass der eingeschlagene bzw. der beabsichtigte Weg auch wirklich zum Ziel führt. Es kann durchaus sein, dass man sowohl den Weg als auch das Ziel recht attraktiv findet, aber sich nicht sicher ist, ob diese beiden Faktoren allein schon ausreichen, zum erwünschten Ergebnis zu führen. Ist man nicht sicher, stellt man möglicherweise die Überlegung an, es doch nicht zu machen.

---

[9] F (…) = Funktion (abhängig) von Ziel, Weg und Instrumentalität.

Je höher die Instrumentalität für einen eingeschlagenen Weg ist, desto niedriger wird der Unsicherheitsfaktor für die Bewältigung der anstehenden Aufgabe durch den Mitarbeiter. Gleiches trifft natürlich auch auf Vorgesetzte selber zu. Je sicherer sie sich in der Einschätzung ihrer Mitarbeiter fühlen, desto leichter und besser lassen sich zielorientierte, kooperative und delegative Führung in die Praxis umsetzen.

Wollen Vorgesetzte auf die wahrgenommene Weg-Ziel-Instrumentalität Einfluss nehmen, müssen sie Wege, die zu einem bestimmten Ziel führen, so aufzeigen, dass ihre Mitarbeiter in der Lage sind zu erkennen, dass sie mit diesem Weg auch das Ziel erreichen werden. Zugleich müssen sie versuchen, ihren Mitarbeitern die Bedeutung des Ziels verständlich zu machen; sie also überzeugen, dass es ein attraktives Ziel ist und dass dies auch ihren Zielen entspricht. Auch hierauf müssen Vorgesetzte Einfluss nehmen.

Eigentlich müsste Letzteres am Anfang stehen, weil es sich um einen Prozess handelt, in dem alle drei Kriterien zusammenkommen. Der Vorgesetzte/Die Vorgesetzte muss seinen/ihren Mitarbeitern das Ziel attraktiv machen, er/sie muss ihnen den Weg attraktiv machen und er/sie muss ihnen erklären, dass dieser Weg auch wirklich zum Ziel führt. Er/sie muss ihnen Mut machen, dass sie das auch erreichen können.

Wie man diese Schritte im Einzelnen abarbeitet, bleibt der Führungskraft überlassen. Als Vorgesetzter hat man tendenziell das Recht, das Ziel zuerst zu erläutern.

Es ist somit Aufgabe jedes Vorgesetzten zu versuchen, die anstehenden Ziele (z. B. Abteilungsziele) zu Zielen seiner Mitarbeiter zu machen. Dann entwickelt er bestimmte Fähigkeiten und es gibt einen tatsächlich gangbaren Weg. Tatsächliche Weg-Ziel-Instrumentalität heißt: „Besteht wirklich ein Zusammenhang zwischen Weg und Ziel?" Wenn die Frage positiv beantwortet werden kann, gibt es eine Zielerreichung und dann gibt es auch Zufriedenheit.

Nach diesem Erklärungsmuster für einen prozesstheoretischen Motivationsansatz haben Vorgesetzte immer zwei Möglichkeiten, Einfluss zu nehmen: indem sie für Wege und für Ziele entweder in- oder extrinsische Anreize geben.

4.3.3 Situative Motivationsausrichtung

Empfehlungen dürfen nicht als Gebote optimaler Motivation und damit erfolgreicher Führung verstanden werden. Die Situation vor Ort ist ausschlaggebend, wie Vorgesetzte zu motivieren versuchen. Auch darf nicht übersehen werden, dass eine einmal getroffene Entscheidung nicht für alle Zeit Gültigkeit hat. Die Kunst des Motivierens besteht nicht in der permanenten Wiederholung ein und derselben Aktivität, sondern in sich ändernden Anpassungen an unterschiedliche Situationen.

Das ist Grund dafür, dass Vorgesetzte überlegen müssen, welche Möglichkeiten sich ihnen bieten, ihre Mitarbeiter einzuschätzen und wie realistisch ihnen deren Aufgabenerfüllung erscheint – also wie hoch sie den Wahrscheinlichkeitsgrad bzw. den Unsicherheitsgrad für ihre Aufgabenstellungen einschätzen. Aus solchen Überlegungen heraus sollten sie erst dann ihre Führungsbemühungen in einem nächsten Schritt mit gewissen Annahmen über ihre Mitarbeiter, von denen die Umsetzung abhängig ist, anreichern.

4.3.3.1 Zeitfenster motivationaler Führung

Führungserfolge sind erkennbar an der Reaktion der Geführten. In diesem Sinne gibt Führung den entscheidenden Impuls – eine Erfolgsgarantie gibt es jedoch nicht. Führungsaktivität als solche ist gleichrangig oder (sogar) weniger wichtig als deren Wirkung. Es kommt darauf an, ob und wie Mitarbeiter die Führung ihrer Vorgesetzten annehmen. Weil das so ist, müssen sie sich fragen, welche Wirkungen sie bei motivationaler Führung anstreben und welche ihnen erreichbar erscheinen.

Wollen sie nachhaltig motivieren (wünschenswert und optimal), ist Langzeitmotivation der richtige Weg, wohingegen bei dem Versuch, einen möglichst raschen Motivationsschub bewirken zu wollen, Kurzzeitmotivation angebracht erscheint und möglicherweise auch leichter realisiert werden kann.

Ob Kurzzeit- oder Langzeitmotivation erreichbar erscheint, hängt auch davon ab, welche Möglichkeiten Vorgesetzte überhaupt haben. Obwohl sich viele Führungskräfte Gedanken über die Motivation ihrer Mitarbeiter machen und auch versuchen, Antworten zu entwickeln und umzusetzen, lösen Anreizstrategien[10] häufig lediglich Strohfeuer aus. Allein schon aus diesem Grund ist es sinnvoller, langfristige Motivation anzustreben. Kurze Strohfeuer, die über extrinsische Motivation entfacht werden, demotivieren eher, als dass sie motivieren.

Motivationale Führung ist erfolgreich, wenn es Vorgesetzten gelingt, die Motivation ihrer Mitarbeiter über den Tag hinaus aufrechtzuhalten. Deshalb sind nach Möglichkeit Langfristmotivationen den Kurzzeitmotivationen vorzuziehen. Kurzzeitmotivation macht nur Sinn in notwendig erachteten Ausnahmefällen.

Ein Problem in der Motivationslogik besteht darin, dass aus Sicht vieler Vorgesetzter Mitarbeiter nicht so motiviert sind wie sie selber. Dadurch verfallen Vorgesetzte relativ schnell in „Kurzatmigkeit", was ihre Führung anbelangt. Das ist häufig auch ein Grund dafür, dass Abstimmungen zwischen Vorgesetzten und Mitarbeitern kaum noch längerfristig ausgelegt werden.

4.3.3.2 Persönlichkeitsmerkmale und Aufgabenverteilung

Wer Mitarbeiter motivieren will, sollte bestimmende Charakterzüge in seine Überlegungen einbeziehen. Auf der Suche nach einem Raster zur Erkennung solcher Persönlichkeitsmerkmale spielen Begriffe wie Erfolgssucher[11] oder Misserfolgsmeider[12] eine Rolle.

Falsch ist es, Mitarbeiter grundsätzlich als erfolgsorientierte oder misserfolgsmeidende Menschen einzustufen. Allerdings scheint es eine primäre Tendenz zu geben, dass be-

---

[10] Anreizstrategien: Man stellt Belohnungen in Aussicht oder tadelt/sanktioniert, wenn kein Erfolg eintritt.
[11] Erfolgssucher = risikofreudige Menschen.
[12] Misserfolgsmeider = risikoscheue und sicherheitsorientierte Menschen.

stimmte Menschen mehr als andere Erfolgssucher oder Misserfolgsmeider sind. Jeder für sich kann sicher Situationen beschreiben, in denen er/sie aufgrund von Entscheidungen, die er/sie in seinem/ihrem Leben getroffen hat, annehmen würde, tendenziell eher ein Erfolgssucher oder eher ein Misserfolgsmeider zu sein.

Spricht man in Gesprächen oder im allgemeinen Sprachgebrauch von Erfolgssuchern und Misserfolgsmeidern, dann wird der Misserfolgsmeider eher negativ gesehen. Andererseits sind aber gerade sie eigentlich genauso notwendig. Warum sollte man sie dann umswitchen? Auch diese Erkenntnis ist wichtig.

Vorgesetzten stellt sich deshalb die Frage, welche Art von Aufgaben sie zu vergeben haben und wie Mitarbeiter diese Aufgaben voraussichtlich ausüben werden. Sind das Erfolgssucher-Aufgaben oder Misserfolgsmeidungs-Aufgaben?

Es ist nicht leicht, eine Erfolg versprechende Motivationshandhabe und daraus ableitend eine auf seine Mitarbeiter zugeschnittene Führung zu entwickeln und umzusetzen. Wer sich in seinen Motivations- und Führungsbemühungen darüber keine Gedanken macht, der darf sich nicht wundern, wenn er woanders ankommt – auf jeden Fall nicht bei seinen Mitarbeitern!

In nahezu allen Führungsempfehlungen werden Erfolgssucher unterstellt. Aber wie viele wirkliche Erfolgssucher hat man und wie viele Erfolgssucher kann man überhaupt in einem Unternehmen, in einer Abteilung, in einem Team verkraften? Brauchen wir nicht auch Misserfolgsmeider?

In der Führungsrealität lässt sich feststellen, dass Menschen bei ganz bestimmten Aufgaben Misserfolgsmeider sind und bei anderen Aufgaben wiederum Erfolgssucher. Das richtig einzuschätzen, ist schwierig. Es wäre falsch, Mitarbeiter oder auch sich selbst über die Grundtendenz hinaus zu fixieren, weil sich Menschen eben in bestimmten Situationen unterschiedlich verhalten.

Mit etwas Gespür für ihre Mitarbeiter können Vorgesetzte Schritt für Schritt mit Blick auf deren Grundtendenz ihre der Situation entsprechenden Führungsabsichten entwickeln. Machen sich Vorgesetzte diese Mühe, sind sie sehr wahrscheinlich gegenüber Kollegen, die sich solche Gedanken nicht machen, im Vorteil.

Da dies jedoch nicht so einfach ist, müssen sich Vorgesetzte fragen, wie die Grundtendenz ihrer Mitarbeiter ausgerichtet ist, und diese anschließend auf Normalsituationen und Ausnahmesituationen übertragen. Schon sind zwei einfache Schritte vollzogen, die doch relativ viel aussagen. Außerdem werden sie ohne große Rasterung ein Bild ihrer Mitarbeiter bereits im Hinterkopf haben.

Anschließend können sie daran gehen, dieses Bild zu verfeinern oder zu korrigieren, indem sie sich fragen, in welchen Situationen dieses Bild von ihren Mitarbeitern wohl zutrifft: In vielen Situationen, in Ausnahmesituationen, eher in fachlichen Situationen oder eher in Verhaltenssituationen? Trifft es in normalen Arbeitsbesprechungen zu oder in Konfliktsituationen?

Eigentlich ist die schrittweise Vorgehensweise gefordert, alles einmal unter die Begriffe des Misserfolgsmeiders und des Erfolgssuchers zu erfassen. Der Umgang mit einer solchen Rasterung erscheint wesentlich einfacher als viele Umsetzungsversuche bekannter Führungs- und Motivationskonzepte.

4.3.3.3 Leistungsorientierte Motivationsausrichtung

Über die Kombination aus Motivationsvariablen (Weg, Ziel und Instrumentalität) und Persönlichkeitsmerkmalen (Erfolgssucher/Misserfolgsmeider) lässt sich relativ schnell ableiten, wie man Misserfolgsmeider motivieren sollte und wie Erfolgssucher.

Misserfolgsmeider sind primär über den Weg und Erfolgssucher primär über das Ziel zu motivieren. In diesem Zusammenhang bezeichnet man primär zielorientierte Menschen als Erfolgssucher, wohingegen primär wegorientierte Menschen als Misserfolgsmeider gesehen werden. Beim Misserfolgsmeider wird der Weg im Vordergrund stehen, beim Erfolgssucher dagegen das Ziel. Dabei darf jedoch nicht übersehen werden, dass man mit einer derartigen Unterscheidung Mitarbeiter (wie auch Vorgesetzte) in bestimmte Muster einteilt.

Es lassen sich einige Gestaltungsmöglichkeiten herausarbeiten:

1. Sind Misserfolgsmeider wirklich immer nur rein wegmotiviert (also gar nicht am Ziel interessiert) oder gibt es bei ihnen vielleicht doch einen Zusammenhang zwischen Weg und Ziel? Es ist nicht vorstellbar, dass Misserfolgsmeider dies ausschließlich sind. Sicher wollen auch sie Erfolg haben. Von daher müssen auch sie ein Ziel sehen können. Man verkauft ihnen schließlich über den Weg das Ziel auch mit.

   Allerdings sollte dieses Ziel in der Regel relativ überschaubar sein, gleichgültig wie sicher der Weg ist. Das Ziel als eine Art Zwischenziel ist auf jeden Fall näherliegend. Wenn dann noch die Instrumentalität (Erwartungswahrscheinlichkeit) hoch ist, sind optimale Bedingungen dafür geschaffen, dass auch bei Misserfolgsmeidern ein Höchstmaß der ihnen zur Verfügung stehenden Leistungsmotivation aktiv wird. Mehr kann man nicht erreichen.

   Es kann durchaus sein, dass ein in die fernere Zukunft gerichtetes Ziel, bei dem zwar die Instrumentalität (dass dieser Weg zum Ziel führt) relativ hoch ist, Misserfolgsmeider dennoch abschreckt, weil ihnen die Wegstrecke zu weit in der Zukunft liegt und damit vielleicht doch wiederum zu unsicher erscheint. Selbst wenn Vorgesetzte glaubhaft versichern, dass es einen ganz klaren Weg mit einer hohen Instrumentalität gibt, können misserfolgsmeidende Mitarbeiter dennoch davon Abstand nehmen. Möglicherweise erscheint der Zeithorizont zu groß. Was kann alles in zwei oder drei Jahren passieren, wenn der Vorgesetzte innerhalb dieser Zeit die Abteilung verlässt.

2. Beim Erfolgssucher müssen die Ziele klar sein. Der Weg kann relativ offen bleiben, weil man von Erfolgssuchern vermuten kann, dass sie sich den eigenen Weg suchen. Sie werden auch imstande sein, eine eher niedrige Instrumentalität zu bewältigen.

   Allerdings ist davor zu warnen, dass auch Erfolgssucher nicht jedes Hasardkonzept annehmen werden. Sie beispielsweise vor eine Aufgabe zu stellen, bei der das Ziel zwar unheimlich interessant ist, aber die Wahrscheinlichkeit, dass es überhaupt Wege gibt, dieses Ziel einigermaßen sinnvoll zu erreichen, gering ist, wird auch einen Erfolgssucher vorsichtig machen. Nach Annahme solcher Aufgaben oder Tätigkeiten werden selbst Hasardeure im Zweifelsfall rechtzeitig abbrechen. Es gibt durchaus Wege, die sehr interessant sind, bei denen aber auch Vorgesetzte häufig nicht sagen können, ob diese Wege zum Ziel führen. Auch hier werden Erfolgssucher sich zurückhaltend zeigen.

Szenarien wie beschrieben werden Erfolgssucher vielleicht angehen, während Misserfolgsmeider ihr Risiko zu scheitern als zu hoch einschätzen werden. Es ist ja nicht so, dass sie nicht oder weniger daran interessiert sind, Erfolge zu haben, sondern sie sind eher daran interessiert, Misserfolge zu vermeiden. Sie haben eben eine ganz andere Grundeinstellung.

Grundsätzlich gilt, dass derjenige, der relativ gut mit einem Risiko leben kann, tendenziell als Erfolgssucher angesehen wird, wohingegen derjenige, der sich mit Risiken schwertut, tendenziell als Misserfolgsmeider gilt. Dennoch werden auch in beiden Leben viele Entscheidungen getroffen, bei denen sie sich umgekehrt verhalten haben. Von daher spricht vieles dafür, dass es zwar eine gewisse Grundtendenz gibt; aber für die konkrete Motivationsarbeit ist es viel wichtiger und interessanter zu ermitteln, wie Mitarbeiter in einer ganz bestimmten Situation für eine ganz bestimmte Aufgabe reagieren.

Damit wird die Instrumentalität (Erwartungswahrscheinlichkeit) selbst zum Gegenstand der Motivationsargumentation. Sie fließt sozusagen mit hinein in die Weg- oder Zielmotivation. Konkret heißt das, dass Vorgesetzte versuchen sollten zu ermitteln, wie risikofreudig oder risikoscheu ihre Mitarbeiter sind, um anschließend ihre Führungsaktivitäten unter Nutzung der Aspekte Weg, Ziel und Instrumentalität darauf auszurichten.

Wenn beispielsweise Vorgesetzte ihre Führung verändern wollen und dies ihren Mitarbeitern erklären, dann ist es extrinsisch, wenn sie ihr Führungshandeln mit einem Belohnungssystem mit dem Argument verkoppeln, dass die Zusammenarbeit und auch die Zusammenarbeit im Team besser laufen wird, wenn versucht wird, das Führungsmodell „XYZ" leistungsoptimal umzusetzen. Das wäre ein Versuch, die Instrumentalität mit einem extrinsischen Anreiz zu erhöhen. Allerdings muss man in Frage stellen, ob Vorgesetzte außer bei rein kooperativer Führung überhaupt mit ihren Mitarbeiter/innen besprechen, welches Führungsmodell angewendet werden soll bzw. an welchem Modell sie sich ausrichten. Es wäre falsch, davon auszugehen, die Mitarbeiter könnten sich das aussuchen.

Andererseits brauchen sie gar nicht lange mit ihren Mitarbeitern zu sprechen und über alle Dinge diskutieren, wenn sie es mit Mitarbeitern zu tun haben, die beispielsweise kooperative Führung als Wert an sich betrachten – die also gerne kooperieren, gerne gemeinsame Entscheidungen treffen und gerne in guten, vertrauensvollen Beziehungen leben. Weil in diesen Fällen die Teamfähigkeit hoch ist, sollten Vorgesetzte die intrinsische Motivationskraft der kooperativen Führung nutzen.

Damit kein falscher Eindruck entsteht, ist es außer bei kooperativer Führung sehr unwahrscheinlich, dass Mitarbeiter sich bewusst Gedanken darüber machen, in welchem Stil sie geführt werden. Primär ist wichtig, dass die Arbeitsbedingungen und Aufgaben stimmen, dass jemand Entscheidungen trifft und Verantwortung trägt.

Die beschriebenen Situationen verdeutlichen, dass die Erwartungswahrscheinlichkeit (Instrumentalität) die Sicherheit bieten kann, aber nicht muss, mit der das gewählte Führungshandeln (kooperative Führung) leistungssteigernd wird. Dies wiederum kann als Anreiz wirken. Dazu ist es notwendig, dass man die Instrumentalität als objektive Größe abkoppelt vom Anreiz. Sie kann anreizend wirken, aber sie ist nicht der Anreiz. Man kann beispielsweise den gleichen Anreiz, jemanden zu belohnen oder zu bestrafen, für kooperative Führung, aber auch für autoritäre Führung anwenden – dies auch ohne die Instrumentalität besonders hervorzuheben.

Man kann prognostizieren, dass bei Misserfolgsmeidern der Weg im Mittelpunkt steht, bei Erfolgssuchern das Ziel. Man sollte aber schon etwas mehr darüber reflektieren. Auf jeden Fall sollten Vorgesetzte als

- ersten Schritt in Richtung Grundmotivation „forschen". Wie geht der Mitarbeiter mit Risiko um? Was macht er, wenn er unter Risikostress steht? Wie reagiert er in solchen Situationen? Reagiert er offensiv, wird er handlungsunfähig, entscheidungsunfähig und versucht erst einmal abzuklären, wo er überhaupt steht, was seine Risikofaktoren sind und was ihm alles noch passieren könnte usw., um
- anschließend zu ermitteln, mit welchen Aufgaben die Reaktionen im Zusammenhang stattfinden. Ob sich der Mitarbeiter beispielsweise bei Routineaufgaben, die in seinem Arbeitsalltag relativ häufig anfallen, genauso verhält oder ob es da anders ist. Ob es nur bei innovativen neuen Aufgaben so ist oder bei Durchschnittsaufgaben. Ob es bei sehr komplexen Aufgaben der Fall ist oder bei einfachen Aufgaben usw. Auf diese Weise kann man einiges in Erfahrung bringen.

So lassen sich aus der Alltagserfahrung heraus relativ schnell Rastermöglichkeiten entwickeln. Vorgesetzte tun das sicher bereits automatisch. Hier soll lediglich dazu aufgefordert werden, dies ein bisschen systematischer anzugehen.

Werden umgekehrt Mitarbeiter gefragt, wie sich ihr Vorgesetzter in Konfliktsituationen verhält, werden sie sich sicher eine Meinung gebildet haben und beispielsweise sagen: in Normalsituationen ganz in Ordnung; in Konfliktsituationen reagiert er wie ein aufgescheuchtes Huhn oder wie ein Stier. Man kann also durchaus verschiedene Verhalten relativ leicht „abfragen". Es gibt im Grunde genommen zu allem eine Antwort. An dieser Stelle ist gefordert, das alles einmal unter dem Bild des Erfolgssuchers und des Misserfolgsmeiders zu erfassen.

Es ist nicht der einzelne Punkt entscheidend, sondern es ist immer das Gesamtpaket der Überlegungen, was interessant ist. Es wird auch immer schwierig sein, Erwartungen der Mitarbeiter zu berechnen – im Sinne von zu erkennen –, welche Art von Führung für die Mitarbeiter und damit natürlich auch für den Vorgesetzten selber optimal ist.

Das ist zugegebenermaßen nicht einfach. Dennoch würde optimal heißen, welche optimalen Führungsaktivitäten Vorgesetzte aufwenden und einsetzen müssen! Das können bei zielorientierter, kooperativer und delegativer Führung mehr sein, wenn es in Richtung Flexibilisierungs- und Individualisierungsanreize geht.

Für die konkrete individuelle oder gruppenbezogene Motivation können arbeitsplatzorientierte Überlegungen im Hinblick auf Verantwortung für Arbeitsprozesse motivationssteigernd sein; es können aber auch ganz private Beweggründe sein usw. Es gibt eigentlich keinen Grund, darüber zu klagen, dass es zu wenig Motive gibt. Leider hört man dennoch häufig von Mitarbeitern die Kritik, sie seien nicht motiviert genug gewesen.

4.3.3.4 Wertorientierte Motivationsausrichtung

Im Gegensatz zur motivationalen Ausrichtung handelt es sich hier um die Beeinflussung des Wertesystems der Mitarbeiter:

4.3.3.4.1 Ebenbilder schaffen

Wer Ebenbilder schaffen will, der versucht, das Werteverständnis seiner Mitarbeiter zu beeinflussen. Dabei geht es vor allem darum klarzumachen, welche Erwartungen Vorgesetzte an ihre Mitarbeiter haben und welche Erwartungen Mitarbeiter an ihre Vorgesetzten haben. Im Prinzip kommt das der Überlegung sehr nahe, Erwartungshaltungen transparent machen zu wollen, weil genau das häufig missachtet wird.

Der prozesstheoretische Motivationsansatz zielt darauf ab, Mitarbeitern Ziele klarzumachen, ihnen Wege aufzuzeigen und Wahrscheinlichkeiten hinsichtlich der Erreichbarkeit der Ziele und der Begehbarkeit der Wege zu definieren. Ernsthaftigkeit und Glaubhaftigkeit sollen so Vorgesetzte als Vorbild ins Licht rücken. Damit will man erreichen, dass Mitarbeiter Ziele ihrer Vorgesetzten zu ihren eigenen Zielen machen. Gelingt das, hat man eine freiwillige Leistungserbringung.

Das führt dazu, dass Vorgesetzte dann eigentlich gar nicht mehr kontrollieren müssen. Diese Mitarbeiter haben genau den gleichen Wertmaßstab, sie haben genau die gleichen Ziele – also gibt es keine Probleme mehr. So scheint es zumindest.

Die Frage ist allerdings, wie man es schafft, dass Mitarbeiter Werte des Unternehmens oder ihrer Vorgesetzten an- und übernehmen.

- Man schafft es, indem man Identität über Behauptungen aufzustellen versucht und intensiv nach dem Motto „Wir sind die besten, wir machen alles am Besten und wir kümmern uns um Dich usw." propagiert. Man kreiert sozusagen ein neues „Wir-Gefühl". Wir sind die Besten funktioniert allerdings nur, wenn man schon „top" ist. Das können aber nur wenige von sich behaupten.
- Zusätzlich zu dem Versuch, ein „Wir-Gefühl" zu initiieren, erfolgt eine Steigerung der Identifikation durch gemeinsame Aktivitäten und Ausgrenzung „Andersgläubiger". Man huldigt sozusagen praktisch sich selbst. Man sagt, wie toll man ist, und wenn jemand widerspricht, dass alles vielleicht doch nicht so ist, dann wird er als Abtrünniger bezeichnet. Wer sich nicht mit uns identifizieren kann, der wird mit aller Gewalt ausgegrenzt in dem Sinne, der Mann/die Frau hat mit uns nichts mehr zu tun usw.
- Eine weitere Möglichkeit, die sich aufgrund der Identifikation ergibt, ist die soziale (Selbst-)Kontrolle durch Mitarbeiter. Sie kontrollieren von sich aus sozusagen aus eigener Initiative. Sie sind alle stromlinienförmig und kontrollieren, ob beispielsweise einer ihrer Kollegen anwesend war, ob er oder ein anderer alles richtig gemacht hat usw. Hat man als Vorgesetzter in diesem Sinne die richtigen Mitarbeiter beisammen, wird man

auch prompt Meldungen darüber erhalten, was schiefgegangen ist. Die Vorgesetzten müssen eigentlich nur noch in Ausnahmefällen eingreifen.

Es hat schon manch ein Vorgesetzter versucht, sich diese Größe zu geben und diese Einzigartigkeit. Doch was ist, wenn diese Einzigartigkeit zusammenbricht, wenn die Abteilung in der Krise steckt, weil man plötzlich einen Identitätsschock erlebt?

Die „Ebenbildstrategie" mag in erfolgreichen Phasen berechtigt sein, weil alle sich gerne den Erfolg anheften. Sie hält jedoch nur so lange, bis die nächste Krise kommt!

4.3.3.4.2   „Zuckerbrot- und Peitsche"

Die hinter dieser weit verbreiteten Strategie steckende Idee ist, dass Arbeitsleistung nur erbracht wird, wenn Strafe gedroht oder Belohnung in Aussicht gestellt wird. Auf diese Weise erreicht man Verhaltensanpassung – meistens zwar nur kurzfristig, aber man erreicht sie.

Was den Grad der Anpassung anbelangt, kommt es auf die Höhe der Strafe oder der Belohnung an. Wenn man ständig nur belohnt, ist die Wirkung dahin. Man muss also versuchen, zwischen Lob und Tadel abzuwägen, und darauf achten, dass Mitarbeiter nicht zu stark frustriert sind. Ständiges Lob kann dazu führen, dass Mitarbeiter denken, sie seien besser als ihre Kollegen oder sogar besser als ihre Vorgesetzten. Das wiederum kann zu arrogantem Verhalten gegenüber Kollegen und fälschlicherweise sogar dazu führen, dass sie sich zu wehren versuchen in der Hoffnung, ihr Vorgesetzter würde nicht standhalten können und unterliegen.

Diese Haltung erweckt den Eindruck, als müssten Vorgesetzte immer die Besseren sein, was bei genauerer Betrachtung zu lapidar gedacht ist. Natürlich darf ein Mitarbeiter besser sein als sein Vorgesetzter. Das sollte jedoch kein Problem sein, weil beide (Mitarbeiter und Vorgesetzter) in ihrem Job nicht vergleichbar sind. Der eine führt und der andere wird geführt.

Auch deshalb sollte man in konkreten Führungssituationen geschickt wechseln zwischen Lob und Tadel, um eine daraus ableitbare Spannung aufrechtzuerhalten.

Damit die beschriebenen Eindrücke erst gar nicht entstehen können, stellt man Anreize meist materieller Art bereit und fördert ein gesundes Konkurrenzdenken unter den Mitarbeitern. Man achtet darauf, dass diese sich gegenseitig sozusagen unter Strom halten. Mögliche negative Auswirkungen bestehen darin, dass sie Angst vor Bestrafung haben oder sich ärgern, weil andere vorgezogen werden. Beides wird aber nie deutlich ausgesprochen, sondern verbirgt sich unter der Oberfläche. Damit wird Eigenständigkeit tendenziell blockiert. Kreativität ebenso, weil Mitarbeiter sich in solchen Situationen immer nur an das halten, was ihre Chefs von ihnen verlangen, weil man ja auch nur dafür Belohnungen erhält.

Solche Anreize sind insbesondere im Vertrieb in Form von Prämienzahlungen weit verbreitet. Eine Belohnung, wenn man sie einmal bekommen hat, bringt eigentlich nichts mehr, weil man beim nächsten Mal in der Regel mehr haben möchte. Geschieht das nicht, ist man spätestens dann nicht mehr richtig motiviert. Ist man sogar einmal nicht „dabei", stellt sich sehr wahrscheinlich Frustration ein. Hat man schon mehrmals eine Reise als Belohnung gewonnen, fragt man sich auch, was man da noch soll. Schnell denkt man sich, „der da oben könnte sich eigentlich ein bisschen mehr einfallen lassen".

Ob dieser „Automatismus" auch beim Geld zutrifft, ist in Frage zu stellen. Bei hohen Geldzahlungen wird so mancher zufrieden sein, wenn er die hohe Prämie aus dem letzten Jahr wieder bekommen wird. Anders dagegen bei geringfügigen Prämienanreizen. Auch hier zeigt sich, dass die Wirkung durchaus unterschiedlich sein kann und von daher nur jeweils situativ vom Vorgesetzten anzugehen ist.

Mit der Strategie „Zuckerbrot und Peitsche" lassen sich durchaus kurzfristige Effekte erzielen. Längerfristig dagegen wird es problematisch, wie Vorgesetzte ihre Anreize – sofern sie dazu überhaupt die Möglichkeit haben – gestalten.

4.4 Identitätswirksame Führung

Überblick
Führung kann Auslöser von Konflikten und zugleich auch Lösung für entstandene Konflikte sein. Je nachdem, wie Vorgesetzte handeln, zeigen sie ihren Mitarbeitern einen Vertrauensbeweis und Kooperationsbereitschaft oder aber sie zeigen Misstrauens- und Konfliktgebaren. Da sich Menschen generell lieber an Personen festhalten, sind unabhängig von der jeweiligen Situation persönlichkeitsstarke Vorgesetzte wünschenswert. Mitarbeiter müssen die Sensibilität ihrer Vorgesetzten für Sicherheit spüren, weshalb Vorgesetzte geradezu hungrig nach Stabilität sein sollten. Souveränität, Sicherheit und „Geborgenheit" sind Voraussetzungen dafür, dass sich Mitarbeiter mit den zu lösenden Aufgaben und ihren Vorgesetzten identifizieren.

4.4.1 Vermischte Botschaften – Gedankenanstöße

Der Umgang mit Mitarbeitern führt häufig zu Situationen, dass Gespräche derart verlaufen, wie man es nicht erwartet hat und die häufig genug nicht wirklich hinterfragt werden:

- Bei Konflikten beispielsweise wird oft um den heißen Brei herumgeredet und auf diese Weise dem Konflikt aus dem Weg zu gehen gesucht. Solche „Abwehrmechanismen" sind nicht gerade Zeichen vorhandener Führungsstärke.
- Nicht selten passiert es, dass Mitarbeiter auf vermeintliche Defizite hinweisen, dass etwas schieflaufen kann. Entgegen der erwarteten Reaktion kommt es dann ganz anders: Häufig wird seitens der Führung geblockt. Wenn es dann wirklich schiefgeht, könnte man dem Betroffenen gegenüber eingestehen, dass er recht gehabt hat. Was aber macht man üblicherweise? Im Zweifelsfall versetzt man den Betroffenen (teilweise auch schon vor Eintritt des möglichen „Ereignisses"). Man bestraft sozusagen diejenigen, die eigent-

lich die Lage richtig eingeschätzt haben. Wenn man einmal den Mund aufmacht, auch
noch recht hat und dafür versetzt wird, wird das Vorgesetzten nicht gerade positiv an-
gerechnet. Damit schafft man Voraussetzungen, das Potential seiner Mitarbeiter nicht
mehr wirklich ausschöpfen zu können, weil solche Vorfälle von Mitarbeiterkollegen als
Mannschaft aufgenommen werden mit der Konsequenz, dass kritisches und ehrliches
Feedback nur noch selten geäußert wird.

- Auch Vorgesetzte sind nicht davor gefeit, dass es Situationen gibt, in denen sie etwas
  sagen, was hinterher nicht ihrem Handeln entspricht. Oder man versucht, Konflikten
  aus dem Weg zu gehen, indem man Botschaften formuliert, die relativ unklar sind und
  letztlich niemanden für irgendetwas verantwortlich machen. „Sei innovativ und risikofreudig, geh aber nicht zu weit" ist ein solches Beispiel. Was heißt hier „geh aber nicht
  zu weit"? Das heißt nichts anderes als Mach's so wie Du willst, aber wenn Du was falsch
  machst, ich habe nichts damit zu tun. „Ich habe es Dir vorher schon gesagt, dass Du
  aufpassen sollst." Das sind keine klaren Anweisungen, sondern widersprüchliche Botschaften. Häufig ist es auch noch so, dass diese Botschaften nicht diskutierbar sind.
- Bemerkenswert ist auch, dass sich Mitarbeiter in Mitarbeitergesprächen nur sehr selten ausgewogen behandelt fühlen. Zu einem ausgewogenen Mitarbeitergespräch gehört
  jedoch, dass Vorgesetzte zielgerichtet kritisieren, aber auch zielgerichtet loben.
  Bewusst wird zum wiederholten Male darauf hingewiesen, dass Vorgesetzte mental ver-
  ängstigte Mitarbeiter nicht in ihr Büro zitieren sollten, sondern besser den Arbeitsplatz
  des betroffenen Mitarbeiters oder einen neutralen Raum wählen sollten. Wer ehrlich sich
  selbst gegenüber ist, der sollte unerwartete Reaktionen seiner Mitarbeiter auf Kommunikationsfehler hin überdenken.

4.4.2 Umgang mit Konflikten

Führung ist zielgerichtete Verhaltensbeeinflussung. Dabei geht es zunächst um Leistung
als Zielgröße. Das mit dem Leistungsprozess einhergehende Verhalten soll beeinflusst werden, so dass Führung Auslöser von Konflikten und zugleich auch Lösung für entstandene
Konflikte sein kann. Konflikte in Führungsprozessen entstehen dort, wo etwas zwischen
Vorgesetzten und Mitarbeitern nicht stimmig ist.

In aller Regel spielen die Zielsetzungen „Arbeit" und „Leistung" eine besondere Rolle.
Es geht aber auch um Zufriedenheit, um Bedürfnisbefriedigung der Beteiligten. Was zu
beobachten ist, sind Wechselwirkungen, weshalb man mittel- oder langfristig Arbeit und
Leistung nicht realisieren kann, wenn man nicht zugleich auch auf die Bedürfnisse der
Beteiligten eingeht.

Dies, weil auch hier wieder Wechselwirkungen bestehen. Frustrierte Mitarbeiter leisten weniger, nicht frustrierte Mitarbeiter leisten mehr und zufriedene Mitarbeiter leisten
a la longue noch mehr. Es gibt diese Wechselwirkungen, ohne dass behauptet werden soll,
dass eine kausale Abhängigkeit besteht. Das soll nicht heißen, dass Mitarbeiter mehr leisten, wenn man sie zufrieden macht. Damit soll lediglich gesagt werden, dass diese doppelte

Zielsetzung a la longue nur gelingt, wenn sich diese beiden Größen (Leistung und Zufriedenheit) in einem Gleichgewicht befinden. Man kann auf Dauer nicht gegen die Bedürfnisbefriedigung der Beteiligten arbeiten und Leistung realisieren.

Führung ist stets dann notwendig, wenn für Arbeitsabläufe Hierarchie in welcher Form auch immer vorliegt. Führung findet eigentlich immer statt und damit auch die Notwendigkeit zur Lösung entstehender oder bereits entstandener Probleme.

4.4.2.1   Konfliktvorbeugung und Konfliktbewältigung

Die zentrale Größe in diesem Zusammenhang ist Kommunikation. Es ist wichtig, wie Vorgesetzte kommunizieren und wie sie die kommunikative Beziehung zu ihren Mitarbeitern gestalten. Es geht um die Verbesserung von Führungsbeziehungen. Dabei handelt es sich sozusagen um eine Kooperationsvariante, die man aus Gründen der Verbesserung der Führungssituation realisieren sollte. Wichtig ist, dass eine bestimmte Form von Kooperation realisiert wird, weshalb Vorgesetzte in Konfliktsituationen eher auf „smart power" (Einfühlvermögen in die jeweilige Konfliktsituation) setzen sollten. Was kann man unternehmen, damit Konflikte gar nicht erst entstehen, oder – wenn sie denn dann entstanden sind – wie können Vorgesetzte versuchen, diese aufzulösen? Je wichtiger die Umsetzung konkreter Führungsmaßnahmen wird, desto unverzichtbarer werden Gespräche – im Zweifel auch Streitgespräche.

4.4.2.1.1   Situationsanalyse

Zum Alltag jeder Vorgesetzten-Mitarbeiter-Beziehung gehört, dass die gegenseitigen Interessen zumindest streckenweise voneinander abweichen. Deshalb sollten Vorgesetzte bemüht sein, möglichst alle (noch) verdeckten grundsätzlichen Perspektiven oder Vermutungen zu erkennen. Ihr „Kooperationsansatz" sollte so aussehen, dass sie sich zunächst einmal mit ihren Mitarbeitern zusammensetzen.

Eine gute Analyse ist bereits die halbe Therapie! Das Mindeste, was dabei herauskommen kann, ist der Einstieg in mehr Information und Kommunikation in der Hoffnung auf ein gegenseitig besseres Verständnis.

Auf jeden Fall sollte es eine Aussprache geben zu

1. den Zielen, die erreicht werden sollen,
2. den Wegen, die dafür zu gehen sind, und
3. der Wahrscheinlichkeit, dass die angestrebten Wege auch zu den Zielen führen.

Das ist zunächst einmal das, was Vorgesetzte aus der Prozesstheorie lernen und auf ihre konkrete Konfliktsituation übertragen können. Dabei ist auch herauszufinden,

- welche Bedeutung der Konflikt für den Vorgesetzten selbst (beispielsweise als neu in eine Abteilung gekommener Vorgesetzter), für seine Mitarbeiter und für beide gemeinsam hat;

- was Mitarbeiter zur Lösung beitragen können und was der Vorgesetzte dazu beitragen kann;
- ob es Transparenz bezüglich der hinter dem Konflikt jeweils stehenden Interessen gibt und
- ob die Mitarbeiter wirklich merken, was in der Abteilung vorgeht?

Je nachdem, wie Vorgesetzte handeln, zeigen sie ihren Mitarbeitern einen Vertrauensbeweis und Kooperationsbereitschaft als Grundlage ihrer Führungsabsichten oder aber sie zeigen Misstrauens- und Konfliktgebaren.

Es geht insbesondere auch darum, zumindest den vermeintlich wichtigen Mitarbeitern zu zeigen,

- wo Konflikte sind bzw. auftreten können,
- wie kompliziert es ist, wenn man auf alle direkt oder indirekt Beteiligten Rücksicht nehmen will oder muss, und
- wie schwierig es ist, überhaupt zu einer Verständigung mit dem Mitarbeiter zu gelangen, weil man immer wieder Konfliktpunkte findet, an denen es darum geht, ob man im konkreten Fall einen Kompromiss finden kann oder nicht.

Um Situationen möglichst richtig einschätzen zu können, müssen sich Vorgesetzte auch Gedanken machen über die Komplexität verschiedener Interessen. Sie werden feststellen, dass es sehr viele unterschiedliche Konfliktursachen gibt, und müssen herausfinden, wo die eigentliche Komplexität liegt. Es ist wichtig, dass man als Führungskraft auf derartige Entwicklungen vorbereitet ist und damit umgehen kann. Ist dies nicht der Fall, wird es keine gegenseitig zur Lösung von Problemen notwendige Verständnisbereitschaft geben. Kommt es erst einmal dazu, dass Mitarbeiter abteilungsintern gegen ihren Vorgesetzten Sturm laufen, wird er scheitern.

Vorgesetzte sollten deshalb bei ihren Führungsbemühungen zunächst darauf schauen, ob sich ihre beabsichtigten Führungsaktivitäten „auszahlen". Dieser Untersuchungsschritt sollte eigentlich immer (vom Vorgesetzten; ggf. gemeinsam mit den betroffenen Mitarbeitern) erfolgen.

Letztlich müssen sich alle – Vorgesetzte und Mitarbeiter – eingestehen, dass es in der Führungsrealität häufig schwierig ist, zu einer vertrauensvollen Führungsbeziehung zu gelangen, weil man eigentlich nicht gewohnt ist, auf „gleicher" Ebene zu kommunizieren oder sich auszutauschen. Das ist schwierig sowohl für Chefs als auch für Mitarbeiter.

4.4.2.1.2   Regeln zur Konfliktlösung

Führungskonflikte erfordern, dass Vorgesetzte zunächst Lösungsinitiativen entwickeln und über ihre Aktivitäten ihren Führungsanspruch sichtbar machen. Dabei sollten insbesondere folgende Regeln beachtet werden:

1. Auch wenn früher schon einmal geschehen, sollten zumindest ernsthaftere Konflikte nochmals klar benannt und ggf. (des Vergessens des konkreten Anlasses wegen) schriftlich formuliert werden. Was ist eigentlich das Problem?
2. Anschließend muss ein geeigneter Ort benannt werden, an dem man zusammenkommen kann. Das Chefzimmer ist der gängigste Ort solcher Gespräche. Ob es immer auch der geeignetste ist, mag dahingestellt sein. Deshalb sollten Vorgesetzte abwägen, dass ihr „Amtssitz" durchaus auch mit dem Gefühl von Übermacht verbunden werden kann. Es kann auch ein anderer Ort sein, wenn seitens der betroffenen Mitarbeiter Druck in besonderem Maße empfunden werden kann bzw. als wahrscheinlich angesehen wird. In solchen Situationen erscheint es ratsam, eine Einladung zu einem Einzelgespräch auszusprechen. „Wir wollen uns dort und dort treffen."
3. Trifft man sich, müssen die, die sich treffen, Veränderungsbereitschaft signalisieren und bereit sein, den eigenen Standpunkt auch zu diskutieren und ggf. zu verändern. Es nützt nichts, wenn Vorgesetzte sich in ein Konfliktgespräch begeben und erwarten, dass alle anderen Beteiligten am Ende mit ihrer (der Vorgesetzten) Position herauskommen. Das ist illusorisch. So lassen sich Konflikte nicht wirklich lösen.

   Konflikte zeichnen sich dadurch aus, dass jeder der am Konflikt Beteiligten Erwartungen hat. Man muss Standpunkte haben, aber man muss auch veränderungsbereit sein. Das gehört zur Spielregel von Konfliktgesprächen. Auch Vorgesetzte haben Erwartungen, sie müssen Standpunkte haben, aber auch sie müssen Veränderungsbereitschaft zeigen. Können Streithähne grundsätzlich nicht nachgeben oder auf den Partner zugehen, bleibt der Konflikt bestehen und wird sehr wahrscheinlich nie aufgelöst werden können.

   Leider passiert es häufig, dass Vorgesetzte mit dem festen Vorhaben in Konfliktgespräche gehen, dem Gesprächspartner einmal zeigen zu wollen, wer das Sagen hat. „Die werden hinterher genau das, was ich gesagt habe, für sich angenommen haben. Das werde ich jetzt durchsetzen!" Solch eine Einstellung kann a la longue nicht gut gehen.

   Deshalb sollte man nicht ausschließlich versuchen, andere zu überzeugen. Man muss auch bereit sein, sich überzeugen zu lassen. Das allerdings ist meistens viel schwieriger, weil man bekanntlich selber immer gerne seinen Standpunkt behauptet.
4. Darüber hinaus sind Wertmuster und Wirklichkeitsinterpretationen einzubeziehen. Es kann sein, dass sich eine Lösung finden und vereinbaren ließe, dass aber die Mitarbeiter diese Lösung von ihrem Wertesystem her nicht mehr wollen und deshalb nicht annehmen können.

   Vertritt ein Vorgesetzter beispielsweise die Meinung, seine Abteilung würde mit der Umsetzung seiner Vorstellungen den Gewinn erheblich steigern können, dann berücksichtigt er vielleicht nicht zukünftige Probleme, die auf ihn zukommen, weil seine Mitarbeiter aus welchen Gründen auch immer nicht dahinterstehen oder weil auf sie vielleicht von außen Druck ausgeübt wird. Deswegen ist es wichtig, auch Wertmuster in Diskussionen einzubeziehen.
5. Wird die Lösung eines Konfliktes als sehr schwierig angesehen, sollte man sich zunächst auf ein Verfahren einigen, weil das einfacher ist, als die Konfliktlösung direkt anzu-

steuern. Einigt man sich, wie man vorgehen will, ist ein Konsens (vielleicht) eher zu erreichen.

Beispielsweise ist eine Ermittlung von „Durchschnittswerten" eine übliche Konfliktlösungsmethode, wenn sich konträre Meinungen gegenüberstehen und man sich nicht auf eine konkrete Lösung einigen kann. Das ist dann der einfachste Weg, um annähernd zu einer Lösung zu kommen. In der Regel hat man in Konfliktgesprächen noch genügend Zeit, sich auf solche Verfahren zu einigen.

Man lässt sich auch viel eher auf Verfahrensregeln ein. „Sollen wir erst einmal zwei Stunden diskutieren und dann einen Mehrheitsbeschluss fassen oder bevorzugt man einen autoritären Beschluss?" Wird man sich einig, wie man vorgehen will, ist ein Konsens leichter zu erreichen. Dazu benötigt man – wie bereits erwähnt – eine konsensfähige Lösung, also grundsätzlich Veränderungsbereitschaft (siehe Regel 3).

6. Schließlich ist als Minimalziel darauf zu achten, dass alle Parteien mit dem Ergebnis noch leben können. Weiß man doch, wie wichtig es ist, jedem die Möglichkeit zu geben, sein Gesicht zu wahren. Deshalb sollten sich Vorgesetzte sicher sein, dass sich jeder Partner in den Vereinbarungen wiederfindet. Schließlich wollen beide Seiten den Erfolg!
Es geht nicht darum, jemanden aus Diskussionen als Verlierer herauskommen zu lassen. Dann hätte man den Konflikt im Prinzip nicht gelöst, man hätte ihn nur auf eine andere Ebene verlagert.

7. Als letzte Chance kann der Versuch gewertet werden, einen Verhaltenskontrakt für Konflikte mündlich zu besprechen oder auf Führungsgrundsätze zu verweisen, die in den Unternehmen meist schriftlich fixiert sind. Viele Führungsgrundsätze beinhalten auch Grundzüge eines solchen Verhaltenskontraktes, mit dem sie eigentlich klarmachen, was das gewünschte Führungshandeln ist. Damit wird gleichzeitig eine Orientierungslinie für Vorgesetzte und Mitarbeiter gegeben, um zu mehr Einigung zu gelangen.

Dass die Umsetzung solcher Lösungsansätze schwierig sein kann, muss ohne Zweifel zugestanden werden. Auch sollte nicht übersehen werden, dass Menschen, die zueinander in Konflikt stehen, nicht besonders aufnahmebereit sind für Ratschläge des Konfliktgegners. Dies nicht zu berücksichtigen, wäre mangelndes situatives Einfühlungsvermögen.

Dennoch kann zumindest der Versuch angenommen werden, dass Konfliktlösungen, wenn man über den Verfahrensweg geht, eher akzeptiert werden und auch eher zu sozialverträglichen Lösungen gegenüber Mitarbeitern führen.

Allerdings sollten Vorgesetzte bei allem Wohlwollen fähig sein, sich in Teams durchzusetzen. Das kann nur gelingen, wenn sie selber von ihrer Funktion als Chef überzeugt sind – d. h. sich mit ihrer Aufgabe identifizieren. Irgendwann muss man Prioritäten setzen: „Ja, wir stellen uns dies und jenes als nächste Schritte vor und werden anschließend das Ganze weiterverfolgen!" Ständige Nörgler und Bedenkenträger sollte man meiden – sich notfalls von ihnen trennen!

Kann man eine Auseinandersetzung nicht gewinnen, sollte man ihr aus dem Weg gehen oder die Chance nutzen, solange sie sich bietet. Ist eine Lösung absolut nicht sichtbar, ist die vornehmste Art, seinem „Gegner" Zähne zu zeigen, immer noch ein Lächeln.

4.4.2.2 Typische Kommunikationsfehler vermeiden

Kommunikation ist Dreh- und Angelpunkt jeder Führungsbeziehung, auch und obwohl der einzelne Vorgesetzte selten in der Lage ist, mit allen im Verantwortungsbereich arbeitenden Menschen direkte Kommunikation zu betreiben, weil beispielsweise die Leitungsspanne zu groß ist.

Umso notwendiger ist es, mit direkt nachrangigen Mitarbeitern intensiv zu kommunizieren. Hier zeigt sich, was ihre Vorgesetzten von ihnen halten, ob sie ihnen vertrauen und was sie ihnen wirklich wert sind. Fakt ist, sie brauchen die Mitarbeiter und sind von ihnen abhängig, wie umgekehrt auch diese Mitarbeiter von ihren Vorgesetzten abhängig sind. Kommunikation ist sozusagen die Brücke, auf der sich beide treffen.

Viele Menschen sind (leider) nicht in der Lage, sinnvoll miteinander zu reden. Das sind Vermittlungsprobleme, die sowohl in Führungsbeziehungen als auch im Alltag auftreten. Die Fähigkeit zur Kommunikation ist deshalb ein wichtiger Bestandteil der Führung. Es gilt, übliche Kommunikationsfehler zu vermeiden.

4.4.2.2.1 Vertrauen aufbauen

Vorgesetzte versäumen häufig, ihre Mitarbeiter rechtzeitig über konkrete Absichten zu informieren und mit ihnen wichtige Dinge vorab abzusprechen. Sie konfrontieren sie mit Fakten, von denen sie dann nicht wissen, wie sie diese einschätzen sollen.

Dieser Typ von Vorgesetzten ist daran zu erkennen, dass er keine genauen Zielvorgaben macht. Er führt nicht wirklich über Ziele, sondern delegiert relativ salopp und überlässt die Zielsetzung dann dem oder den Mitarbeitern. Das geht so lange gut, solange keine Unsicherheit entsteht. Sobald allerdings Mitarbeitern nicht mehr klar ist und Unsicherheit darüber aufkommt, in welche Richtung es gehen soll, spätestens dann haben Vorgesetzte die Aufgabe, die Situation mit ihren Mitarbeitern abzustimmen.

Es mag sein, dass Vorgesetzte solche Gespräche anbieten; dies aber dennoch von ihren Mitarbeitern nicht recht wahrgenommen wird, weil sie aufgrund bisheriger Erfahrungen kein oder zu wenig Vertrauen in ihre Vorgesetzten haben. Ursachen hierfür können darin liegen, dass Vorgesetzte zu selten von ihrer Seite aus Punkte ansprechen, nur selten auf ihre Mitarbeiter zugehen und zu wenig mit ihnen kommunizieren. Sie sollten früher – zumindest rechtzeitig – darüber informieren, was in der nächsten Zeit ansteht. Das gibt Mitarbeitern Sicherheit und fördert Vertrauen.

Ist dagegen das Vertrauen zerstört, geht eigentlich nichts mehr! Wer Vertrauen verspielt, verspielt es eigentlich aus einer Position des Gebens. Deshalb sollten Vorgesetzte Echtheit, Zuverlässigkeit, Berechenbarkeit und Glaubwürdigkeit an den Tag legen. Wenn einmal etwas nicht gelingt, sollten sie es erklären können.

4.4.2.2.2 Sich souverän zeigen

Chefs sollten möglichst nicht Antworten auf Fragen hinauszögern, weil die Unmittelbarkeit bei Antworten auf Ehrlichkeit und Souveränität schließen lässt. Desgleichen sollte man ehrlich zu seinen Mitarbeitern sein, weil die Möglichkeit der Aufdeckung von Unwahrheiten dank wachsender Vernetzung der Mitarbeiter untereinander zugenommen hat! (Nasher 2010)

4.4.2.2.3 Klar und transparent kommunizieren

Decken Vorgesetzte ihre Vorstellungen über die Zusammenarbeit mit ihren Mitarbeitern nicht wiederholt auf, begehen sie einen gravierenden Kommunikationsfehler. In vielen Situationen bietet es sich an, solche Dinge vorab mit wichtigen Gruppenmitgliedern zu besprechen, um sie dann anschließend noch einmal in der Gruppe nachdrücklich vorzutragen. Letzteres jedoch wird meistens versäumt.

Klarheit schafft Transparenz! Klarheit bringt Führungsstabilität! Vorgesetzte sollten freundlich, bestimmt und verständlich kommunizieren. Warum tut man sich häufig so schwer, mit Mitarbeitern offen und konkret über Dinge wie deren Position oder Expertise, über neue Aufgabenverteilung innerhalb der Gruppe oder auch über Perspektiven zu reden?

Würde das besser gelingen, wären viele Vermutungen, die letztlich doch Unbehagen produzieren, aus dem Weg geräumt. Leider geschieht dies zu selten. Vorgesetzte sollten deshalb Fragen oder Probleme von vornehrein klären und sie nicht erst aufgreifen, wenn es offensichtlich schon zu spät ist.

Ein zentrales Problem ist sicher auch, wenn Vorgesetzte dazu neigen, sich hinter dem Rücken von Betroffenen mit Kollegen zu treffen und sich über Mitarbeiter zu beschweren. Das ist ein klarer Vertrauensbruch und ein großer Kommunikationsfehler, weil diese Verhaltensweise Auswirkungen auf das Verhältnis zu den Mitarbeitern hat.

Ein solches Verhalten widerspricht der offenen Kommunikation und hat nur negative Effekte.

Es ist zugegebenermaßen nicht einfach, klar und transparent miteinander zu kommunizieren. Gibt es persönliche Konflikte, wird man weder Motivation noch Identifikation aufbauen können, wenn die Kommunikation zwischen den Vorgesetzten und ihren Mitarbeitern nicht funktioniert.

4.4.2.2.4 Worte und Taten in Einklang bringen

Wenn Aussagen von Vorgesetzten nicht mit ihren Aktivitäten übereinstimmen, hat das etwas mit persönlichen Wertmaßstäben, mit der persönlichen Glaubwürdigkeit, Seriosität und Integrität zu tun.

Stimmt dagegen das Handeln von Vorgesetzten mit deren sonstigen (z. B. mündlichen) Aussagen gegenüber Mitarbeitern überein, dann ist deren Kommunikation glaubwürdiger und effektiv.

Die Vermeidung derartiger Fehler ist ein Markenzeichen sich mit ihrer Führungsaufgabe identifizierenden Vorgesetzten. Gelingt es, die aufgezeigten Fehler zu vermeiden, wird sich die Identifikation der Mitarbeiter mit ihren Vorgesetzten verbessern.

4.4.3 Maßnahmen zur Gestaltung von Führungsbeziehungen

Führung lässt sich nicht perfektionieren, schon gar nicht durchsetzen. Führung bedarf der Anpassung an zu erfüllende Aufgaben und an Gegebenheiten der Abteilung, des Teams oder der Gruppe von Mitarbeitern. Maßgebend ist die Situation, die Vorgesetzte vorfinden, und die Art und Weise, wie sie darauf reagieren. Je souveräner und fairer sie handeln, desto eher können sich Mitarbeiter mit ihnen solidarisieren und identifizieren.

- Man kann Aufgaben und Tätigkeiten interessanter gestalten, indem man eine Art *MbO-Vereinbarung* mit seinen Mitarbeitern trifft – bei der nur Ziele festgelegt werden und Mitarbeiter dann relativ frei sind, wie sie es machen, wann sie es machen usw. Auch das ist eine Möglichkeit, selbst bei sehr simplen Aufgaben eine Art Projektarbeit zu initiieren.
- Bei Arbeitsgruppen bzw. Teams ist eine Fixierung auf *Kommunikationsnetze* empfehlenswert, weil es in solchen „Netzen" im Prinzip um eine Reihe von gleichrangigen Personen geht, die sich möglicherweise spezialisiert haben, die aber alle kommunikationsfähig sind; also eine Öffnung in Richtung möglichst viel reden, möglichst schnell miteinander reden, möglichst mit allen reden herstellen – Management by walking around.
- Ein nicht unwesentlicher Nebeneffekt dieses „Walkings" wird erreicht, wenn Vorgesetzte nicht ausschließlich ihre Mitarbeiter zu sich beordern, sondern sich zum Arbeitsplatz ihrer Mitarbeiter begeben. Gehen Vorgesetzte zum Mitarbeiter, werten sie ihn auf!
- Es geht im Führungsalltag nicht um eine klinisch saubere, theoretisch perfekt ausdifferenzierte Führung, die im Prinzip für jedes Problem eine Lösung hat und die es ja auch nicht gibt. Halten Vorgesetzte viele solcher Lösungen als ihr persönliches internes „Regelwerk" bereit, verwenden sie unter Umständen viel Zeit darauf, bis sie die richtigen Lösungen gefunden haben. Perfektionismus bringt im Grunde genommen nichts, sondern behindert die für Führung notwendige Flexibilität.

In diesem Sinne ist ein Führungskonzept zwar irgendwie ein Maßanzug. Dies muss es auch für Vorgesetzte sein. Aber kein Maßanzug, der in irgendeiner Form einschnürend ist. Er muss weitgeschnitten sein.

Obwohl perfekte Führung nicht zwingend starre Führung bedeuten muss, zeigt sich in ihrem realen Erscheinungsbild, dass sie mit zunehmender Perfektion änderungsresistenter und damit insgesamt schwer veränderbar wird. Perfektion im Führungsalltag zahlt sich selten aus, weil sie Emotionalität kaum zulässt und Identität allenfalls kognitiv erreichbar ist. Es läuft alles so ab wie angedacht – nämlich nach Plan. Führung als Planvorgabe reißt selten mit. Es muss deshalb wohl überlegt sein, in welchen Situationen „perfektionierte Führung" überhaupt angebracht erscheint?

4.4.3.1 Orientierung an Identifikationswirkungen

Es mag sein, dass Vorgesetzte von ihrer Art zu führen überzeugt sind und dennoch der erwünschte Erfolg ausbleibt, weil die Reaktion ihrer Mitarbeiter anders als erwartet ausfällt. Modellgläubige Vorgesetzte werden ebenso scheitern wie Vorgesetzte, die glauben, fehlerfrei führen zu können. Den fehlerfreien Vorgesetzten gibt es nicht!

Inwieweit Vertrauen innerhalb von Führungsbeziehungen eine Brücke zu Identifikation und Führungserfolg bildet, kann durchaus unterschiedlich eingeschätzt werden. Das Motto „Kontrolle ist besser als Vertrauen" ist ein Beispiel dafür, dass es erfolgreiche Führung auch ohne Vertrauen gibt. Je nach Aufgabenstellung und daraus folgender Tätigkeit ist Vertrauen sehr wichtig – oder eben weniger wichtig. Die Bedeutung von Vertrauen ist immer dann groß, wenn Kontrolle nicht möglich ist. Vertrauen kann erfolgsentscheidend sein, muss es aber nicht.

Ändern Vorgesetzte ihre Führungsgewohnheiten, bedeutet das zunächst, dass sich etwas weder zum Guten noch zum Schlechten wendet. „Veränderungen" sind zunächst weder gut noch schlecht. Sie müssen subjektiv „gefühlt" und beurteilt werden.

- Schwierige Situationen oder solche, deren Ausgang nicht klar genug erscheint, produzieren ein hohes Maß an Unsicherheit. Fühlt man sich schlecht, ist man eher offen für Veränderungen.
- Geht es einem dagegen sehr gut, glaubt man, durch anstehende und ungewisse Veränderungen mehr verlieren zu können.
- Es kann aber auch sein, dass die Mannschaft alles in Ordnung findet und deshalb Veränderungen vor dem Hintergrund vergangener Erfahrungen positiv bewertet werden.
- Umgekehrt kann es sein, dass, wenn es der Mannschaft schlecht geht, Kraft und Zustimmung für Veränderungen fehlen.

Es gibt keine einheitliche Reaktion auf sich verändernde Situationen. Aus Sicht der meisten Vorgesetzten ist zu unterstellen, dass Veränderungen positiv angedacht sind.

Es darf nicht unerwähnt bleiben, dass Mitarbeiter in Unzufriedenheitssituationen dazu neigen, sich an einer Person festhalten zu wollen. In Veränderungsprozessen mit ungewissem Ausgang sind gerade die Vorgesetzten gefragt, um die Akzeptanz der Veränderungsprozesse zu gewährleisten, indem sie die Chancen nach vorne und die damit einhergehenden Risiken in den Hintergrund schieben.

Wer mehr Chancen als Risiken in einer Veränderung erkennt, wird dem Veränderungsprozess positiv gegenüberstehen. Diese Wahrnehmungen der Mitarbeiter können maßgeblich von ihren Vorgesetzten beeinflusst werden. In solchen Situationen sind sie besonders gefordert. Hinzu kommt, dass Menschen sich generell lieber an Personen festhalten, weshalb unabhängig von der jeweiligen Situation persönlichkeitsstarke Vorgesetzte wünschenswert sind.

Wollen sie Identität symbolisieren und bei Mitarbeitern hervorrufen, sollten sie Aufmerksamkeit erregen können, indem sie bereit sind, couragiert zu handeln und – wenn es angebracht erscheint – zu polarisieren. Dabei sollten sie weder Mitarbeiter noch andere Menschen auszutricksen versuchen. Sie sollten vielmehr die Zuversicht vermitteln, dass man ihnen vertrauen kann. Dazu ist erforderlich, dass sie kommunikationsstark sind, was nicht unbedingt redegewandt heißen muss. Sie sollten aber durchaus in der Lage sein, den Sinn ihres Handelns zu vermitteln – also die Warum-Frage bei ihren Mitarbeitern zu klären. Kommunikationsstärke und Sinnvermittlung sind wesentliche Bausteine für sich bildende Identität.

Eigene Stärken sollten Vorgesetzte dagegen weniger hervorheben, sondern bewusst und dennoch zurückhaltend einsetzen. Sie sollten Führung nicht nur aus ihrer Position ableiten und darauf reduzieren. Erfolgreich werden sie insbesondere dann sein, wenn sie aus Schaden klug werden. Dabei penetrant an Schwächen herumzudoktern, bringt wenig, weil jeder Misserfolg die Chance eröffnet, erfolgreicher zu werden. Man sollte sich Führungsmodelle nicht schönreden. Auch wenn sie Hilfestellung geben können, kann man mit der reinen „Lehre" Führung nicht bewältigen.

An Erfolg gewöhnte Vorgesetzte prüfen,

- welche konkreten Abteilungs- bzw. Teamsituationen sie vorfinden,
- welche besonders hervorstechen und
- auf welche es für ihr Führungshandeln besonders ankommt?

Dazu bedarf es einer realitätsnahen Einschätzung der diese Situationen bestimmenden Faktoren. Führungserfolge werden an Führungszielen gemessen. Führungsabsichten und daraus ableitbares Führungshandeln werden begünstigt, wenn Mitarbeiter sich bereits in Richtung selbständiges Arbeiten hervorgetan haben.

Wollen Vorgesetzte Mitarbeiter von ihrer Führung überzeugen, müssen sie deren Fähigkeiten erkennen, indem sie sich fragen,

- ob sie in der Lage sind, eine der jeweiligen Aufgabenstellung entsprechende vernünftige Qualifikationsvielfalt zu gewährleisten,
- inwieweit sie Nachfolger für sich selbst heranziehen können und
- ob sie das überhaupt wollen.

Andererseits ist Qualifikationsvielfalt nicht immer zielführend. Es ist auch nicht immer klug, Nachfolger heranziehen zu wollen. Ein Abwägen der beschriebenen Alternativen ist somit Voraussetzung für erfolgreiches Führen.

Führungssituationen vor Ort sind häufig mit Problemen belastet. Grund hierfür sind entweder zu schwache bzw. zu autoritäre Vorgesetzte oder zu schwache bzw. zu starke Mitarbeiter. Die Folge solcher Widersprüchlichkeiten sind Qualifikations- und Motivationsprobleme. Gelingt es nicht, Qualifikation und Motivation zu nutzen, kann Führung nicht wirklich erfolgreich sein.

Sich daran ausrichtend sollten sich Vorgesetzte für die kooperative oder die delegative Führung entscheiden. Je qualifizierter und motivierter Mitarbeiter sind, desto wichtiger wird Delegation mit der Folge, dass Vorgesetzte sich auf der Sachebene zurücknehmen können, nicht jedoch auf der Beziehungsebene. So gesehen hat jeder Vorgesetzte eine Moderations- und gleichzeitig auch eine Entwicklungsfunktion zu erfüllen.

Wie qualifiziert ein Mitarbeiter ist, hängt auch von der ihm übertragenen Aufgabe ab. Hier wird der Moderationsaspekt von Führung relevant, weil man vor Erfüllung der Aufgaben und auch währenddessen durch Feedback und Anregungen regulierend eingreifen kann.

Bei allen Orientierungsüberlegungen stehen das gemeinsame Ziel und die Art der Zusammenarbeit von Vorgesetzten und Mitarbeitern im Vordergrund. Da die Beurteilung eines Mitarbeiters immer von vielfältigen Aspekten abhängt, kann man nicht sagen, dass beispielsweise Mitarbeiter „A" immer besser als Mitarbeiter „B" ist. Ein Mitarbeiter kann in wichtigen Kriterien anderen überlegen sein, was auch im Vergleich von Vorgesetzten und Mitarbeitern der Fall sein kann.

Es gibt gute Gründe, warum Vorgesetzte „Outperformer"[13] als Mitarbeiter im Eigeninteresse fördern sollten. Tun sie das nicht, schaden sie dem Unternehmen und damit letztlich sich selbst. Aus dieser Perspektive sollten sie (im Gegensatz zur bisher noch häufigen Handhabe) insbesondere diejenigen Mitarbeiter fördern, die besser sind als sie selbst. Die Angst vor „internem" Wettbewerb ist für manch einen Vorgesetzten ein Hindernis auf der Suche nach Führungsidentität und sich daraus ableitbarer Führungsstärke. Die Angst, dabei Verlierer zu sein, ist ein schlechter Ratgeber.

Wie erfolgreich Vorgesetzte letztlich sind, hängt auch davon ab, mit welcher Einstellung sie an ihre Führungsaufgabe herangehen. Verfallen sie in ein Selbstverständnis, wonach eigenständige und erfolgreiche Mitarbeiter an ihrem Stuhl sägen, oder glauben sie, diese Mitarbeiter sozusagen in die nächste Führungsebene schubsen zu können? Ein ausgeprägtes hierarchisches Verständnis ist für eine Erfolg versprechende Führung hinderlich, weshalb vorausdenkende Vorgesetzte eher vom Denken in Netzwerken getragen sein sollten. Vorgesetzte, die stets glauben, ihre Position sichern zu müssen, haben das alte Schema hierarchischer Führung im Blickfeld. Das ist zu wenig!

Führung muss ausprobiert werden und das fängt beim „Bauch" an. Man kann immer einen neuen Anfang schaffen. Wer Probleme mit seinen Mitarbeitern hat, der sollte offensiv auf sie zugehen, den Mut haben und die Gelegenheit wahrnehmen, sich in seiner Führung zu ändern. Dann nämlich stehen Mitarbeiter hinter ihren Vorgesetzten. Schließlich sitzen Vorgesetzte mit ihren Mitarbeitern in einem Boot und bekanntlich müssen die, die in einem Boot sitzen, sich gegenseitig helfen.

4.4.3.2 Anpassung an unterschiedliche Führungssituationen

Vorgesetzte müssen sich in unterschiedlichen Herausforderungen der jeweiligen Situation stellen und ggf. auch anpassen.

Besteht eine Abteilung aus relativ vielen Mitarbeitern, so verschiebt sich der Schwerpunkt ihrer Tätigkeit von der fachlichen Ausrichtung auf die eigentliche Führungsaufgabe. Ist die Leitungspanne groß und übersteigt eine normale Führungsspanne (ca. sechs bis acht Mitarbeiter) bei Weitem, so erfordert das eine stärkere Ausrichtung an delegativer Führung. Dies insbesondere dann, wenn Vorgesetzte auf mehrere wichtige Mitarbeiter angewiesen sind.

Hat man eine weitgehend delegative Vorgesetzten-Mitarbeiter-Beziehung, ist die Abteilungshierarchie nicht mehr so wichtig. Vorgesetzte haben dann „nur noch" die Funktion, den Überblick zu wahren und die wichtigsten Koordinationsaufgaben zu erfüllen. Sie sollten entsprechend der vorgefundenen Situation und ihrer Führungsabsichten zielorientierte

---

[13] Outperformer = Menschen, von denen man hofft, dass sie besser als andere sind.

und delegative Führung variieren können. Sie sollten in der Lage sein, zu erkennen, ob die konkrete Situation autoritäre[14], kooperative oder auch laissez-faire[15] Führung erfordert.

Dreh- und Angelpunkt für Führungserfolge bleiben die Qualifikationen der in Unternehmen tätigen Menschen. Das schließt Mitarbeiter wie Vorgesetzte ein. In Abhängigkeit von der jeweiligen Hierarchieebene und der zu bewältigenden Aufgaben sind unterschiedliche Qualifikationen notwendig. Je höher die Hierarchiestufe ist, desto wichtiger werden Mehrfachqualifikationen, weil der von Vorgesetzten zu bewältigende Integrationsradius immer größer wird. Integrations- und Koordinationsfähigkeiten sind Führungsqualifikationen, so dass mit zunehmender Hierarchie Führung zum Inhalt der Qualifikation wird. Damit stellt sich die Frage, welche Qualifikationen dafür notwendig sind. Auch Führungskräfte müssen feststellen, dass sie nicht immer von den Leistungsstärksten umgeben sind und dass deren Entwicklungsmöglichkeiten teils sehr unterschiedlich sind.

Dennoch können sie sich bei ihren Mitarbeitern einbringen, weil sie aus ihrer Position heraus als Vorgesetzter aktiv werden können. Im Zweifelsfall können sie „optimal" führen, d. h. frühzeitig kommunizieren, vertrauensvoll koordinieren, Konflikte rechtzeitig ansprechen, Gruppenprozesse moderieren, Entscheidungsspielräume oder Entscheidungsgrenzen aufzeigen usw. Sie können sich dabei allerdings nicht mehr auf einen bestimmten Führungsstil reduzieren, sondern müssen eine Palette von Stilen und Techniken beherrschen. Und sie müssen erkennen, wo, wann und wie Führungsinstrumente Erfolg versprechend eingesetzt werden können. Das setzt voraus, dass Vorgesetzte diesen Anforderungen entsprechen.

Je „besser" Mitarbeiter sind, desto leichter und stärker kann kooperativ oder sogar demokratisch geführt werden. Je „schlechter" sie sind, desto „autoritärer" muss durchgegriffen werden. Führung ist abhängig von der Reife aller unmittelbar Betroffenen – von der Führungsfähigkeit der Vorgesetzten und deren unmittelbaren Mitarbeitern. Je größer Leitungsspannen sind, desto differenzierter müssen Führungsqualifikationen sein. Das ist in vielen Fällen schon schwierig genug.

Noch schwieriger wird es, wenn Vorgesetzte sich selbst in der Beziehung zu ihren Vorgesetzten sehen. Was von oben kommt, ist häufig zunächst einmal „gottgewollt" und nicht situationsangepasst. Kommt dann noch hinzu, dass ihnen die Aufgaben von der Sach-Expertise und/oder Führungs-Expertise über den Kopf wachsen, reagieren sie für ihre Mitarbeiter nicht immer nachvollziehbar.

Weniger selbstsichere Vorgesetzte neigen dazu, sich viel mehr an ihren eigenen Vorgesetzten zu orientieren als an ihren Mitarbeitern. Fach- und persönlichkeitsstarke Vorgesetzte dagegen können es sich leisten, eine Ausgewogenheit zwischen ihnen und ihren

---

[14] Der Vorgesetzte gibt Anweisungen, Aufgaben und Anordnungen weiter, ohne seine Mitarbeiter nach ihrer Meinung zu fragen. Entscheidungen trifft er ganz allein, ohne seine Mitarbeiter einzubeziehen.
[15] Die Rolle des Vorgesetzten auf das Notwendigste beschränken und auf Freiräume für Eigeninitiative der Mitarbeiter setzen.

Vorgesetzten der nächst höheren Ebene und ihren Mitarbeitern anzustreben. Letzteres vor allem bei weniger starken eigenen Vorgesetzten.

Neigen Vorgesetzte dazu, sich einem vermeintlich individuellen Formalismus zu verschreiben und darin ihre Zuflucht zu sehen, werden sie gegenüber ihren Mitarbeitern „ihre verpflichtende Macht" in Form von Anordnungen, schriftlichen Anweisungen und Protokollen dokumentieren. Dieser Hang zu teilweise übertriebenem und unfairem Formalismus wird besonders bei Vorgesetzten gefährlich, die lange Zeit gewohnt waren, Entscheidungen allein zu treffen, und denen ihre Führungsrolle über den Kopf wächst. Das beschriebene Führungshandeln ist Kennzeichen schwacher Vorgesetzter – aber auch damit muss man leben können!

Auf der anderen Seite bieten schwächelnde Vorgesetzte auch einen selten wahrgenommenen Vorteil. Wenn sich Mitarbeiter durch Engagement, fachliche Qualifikation und Erfolge hervorheben, kann dies selbst der schwächste Vorgesetzte nicht leugnen und vertuschen, einfach weil er diese Mitarbeiter braucht. Gelingt es Mitarbeitern, ihren Vorgesetzten den eigenen Mehrwert vor Augen zu führen und erkennbar zu machen, werden ihnen ihre Vorgesetzten – ob sie es wollen oder nicht – auch die entsprechenden Freiheiten einräumen, die sie brauchen, um ihren Aufgaben gerecht werden zu können. Auch mit schwachen Vorgesetzten lässt sich also leben!

Die Gestaltung der Führungsbeziehungen im Umgang mit eigenen Schwächen hängt von der Akzeptanz, die Vorgesetzte von ihren Mitarbeitern erfahren, und von der Qualität und Motivation ihrer Mitarbeiter ab. Dennoch sind und bleiben sie diejenigen, die am ehesten an und mit ihren Mitarbeitern „arbeiten" können, wenn sie über ein entsprechendes Führungsrepertoire verfügen und in der Lage sind, Flexibilität in ihrem Führungsstil zeigen zu können.

Betrachten Vorgesetzte ihre Mannschaften, (dann) sind sie aufgrund des meistens doch sehr unterschiedlichen Mitarbeiterpotentials mehr oder weniger gezwungen, einen Ausgleich finden zu müssen zwischen den Anforderungen, die mit den einzelnen Aufgaben verbunden sind, und den durchaus unterschiedlichen Qualifikationen ihrer Mitarbeiter. Dabei sollten sie jederzeit überlegen, wie sie ihre Abteilungssituation verbessern können, weil jetzt ihre Führungsqualität gefordert ist. Sie müssen sich fragen, ob eine offenere Kommunikation, der Einsatz bestimmter Führungsinstrumente in Abstimmung mit der „Reife" der betroffenen Mitarbeiter oder Weiterbildungsmöglichkeiten Verbesserungsmöglichkeiten eröffnen?

Auf jeden Fall müssen Vorgesetzte Glaubwürdigkeit erlangen und mit ihren Mitarbeitern das Gespräch suchen. Ein Fehlverhalten gegenüber auch nur einem Mitarbeiter wird von der Mannschaft registriert. Deshalb sollten Vorgesetzte beispielsweise eine Abmahnung auch nur eines einzigen Mitarbeiters begründen und für die Mannschaft nachvollziehbar machen. Andernfalls schafft man Unsicherheit, Angst und Misstrauen.

Selbst bei Mitarbeitern, die nur noch über ein relativ geringes Leistungspotential verfügen, sollte in Erwägung gezogen werden, auf sie nicht zu verzichten, weil auch diese Mitarbeiter sehr wichtig sein können. Wie man mit schwächeren Mitarbeitern umgeht, wirkt auf die Mannschaft vertrauensbildend oder eben nicht – auf jeden Fall kann es die Identität mit Vorgesetzten fördern oder das genaue Gegenteil bewirken.

Darüber hinaus gibt es Funktionen, die diese Mitarbeiter immer noch erfüllen können:

• Sie sind durchaus wichtig für Kontinuität und können einen Ruhepol insbesondere für das soziale Klima in Abteilungen darstellen. Häufig üben sie sogar eine Ausgleichsfunktion aus. Andererseits besteht die Gefahr, dass schlechte, faule und leistungsschwache Mitarbeiter die ganze Abteilung beeinträchtigen. Die Kollegen fragen sich dann, warum ein solcher Mitarbeiter einfach so weitermachen darf. Hier gilt es, über in der Vergangenheit mit diesen Mitarbeitern gemachte Erfahrungen abzuwägen, was man realistischer einschätzt: die Aussicht auf den Ruhepol oder die Gefahr der negativen Beeinflussung?
• Man sollte auch deshalb nicht auf die etwas schwächeren Mitarbeiter verzichten, weil man eine ganze Abteilung nicht ausschließlich mit Top-Leuten bedienen kann. In fast jeder Abteilung fallen auch Arbeiten an, die nicht so herausfordernd sind. Hinzu kommt, dass Menschen zum Glück unterschiedlich sind. Es kann zwar das Ziel sein, nur die Besten haben zu wollen. Die Einstellung jedoch, auf die vielleicht weniger brillanten Mitarbeiter verzichten zu können, ist falsch.
• Ein weiterer Grund liegt in der Person des Vorgesetzten begründet. Schließlich würde der „normale" Vorgesetzte eine Mannschaft bestehend aus ausschließlich höchst qualifizierten Mitarbeitern vermutlich gar nicht aushalten; es sei denn, er ist eine außergewöhnliche Führungskraft oder aber er lebt davon, dass viele geniale Mitarbeiter einen schlechten Vorgesetzten „durchfüttern" können. Beides ist für die Mehrheit der Führungssituationen relativ unwahrscheinlich.

Aus den genannten Gründen sollte jedem Vorgesetzten bewusst werden, dass auch weniger starke Mitarbeiter wichtig sind!

Im Gegensatz zu den Handlungsmöglichkeiten gegenüber ihren eigenen Vorgesetzten bietet sich Vorgesetzten im Rahmen ihrer unmittelbaren Führungsaufgabe ein relativ breites Spektrum umsetzbarer Aktivitäten an. Vielleicht gelingt es sogar, Mitarbeiter, die – aus welchen Gründen auch immer – bereits resigniert haben, wieder mitzunehmen, weil sie durch eine ansprechbare Führung erneut motiviert sind.

Bei Arbeitsgruppen bzw. Teams ist darüber hinaus die Förderung von Netzwerken der Mitarbeiter auch untereinander empfehlenswert, weil es um eine Reihe von gleichrangigen Personen geht, die sich hinsichtlich Fragen und auch offenen Problemen einander austauschen können.

Die beschriebenen Empfehlungen fördern die Kommunikation der gesamten Mannschaft einschließlich der des Vorgesetzten, fördern die Qualifizierung der Mitarbeiter und entlasten Vorgesetzte. Sie sind gleichzeitig auch eine Brücke in Richtung größerer Transparenz.

Je größer das Spektrum an Führung in unterschiedlichen Situationen ist, desto günstiger wird sich die Identitätswirkung bei Mitarbeitern entwickeln.

4.4.3.3 Gezielte Mitarbeitereinbindungen

Wer Änderungen vornehmen oder Neuerungen einzuführen beabsichtigt, der muss sich Gedanken darüber machen, wie dies von seinen Mitarbeitern aufgenommen und umgesetzt werden kann. Ist mit Schwierigkeiten zu rechnen und will man Widerständen möglichst aus dem Weg gehen, bietet es sich an, Mitarbeiter „abzuholen" und „hinzuführen" anstatt Vorhaben autoritär durchzusetzen. Je stärker Vorgesetzte Mitarbeiter in ihre „konkrete" Führung einbinden, desto günstiger entwickelt sich deren Identitätsbewusstsein.

Demzufolge ist die Art und Weise, wie Vorgesetzte ihre Mitarbeiter „abholen", entscheidend:

Eine Möglichkeit, selbst einfache Aufgaben attraktiver zu gestalten, ist die Initiierung von Projektarbeiten mit jeweils verschiedenen Aufgabenstellungen, je nachdem, was von Seiten der Mitarbeiter als machbar und herausfordernd genug angesehen wird.

Eine weitere Möglichkeit wäre, Vorschläge der Mitarbeiter zu anstehenden Aufgaben zu erfragen.

Schließlich können Tätigkeiten der Mitarbeiter auch dadurch interessanter gestaltet werden, dass Vorgesetzte mit ihnen eine Art MbO-Vereinbarung (s. Abschn. 4.4.3) treffen.

Als weitere Handlungsalternativen bieten sich an:

- Kleine statt große Schritte,
- klar und vertrauensvoll kommunizieren,
- anstehende offene Fragen auf Kernprobleme reduzieren,
- Anfangserfolge durch einfache Einstiege absichern,
- Verzettelungen meiden.

4.4.3.3.1 Vermeintliche Probleme klein halten – kleine statt große Schritte

Wollen Vorgesetzte kooperative, delegative und zielorientierte Führung verstärken oder sogar erst einführen, so wird ihnen das kaum auf dem Verordnungsweg gelingen. Sie müssen ihre Mitarbeiter schon abholen, indem sie auf deren Qualifikationen aufbauend ihr jeweiliges „Absichtsprojekt" durchführen. Das kostet zwar Zeit, macht sich aber relativ schnell bezahlt.

Wollen sie beispielsweise delegative Führung realisieren, so holen sie ihre Mitarbeiter ab, indem sie ihr vermeintlich anstehendes Problem – sofern es eines ist – klein halten. Der Grundsatz lautet: Ich will das Problem klein halten! Ich will nicht gleich alles in Frage stellen, sondern abgrenzbare Einzelfragen gezielt abarbeiten.

In einer solch konkreten Situation mag es sogar richtig sein, als Vorgesetzter nicht einmal ein Ziel haben zu wollen, sondern eher eine Vision. Die Vision in diesem Beispiel: „Es ist dringend notwendig, dass ich delegative Führung in meiner Abteilung wirklich umsetze; das muss unbedingt sein." Man konzipiert eine Vision, indem man seinen Mitarbeitern begründet, warum delegative Führung für die Abteilungssituation der bessere Weg der Zusammenarbeit ist.

Es ist für die Umsetzung beabsichtigter Führungsmaßnahmen ratsam, vermeintliche Probleme zunächst klein zu halten und sozusagen etappenweise zu begründen.

4.4.3.3.2 Erwartungen klar und vertrauensvoll kommunizieren

Es mag richtig sein, als Vorgesetzter nicht ein Ziel haben zu wollen, sondern – wenn möglich – eher eine Vision. Beispielsweise ist es aus Vorgesetztensicht dringend notwendig, dass delegative Führung wirklich umgesetzt wird. Dazu ist eine klare offene und vertrauensvolle Kommunikation der Erwartungen enorm wichtig – Diskussionen oder Erläuterungen darüber, woher diese Erwartungshaltung kommt, jedoch nicht!

Man kann, wie bereits erwähnt, ein verändertes Führungsverhalten dadurch untermauern, dass man Mitarbeitern begründet, warum delegative Führung der bessere Weg der Zusammenarbeit ist.

Vollzieht sich diese Kommunikation mit Mitarbeitern auf der Basis einer gemeinsam erarbeiteten Sichtweise, dass nämlich delegative Führung mit viel mehr Entscheidungskompetenz als bisher für jeden Mitarbeiter in dessen einzelnen Aufgabengebieten umgesetzt werden kann, dann können bei dieser gemeinsam erarbeiteten Sichtweise sogar kleine abgrenzbare Änderungsprobleme aufkommen, ohne dass dies zu Unruhen führen muss.

4.4.3.3.3 Sich auf Kernprobleme (Problemüberschriften) reduzieren

Vorgesetzte sollten reiflich überlegen, ob sie bei Veränderungen/Neuerungen alle Punkte und sich daraus ergebende Fragen, die anstehen, gleichzeitig mit ihren Mitarbeitern besprechen. Würde man in unserem Beispiel „Ausweitung delegativer Führung" alle Punkte oder Fragen der praktischen Umsetzung auf einmal angehen, würden sich einige Mitarbeiter überfordert fühlen – unterstellt man hat es mit einer „herkömmlichen" Mitarbeiterschaft zu tun.

Deshalb sollten die insgesamt anstehenden Punkte oder Fragen auf Problemkreise – im Grunde genommen Problemüberschriften – zurückgeführt werden. Man kommt vielleicht auf Problemüberschriften wie z. B. „Führung und Effizienz" oder „Verantwortung" oder „Interaktion und Kommunikation" usw. Das könnten die Leitprobleme für die beabsichtigte Ausweitung delegativer Führung sein.

Im Grunde genommen kann man in diesem ersten Schritt zunächst nur die Probleme sammeln, um anschließend diejenigen herauszuziehen, die vordringlich angegangen werden müssen.

Die Gefahr, dass man bei diesen Schritten ins Stolpern geraten kann und das eigentliche Ziel aus dem Auge verliert, besteht darin, dass man von einem Problem ins andere laufen und möglicherweise vom Regen in die Traufe kommen kann. Diese Gefahr besteht, aber sie besteht umso weniger, je häufiger sich Mitarbeiter wie auch Vorgesetzte dieser gemeinsam erarbeiteten Sichtweise vergewissern. Deshalb sollte man bei jedem kleinen Problem immer wieder fragen, in welchem Verhältnis dieses zur deklarierten Führungsabsicht steht. „Ist es noch kompatibel mit der gemeinsamen Sichtweise aus dem erklärten Entwicklungsziel delegativer Führung?"

In solchen Situationen fragen sich Mitarbeiter häufig nicht zu Unrecht, ob ihre Vorgesetzten wieder einmal die ganze Abteilung umkrempeln wollen? Allein schon aus diesen Gründen ist es ratsam, sich auf Problemüberschriften zu reduzieren.

4.4.3.3.4 Anfangserfolge durch einfache Einstiege absichern

Was immer Vorgesetzte variieren oder ändern wollen, sie sollten sich zunächst ein Umfeld suchen, in dem sie einigermaßen sicher sein können, dass sie gewinnen.

Man braucht Anfangserfolge! Es ist kein mieser Trick, wenn Vorgesetzte regelrecht danach suchen, wo sie einigermaßen sicher sein können, durch Anfangserfolge den Sieg für sich nutzen zu können.

Der erste Schritt, das erste Konzept, die erste Aktivität auf dem Weg zum gesteckten Führungsziel sollte Erfolg haben. Also sollte man mit einer Änderung nicht dort anfangen, wo sie am nötigsten ist, sondern dort, wo sie am sichersten erscheint – worauf kann man aufbauen? Und das ist ein einfacher Einstieg.

Führungskräfte sollten einfache Einstiege als „Entwicklungsregel" für darauf aufbauende Führungserfolge verstehen! Und sie sollten das Konzept, mit dem sie einmal Erfolg hatten, nicht verändern!

4.4.3.3.5 Verzettelungen vermeiden

Die Gefahr, dass man bei Veränderungen/Neuerungen leicht ins Stolpern kommen kann, besteht. Sie besteht umso weniger, je häufiger Vorgesetzte wie auch Mitarbeiter sich ihrer gemeinsam erarbeiteten Sichtweise vergewissern. Man sollte sich bei jedem erneut auftretenden Problem immer wieder fragen, in welchem Verhältnis das jeweilige Problem zum deklarierten Ziel steht.

Bei allem guten Willen sollten Vorgesetzte jedoch nicht ausschließlich immer von vorneherein auf Harmonie setzen. Sie sollten vielmehr sehen, dass meistens Interessengegensätze auftauchen und sich daraus Führungsverluste ergeben. Sie müssen sich daher bei allen Vorhaben die Frage stellen, wie sie mit solchen Interessengegensätzen umgehen wollen und können, um Problemverzettelungen zu vermeiden.

Hat man sich mit seinen Mitarbeitern geeinigt, sollte man nicht jeden Tag etwas ändern wollen. Man sollte mehrere, aber kürzere Sitzungen zu noch offenen Fragen abhalten. Man sollte auch nicht immer Monate verstreichen lassen oder dauernd lange Sitzungen abhalten. Das ermüdet nur – die Mannschaft darf nicht änderungsmüde werden.

4.4.3.4 „Gruppenorientierte Führung" statt Arbeitsteilung

Führung muss sich immer an konkreten Aufgabenstellungen ausrichten. Deshalb sollten sich Vorgesetzte stets vergewissern, wie weit sie sich durch Aufgabenübergabe an ihre Mitarbeiter entlasten können, wie weit sie teamorientiert führen können?

Lässt es die Qualifikation zu, muss alles, was zur Lösung eines Problems an Aufgaben notwendig ist, auch den mit der Problemlösung beschäftigten Mitarbeitern bzw. Teams vorbehalten sein. Dann sollten nicht mehr viele einzelne Teilfunktionen betreut werden, sondern jede Arbeitsgruppe sollte ihre komplexe Teilfunktion (geschlossene Aufgabenstellung) selber betreuen und dabei stets in Kontakt zu ihrem Vorgesetzten stehen.

Lässt es die Arbeitssituation zu, können im Gegensatz zur rein hierarchischen Führung relativ viele Entscheidungen an die Gruppe delegiert werden. In solchen Situationen – und nur in solchen Fällen – gehört es immer auch zur Aufgabengestaltung, dass die Führungsanteile nicht aus den Aufgaben herausdestilliert werden (von unten nach oben), sondern innerhalb der Gruppe von wem auch immer selbst entschieden werden können.

Vorgesetzte, die sich an der Bündelung von Aufgaben ausrichten, erhöhen den Entscheidungs-, Kontroll- und Tätigkeitsspielraum durch gruppenorientierte Führung. Sachbearbeiter führen nicht mehr nur eine Tätigkeit aus und überlassen die zu fällenden Entscheidungen, die zu dieser Aufgabenausführung dazugehören, ihren Gruppenleitern. Jetzt ist das Ganze im Grunde genommen Bestandteil der gleichen Aufgabenfunktion. Die Tätigkeit wird differenzierter, weil sie angereichert wird.

Grundidee einer solchen gruppenorientierten Führung ist, Mitarbeiter sich selbst organisieren zu lassen. Es bedarf nur noch der Gesamtkoordination durch die Vorgesetzten selbst. Diese Art der Führungsgestaltung führt dazu, dass jede Aufgabe (also auch Aufgaben der Mitarbeiter) gleichzeitig auch Managementaufgaben beinhaltet. So gesehen ist jeder im Unternehmen im Rahmen seiner Aufgabenstellung sein eigener „Manager".

Deshalb sollte Ziel allen Führungshandelns sein, Mitarbeiter dazu zu bringen, an dieser Art von „Managementprozessen" zu partizipieren, weil jeder Mitarbeiter im Wesentlichen die Kompetenz hat – auf welchem Gebiet auch immer – Managementleistungen zu vollbringen. In diesem Sinne ist Management eine Aufgabe, die nicht nur von den dafür vorgesehenen mitentscheidungsbefugten Personen erfüllt werden sollte, sondern eigentlich erfüllt werden muss von allen Menschen, die in einem Unternehmen tätig sind.

Qualifikation als zentraler Punkt auf der personellen Seite wurde bereits mehrfach erwähnt. Ein ergänzender Aspekt dieser Qualifikation ist eine bestimmte Motivation, die dahinterstehen muss – das unternehmerische Denken.

Unter diesem Blickwinkel tritt bei zielorientierter, kooperativer und delegativer Führung überall die gleiche Führungsproblematik auf. Welches Selbstverständnis haben Vorgesetzte und welches Selbstverständnis haben Mitarbeiter? Darin liegt das Problem. Vorgesetzte wie auch Mitarbeiter werden feststellen, dass der Leitgedanke einer solchen Führungsdiskussion auch vom Selbstverständnis der Arbeitsgruppen bzw. Teams her etwas ganz anderes ist als das Selbstverständnis der beteiligten Menschen in einer herkömmlichen Hierarchie.

Je geschlossener Aufgabenstellungen sind, desto stärker empfinden und erleben sich die Mitarbeiter als „Unternehmer im Unternehmen", was sozusagen automatisch mit einer höheren Identitätswirkung einhergeht.

4.4.3.5 Teamentwicklung als Steuerungsimpuls

Wer Neuerungen einführen will bzw. umsetzen soll, muss wissen, dass es dabei mehr auf das „Wie" als auf das „Was" ankommt. Vorgesetzte größerer Abteilungen oder Leiter von Abteilungen mit großen Leitungsspannen und entsprechender Anzahl unterschiedlicher Teams müssen sich fragen, wie konkret sie in unterschiedlichen Situationen vorgehen wollen. Dabei kann Teamentwicklung eine Rolle spielen.

Vorgesetzte mit geringer Änderungserfahrung bekommen normalerweise Unterstützung aus dem eigenen Haus (seltener wird ein externer Berater zu Rate gezogen). Trauen sie sich diese Aufgabe selber zu, müssen sie sich als Entwicklungshelfer verstehen und mit oder ohne Beratung ihr eigenes Vorgehen wie folgt abarbeiten:

- Wie gestalte ich diesen Prozess?
- Wie moderiere ich meine Arbeitsgruppe oder Teams?
- Wie strukturiere ich einen Workshop?
- Wie schaffe ich es, dass am Schluss eine konkrete Vereinbarung getroffen wird?
- Wie bringe ich meine Mitarbeiter dazu, dass sie relativ offen ohne Ängste reden?
- Wie schaffe ich, dass meine Mitarbeiter – wenn das auch nur begrenzt möglich sein mag – ihre Gedanken besser strukturieren können?

Je nach konkreter Situation lassen sich jederzeit weitere Fragen, die wichtig erscheinen, ergänzen.

Jeder Schritt und damit jedes kleine Problem sollte, wenn es gelöst ist, auch tatsächlich bewertet werden. Man darf nicht etwas zum Schein initiieren, um es dann wieder fallen zu lassen und zu vergessen. Man muss schon hinterher noch einmal hinschauen und feststellen, ob

- das Ziel wirklich erreicht ist und
- zu wie viel Prozent,
- mit welchen Nebenwirkungen
- sich (eventuell) Folgeprobleme ergeben haben.

Wollen Vorgesetzte Teamentwicklung als Führungsimpuls nutzen, ist ein konsequentes Verhalten gefordert! Ausgangspunkt für vorgesetztengesteuerte Entwicklungsmaßnahmen wäre im günstigsten Fall eine Vision als Leitvorstellung. Allein mit einer Problemanalyse zurechtkommen zu wollen, ist wahrscheinlich zu rational gedacht. Man braucht auch eine Entwicklungsvorstellung, eine Entwicklungsleitlinie. Hier kommen erfahrene Vorgesetzte zum Zuge.

Wie kommt man überhaupt zu einem Führungsleitbild? Häufig sind es nämlich gar nicht die persönlichen Leitbilder von Vorgesetzten, sondern eher die von ihren Mitarbeitern abgeleiteten Informationen, aus denen Ideen entwickelt werden. Clevere Vorgesetzte müssen eigentlich nur in ihre Mitarbeiter hineinhorchen, ein offenes Ohr an der Basis haben und vielleicht systematischer und umfassender zuhören, wie das Gras wächst.

Wenn Vorgesetzte richtig interpretieren, was sich in der „Mannschaft" abspielt, ist der Zeitpunkt gekommen, die in unserem Beispiel genannte delegative Führung umzusetzen. Es läuft dann fast immer darauf hinaus, frei werdende Kompetenzen einzuteilen.

Fragt man sich rational, was in den ganzen Problemanalysen, den ganzen „Klagemauern" der Mitarbeiter als gemeinsamer Nenner steckt, muss man häufig zugestehen, dass die Mitarbeiter im Grunde völlig recht haben. Auf unser Delegationsbeispiel bezogen wollen sie mehr Kompetenzen, was noch dadurch gefördert wird, dass sich die Märkte sowieso in stärkerem Maße dezentralisieren. Nur ist das viel zu technisch formuliert. Würde man sagen: „Ihr seid Strategiecenter, nun macht mal eure Strategien selber", wäre das schon die Idee einer Vision für ein kommunikatives „Machtzentrum" innerhalb größerer Abteilungen oder Teams. Die „Vision" in diesem Fall ist die Kommunikation – hier geht es zur Sache. Dabei kann es durchaus länger dauern, bis aus der angestrebten gemeinsamen Aufgabe Identität erwächst.

Solche Prozesse verleihen Mitarbeitern bei der Ausführung ihrer Arbeiten mehr Selbständigkeit und machen Vorgesetzte gleichzeitig zu Entwicklern, Gestaltern und Lenkern in Sachen Führung. Sie brauchen ihr Team, ihre Mitarbeiter, um erwartete Leistungen erbringen zu können. Führung ist somit immer auch Entwicklung und eröffnet Vorgesetzten nicht nur die Möglichkeit, ihre Mitarbeiter zu entwickeln, sondern über die dabei gemachten Erfahrungen auch sich selbst weiter zu bringen.

Voneinander lernen bedeutet Weiterentwicklung!

4.4.3.6   Mit Flexibilität punkten

Wollen Vorgesetzte flexibel führen, müssen sie auch bereit sein zu Veränderungen. Starre Führung bringt keine Erfolge (vgl. Klimecki et al. 1994, S. 82 f.). Berührungsängste und sich daraus entwickelnde Konflikte entstehen aus den unterschiedlichsten Gründen. Häufig rühren sie daher, dass man zu wenig miteinander spricht. Um dies zu vermeiden, sind eine flexible Gegensteuerung und die Pflege einer offenen und ehrlichen Vorgesetzten-Mitarbeiter-Beziehung erforderlich.

Flexibilität ist die Fähigkeit, über methodische Alternativen zu verfügen, die in unterschiedlichen Führungssituationen anwendbar sind. Zur Erfolg versprechenden Umsetzung solcher Alternativen ist es notwendig, dass Vorgesetzte zum richtig gewählten Zeitpunkt auch emotional entsprechend reagieren. Flexibilität ist ein Schlüssel zur Identität von Mitarbeitern mit ihren Vorgesetzten.

4.4.3.6.1   Angstabbau als Voraussetzung

Führung ist vonnöten, weil ohne eine Zusammenarbeit von Menschen alles chaotisch ablaufen würde. Deshalb muss korrigierend eingegriffen werden, wenn dies notwendig erscheint. Vorgesetzte wirken dabei umso souveräner, je situationsgerechter sie führen und die Belange ihrer Mitarbeiter berücksichtigen. Nur dann werden Mitarbeiter Führung nachvollziehen und mittragen können. Insofern sind ein „angstfreies Umfeld" und die „Mitnahme der Mitarbeiter" wichtig.

4.4.3.6.2   Ein angstfreies Umfeld schaffen

Angst und Unsicherheit sind uns Menschen nicht angeboren. Sie sind das Ergebnis von Erfahrungen mit unserem Umfeld. Deshalb sollte man sich nicht nur auf Schwächen seiner Mitarbeiter konzentrieren, sondern sich insbesondere auf deren Stärken fokussieren. Wenn es gelingt, Stärken zu stärken, schaffen Vorgesetzte Sicherheit und Vertrauen. Das ist die Basis dafür, dass Unsicherheit und Ängste verschwinden oder erst gar nicht aufkommen.

Es gibt allerdings auch Vorgesetzte, die ihr ganzes Leben lang mit der Brechstange hantieren. Bei Mitarbeitern ruft dies Unsicherheit und Ängste hervor. Weitere Ursachen können neben der Person des Vorgesetzten Rahmenbedingungen sein, unter denen gearbeitet werden muss, die zu bewältigenden Aufgaben oder unklare Perspektiven.

Deshalb sollte man rechtzeitig erkennen, wo sich mögliche Unsicherheiten breitmachen und welche Wirkung diese bei Mitarbeitern auslösen. Dazu bedarf es einer möglichst offenen, ehrlichen Kommunikation. Nicht wie Vorgesetzte möchten, dass es wäre, darf die Devise sein, sondern es gilt zu erkunden, wie die Situation sich darstellt.

Wunschdenken ist nicht angebracht, Realitätssinn ist gefordert!

Wollen Vorgesetzte das Vertrauen ihrer Mitarbeiter gewinnen, müssen sie Kooperation, Koordination und Kommunikation als Abstimmungsaspekt verinnerlichen:

- Wichtig ist, Kooperation nicht nur auf die Form der Führung zu beschränken, sondern auch auf den Vertrauensaspekt zu beziehen. Wie sieht die Beziehung zwischen Vorgesetzten und Mitarbeitern aus?
  Daraus kann man einige Ableitungen gewinnen. Man kann sagen, dass es heute wichtiger ist, Konflikte zu regulieren; dass es wichtiger ist, gruppenorientiert zu arbeiten oder Gruppen zu steuern; dass es wichtiger ist, Persönlichkeit – und zwar auch die eigene – zu entwickeln.
- Ähnlich verhält es sich bei der Koordination. Koordination hat mit Abstimmung zu tun; man muss die Menschen zusammenbringen.
- Wie soll Kommunikation funktionieren, wenn man nicht gewohnt ist, sich miteinander auf „gleicher" Augenhöhe zu unterhalten? Wenn Vorgesetzte nicht akzeptieren, dass da jemand ist, der vielleicht auch etwas zu sagen hat und auch mündig und qualifiziert ist, dann kann Kommunikation nicht wirklich funktionieren. Deshalb sollten Vorgesetzte auf den gegenseitigen Respekt achten und beispielsweise auch zuhören können. Das schränkt Kommunikation nicht ein, sondern erhöht die Freiheit einer offenen Diskussion zwischen Vorgesetzten und Mitarbeitern und auch innerhalb der Mitarbeitermannschaft.

Um nicht nur auf Situationen zu reagieren und dadurch mehr oder weniger in die Defensive zu geraten, sollten Vorgesetzte ihr Handeln aktiv statt reaktiv ausrichten. Dazu ist es notwendig, dass sie ihre Problemlösungsmuster permanent in Frage stellen. Wo liegen die Potentiale (Kräfte, Stärken der Abteilung oder des Zuständigkeitsbereiches), die langfristig wirken?

Das bedeutet, dass rückwärts gerichtete Betrachtungen eine geringere Rolle spielen als vorwärtsgerichtete Überlegungen.

- Wie sieht die konkrete Abteilungssituation aus,
- welche Mitarbeiter hat man, und
- wie sind diese aus der Perspektive Qualität und Qualifikation, Engagement, Reife, Flexibilität, Lernfähigkeit, Innovation und Innovationskraft zu beurteilen?

In der Praxis werden Vorgesetzte eine Mischung managen müssen, so dass es sich eigentlich nur um ein von ihnen zu steuerndes situatives Wechselspiel handeln wird, das ständig der Korrektur unterworfen ist. Hier können sie sich dadurch auszeichnen, dass sie ihren Mitarbeitern (zumindest ihren unmittelbaren) ein möglichst angstfreies Umfeld bieten! Dazu ist erforderlich, Unsicherheiten und Ängste frühzeitig genug zu erkennen.

Der Erfolgsfaktor von Vorgesetzten ergibt sich letztlich aus ihrer Führungsstärke. Die entscheidende persönliche Frage sollte immer lauten: „Worin besteht meine spezielle Führungsleistung?" Wer dies ausmachen kann, kann seine erforderlichen Führungshandlungen ableiten, nämlich dafür zu sorgen, dass Misstrauen erst gar nicht aufkommt, oder wenn doch, möglichst schnell von vertrauensvollen Führungsbeziehungen abgelöst wird. Glaubwürdigkeit ist die Quelle für einen angstfreien Umgang mit- und untereinander und Voraussetzung für sich bildende und entwickelnde Identitätserscheinungen.

4.4.3.6.3 Partizipation als Angstlösungsalternative

Führung, die sich modern nennt oder zumindest den Anschein hat, modern zu sein, erhebt den Anspruch auf Partizipation. Darunter ist zu verstehen, dass Mitarbeiter „mitgenommen" werden und Vorgesetzte deren Sprache verstehen und sprechen können.

Das steigende Qualifikationsniveau der Mitarbeiter lässt partizipative Entscheidungen immer sinnvoller werden, weil sich Mitarbeiter zunehmend zu Spezialisten entwickeln. Die Vorgesetzten selber werden mit steigender Hierarchiestufe in der Regel Expertenmacht mehr und mehr abgeben müssen. Sie sind nicht mehr Experte in den einzelnen Gebieten, sondern müssen verschiedene Aufgaben koordinieren. Ihre Führungsaufgaben treten in den Mittelpunkt und werden für jedermann sichtbar und nachvollziehbar.

Das heißt auch, dass Vorgesetzte zu bestimmten Fragen ihre Mitarbeiter einbinden müssen, weil letztlich sie die Qualifikation haben, in dieser oder jener Entscheidungssituation eine vernünftige Entscheidung herbeizuführen und zu fällen. Deswegen sollte die Leitidee zumindest kooperativ ausgerichtet sein, wenn künftige Entwicklungen möglichst angstfrei angegangen werden sollen.

Wer nicht mit der Zeit geht, der muss bekanntlich mit der Zeit gehen. Das gilt auch für den Umgang mit Mitarbeitern. Führungsängste haben noch keine wirklichen Gewinner hervorgebracht!

4.4.3.6.4 Situationsgemäß flexibilisieren

Das Wesen von Führung zeichnet sich durch den Umgang mit unterschiedlichen Situationen aus. Führung ist situatives Verhalten. Wenn man individuell auf Mitarbeiter eingehen muss, wenn man unterschiedliche Rahmenbedingungen einkalkulieren muss, dann ist das immer nur situativ möglich. Erkenntnisse aus Modellen kann man immer nur der Situation angepasst erfolgreich umsetzen.

Das bedeutet, dass Vorgesetzte entweder auf vorgefundene Situationen reagieren oder aber bestimmte Situationen vorab einkalkulieren und „produzieren" müssen. Das geht nur über Einflussnahme auf die unmittelbaren Beziehungen zwischen Vorgesetzten und Mitarbeitern oder zwischen Mitarbeitern untereinander.

Ziele sind sinnvoll, wenn man sie messen kann. Deshalb sollten Zielvereinbarungen regelmäßig stattfinden und eine zeitliche Dimension in der Zieldefinition und Zielvereinbarung verankert sein. Stellt man dann fest, dass ein Ziel nicht erreicht wird, kann man Anpassungen vornehmen (s. Abschn. 3.1.5). Gleiches gilt für alle Führungsaktivitäten.

Führungsmodelle sollten deshalb nicht in dem Sinne verstanden werden, dass es sich um „Instrumente" handelt, die man irgendwo kaufen kann und an die man sich starr halten kann. Wesentlich ist eigentlich, dass jeder Vorgesetzte seinen Weg zielorientierter, kooperativer oder delegativer Führung für sich selbst finden und realisieren muss. Das schließt mit ein, dass Handlungshinweise der verschiedenen Theorien nicht nur isoliert gelten. Man kann sie durchaus auch kombinieren. Reale Führung kann und sollte unterschiedlich gestaltet sein. Ein Call-Center muss anders geführt werden als eine Strategieabteilung. Ein Unternehmen mit nur einer (durchgängigen) Führungskultur ist unrealistisch.

Wie weit man sich auch immer an Führungsmodellen orientiert – es sollte schon zielorientiert geschehen, es sollte schon bei der Delegation auf eine Form der autonomen Gestaltung durch den „Delegierten" hinauslaufen und bei der kooperativen Führung auf eine Form der Partizipation.

Hinter allem unterschiedlichen Führungshandeln sollte als gemeinsamer Nenner „Vertrauensbildung" als Grundprinzip stehen. Das wird am ehesten erreicht, je näher man in seinem Führungsverhalten der realen Situation kommt.

4.4.3.6.5   Führungsbeziehungen im Mix von Prozessen, Regeln und Selbststeuerung

Betrachtet man Unternehmen oder deren Abteilungen, findet man unterschiedliche Steuerungsmechanismen vor, die sich in spezifischen Führungsbeziehungen (s. Abschn. 4.1.2) widerspiegeln:

1. **Führungsprozesse**, die zwischen Individuen über direkte Kontakte ablaufen – die direkte Führung. Sie ist die ursprüngliche gruppendynamische Form von Führung, bei der man interaktiv ist. Diese Form der Führung kann (hoffentlich nachvollziehbar) auch völlig ohne Hierarchieerwähnung (positionelle Aspekte) erklärt werden.
2. **Regeln**, Regeln und nochmals Regeln – die indirekte Führung, die in Form grundsätzlich verbindlicher Regeln als Ersatz zur direkten Führung zu verstehen ist. Hier wird über generelle Regelungen das individuelle Verhalten zwischen Vorgesetzten und Mitarbeitern vorstrukturiert. In Bereichen, in denen diese Standardlösungen z. B. in Form von Arbeitsanweisungen, Stellenbeschreibungen usw. wirksam werden, brauchen Vorgesetzte (also die direkte Führungsseite) eigentlich nicht mehr einzugreifen.
   Sie können jedoch interpretieren, erläutern, an die Situation anpassen und beispielsweise sagen: „Hier in der Stellenbeschreibung ist das grundsätzliche Problem geregelt und in unserem konkreten Fall sollte sie so oder so angewandt werden." Insgesamt gesehen sind Vorgesetzte durch die indirekte Führung entlastet. Es ist abzuwägen, in welchen Situationen die beschriebene Entlastung wünschenswert ist und wann Regeln nicht so motivieren, wie die direkte Führung oder Mitarbeiter sich hinter Regeln verstecken können. Es ist sehr wahrscheinlich, dass mit höherer Führungsebene der Anteil der generellen Regelungen zu Ungunsten der individuellen Anstöße wachsen wird.

3. **Selbststeuerung** im Rahmen delegierter Aufgaben. Selbststeuerung ist der disziplinierte Umgang mit sich selber. Wer bei zielorientierter Führung oder in einem Delegationsbereich selbstverantwortlich arbeitet und einen Handlungsspielraum hat, der muss sich irgendwie selber managen und ein auf ihn zugeschnittenes Konzept entwickeln, wie er mit diesem Handlungsspielraum umgeht. Eine von Vorgesetzten bewusst eingefädelte Selbstführung oder Selbststeuerung der Mitarbeiter ist für ihr Führungshandeln ein entscheidender Gesichtspunkt. Die Selbststeuerungsfähigkeit ihrer Mitarbeiter ist nicht selten auch eine entscheidende Voraussetzung dafür, um überhaupt in Führungskontakte treten zu können und um mit sich selbst zumindest in Bezug auf die Beziehung, die man sich aufbaut, einigermaßen im Reinen zu sein.

Führung im weiteren Sinne läuft in verschiedenen Formen ab, die sich einander ergänzen:

> Indirekte Führung erfordert allenfalls Moderation gegenüber Mitarbeitern. Selbststeuerung erfordert von Vorgesetzten „nur" die richtige Wahl der dafür in Frage kommenden Mitarbeiter und die Kontrolle der Ergebnisse. Indirekte Führung und Selbststeuerung durch Mitarbeiter entlasten einerseits Vorgesetzte in ihrer Führung. Allerdings ist einzuräumen, dass auch hier letztendlich Geduld der Schlüssel zur Freude über Führungserfolge ist. Andererseits bietet direkte Führung Spielraum für flexibles Führungshandeln, was Vorgesetzte für ihre Souveränitäts- und Überzeugungsleistungen nutzen sollten.

4.4.3.6.6 Führungskorrekturen nach Möglichkeit der Situation vor Ort überlassen

Gründe für eine weniger erfolgreiche Führung dürften in einer nicht erkennbaren Führungsidentität und einem sich daraus ableitbaren Souveränitätsverlust liegen. Hinzu kommt, dass sich Führung nicht mehr so einfach über Mitarbeiter überstülpen lässt. Sie würden ihre Vorgesetzten gar nicht richtig verstehen und als Folge daraus Gegenpositionen einnehmen. Auf der anderen Seite kann gerade dieses „Überstülpen" ein durchaus Erfolg versprechender Weg sein. Was letztlich zutrifft, muss der Situation vor Ort überlassen bleiben.

Vorgesetzte sind gut beraten, wenn sie Änderungen in ihren Führungsaktivitäten zunächst einmal (vorsichtig) testen. Darunter ist zu verstehen und bietet sich im Grunde genommen an, über Einzelversuche Insellösungen anzustreben. Man sucht sich die Mitarbeiter aus, von denen man den Eindruck hat, dass sie mitziehen – wo also Veränderungsbereitschaft ein bisschen einfacher erscheint. Dort setzt man sozusagen als Testballon die ersten Neuerungen an. Allerdings kann auch dies wiederum kritisch gesehen werden, weil dieser Versuch keine klare Linie erkennen lässt und dadurch Unsicherheit schaffen kann. Ein für Mitarbeiter nicht nachvollziehbarer Wandel im Führungsverhalten führt nur sehr selten zu mehr Vertrauen und Identität. Deshalb muss auch diese Entscheidung über die Umsetzung veränderten Führungsverhaltens wieder der Situation vor Ort entsprechend gefällt werden.

Ist ein Teil der Mannschaft mit einer sich anbahnenden Entwicklung nicht einverstanden, muss man vorsichtig vorgehen, da die Situation sich andernfalls (hoffentlich nur in

Ausnahmefällen) ein Stück weit zu einer Art Partisanenkrieg entwickeln kann. Wollen Vorgesetzte dennoch ihre Vorstellungen aufrechterhalten und nicht klein beigeben, müssen sie ganz einfach durchhalten.

Auch noch so gut gemeinte Absichten führen nicht an der Tatsache vorbei, dass Führung nicht nur Schokoladenseiten hat. Schließlich muss man auch mit Mitarbeitern, die nicht den Erwartungen entsprechen, umgehen können. Selbst bei nicht tragbaren Mitarbeitern sollte man nicht übereifrig an „Feuern" denken. Zumindest sollte man vorab mögliche Wirkungen des eigenen Verhaltens auf die Mannschaft berücksichtigen, will man nicht an Souveränität verlieren. Was das konkret bedeutet, hängt wiederum von der jeweiligen Situation ab.

Je anspruchsvoller Führungsabsichten sind und je klarer auch wird, dass dies für die Abteilung und deren Mitarbeiter gut ist, desto eher müssen Vorhaben von Vorgesetzten zunächst mit den aus ihrer Sicht „Aufrechten" und schließlich am Ende dieses Prozesses auch mit der gesamten Crew abgestimmt werden. Hierbei wird deutlich, dass noch so gut gemeinte Vorhaben ihre Grenzen haben und die Euphorie sehr schnell vorbei sein kann. Führungsaktivitäten muss man abteilungsspezifisch entwickeln und umsetzen. Das setzt voraus, dass Vorgesetzte optimistisch, realistisch und selbstbewusst sind.

Kommt es bei der Bewältigung anstehender Aufgaben trotz aller Bemühungen zu Konflikten, sollten Blockaden in Form von Abwehrmechanismen vermieden und Positionsmacht nur als Ausnahme eingesetzt werden (s. Abschn. 4.4.2). Wie erfolgreich diese Vorgehensweise ist, hängt u. a. von den Problemlösungsmöglichkeiten, die Vorgesetzte haben bzw. die sie für ihre Abteilung aufgebaut haben, ab. Sie müssen das Wissen, die Kapazität und die Kompetenz ihrer Mitarbeiter für die Abteilung nutzbar machen können, d. h. Initiative ergreifen.

Ohne Konflikte läuft Führung selten ab. Sich nicht sicher fühlende Vorgesetzte neigen dazu, solchen Konflikten aus dem Weg zu gehen, indem sie Blockaden aufzubauen versuchen. Es dürfte nicht überraschen, dass ein solches Verhalten insbesondere auch die Zukunft betreffende Entwicklungsprozesse blockieren kann. Die Reaktion auf von Vorgesetzten durchgesetzte Abwehrmechanismen kann sich bei den betroffenen Mitarbeitern sehr schnell über die individuelle Ebene hinaus verselbständigen und die Situation den Vorgesetzten entgleiten.

Im Bewusstsein dieser Gefahren sind Vorgesetzte gefragt, die in der Lage sind, initiativ zu sein und Souveränität auszustrahlen. Dazu gehört auch, in bestimmten Situationen Mut zu zeigen, eine als richtig angesehene Marschrichtung konsequent um- und durchzusetzen. Deshalb muss korrigierend eingegriffen werden, wenn es notwendig erscheint. Man muss sich ehrlich fragen, was alles passieren kann, wenn es gut oder schlecht läuft und wie wahrscheinlich eine bestimmte Entwicklung ist. Führungskräfte wirken umso souveräner, je situationsgerechter sie führen.

4.4.3.6.7 Netzwerke nutzen und fördern

Vorgesetzte sind gut beraten, ihre Aktivitäten nicht ausschließlich auf die jeweils anstehende unmittelbare Führungssituation zu fokussieren. Sie brauchen ihre Mannschaft; sie brauchen aber auch Kommunikationspartner, die über den Blickwinkel kurzfristiger Führungsverantwortung hinaussehen, und sie brauchen ein Informationsnetz, das möglichst nah die Führungsrealität widerspiegelt.

Das kann nur gelingen, wenn sie ihre Erwartungen mit den Erwartungen ihrer Gesprächspartner abgleichen können und die daraus entstehenden Beziehungen nutzen. „Networking" muss betrieben werden! Parallel zu der Fähigkeit, Absprachen treffen zu können, sollten Vorgesetzte auch in Netzstrukturen denken und handeln können.

Netzwerke sind Kontakte, die überall gebildet werden können – insbesondere im beruflichen Umfeld. Wichtig sind dabei die Anzahl und Qualität solcher Kontakte. Formelle Kontakte sollten begrenzt sein, wohingegen für ein gut funktionierendes „Networking" informelle Kontakte von besonderer Bedeutung sind. Es scheint angeraten zu sein, mehr informelle Kontakte zu knüpfen als formelle (offizielle), weil informelle Kontakte auch über den eigentlichen Verantwortungsbereich hinaus die Basis für weitreichendere Netzwerke bilden.

Wollen Vorgesetzte erfolgreich sein, müssen sie sich mehr oder weniger über ein Netzwerk definieren, in das sie zwar berechtigt sind, formal einzugreifen. Allerdings werden sie das nur sehr bedacht tun, weil sie genau wissen, dass sie das Netzwerk zerstören können, wenn sie für ihre Mitarbeiter nicht nachvollziehbar eingreifen. Greifen sie in der richtigen Situation ein, bedeutet dies auch für das Netzwerk positive Stimuli. Obwohl sie also alles formal entscheiden könnten, müssen sie sich wie eine Spinne im Netz in der Mitte stehend (und nicht oben stehend) definieren, weil aus ihrem Verständnis heraus die gesamte Sachkompetenz zum Problem geführt werden soll.

Leider steht diese Denkweise häufig nur auf dem Papier. Grund dafür ist ein immer noch herrschendes Verständnis von Hierarchie. Nimmt man dagegen ein Organigramm in die Hand, dann laufen auch dort die Prozesse nicht so, wie das Organigramm aufgebaut ist. Sie laufen faktisch ohnehin anders und viel stärker netzwerkartig ab, als es der formale Organisationsplan, der eben ein Plan und nicht die Realität ist, vorsieht. Das ist auch gut so, weil Organigramm und Prozesse zwei verschiedene Dinge sind.

Betrachtet man derartige Abläufe aus der informellen Sicht, dann ist man beim Netzwerk, weil „informell" in der Praxis die Realität ist. Hinzu kommt, dass Konzepte und Modelle verfälschen können, weil sie in der Regel nicht netzwerkartig definiert werden, sondern hierarchisch beschrieben werden. Natürlich hätten Vorgesetzte als „Big Boss" im Rahmen ihrer Zuständigkeiten im Prinzip die Möglichkeit, alles zu entscheiden. Sie haben aber eigentlich weder die Zeit noch die Kompetenz, um das wirklich zu tun. Wenn „unten" im operativen Bereich nicht netzwerkartig Prozesse laufen würden, wäre manch ein Vorgesetzter hilflos.

Insofern spielen Netzwerke auf allen Ebenen eine wichtige Rolle. Ihre Bedeutung zeigt sich auch darin, dass zwischen im Netzwerk handelnden Menschen ein größeres gegenseitiges Vertrauen herrscht als in herkömmlichen Hierarchien oder Arbeitsgruppen. Informell bedeutet freiwillig und das bedeutet Vertrauen.

Beobachten Vorgesetzte, wer häufig in Bezug auf Inhalte und/oder bestimmte Probleme mit wem kommuniziert, werden sie relativ stabile Netzwerke erkennen, weil sich zeigen wird, dass innerhalb dieser Netzwerke stärker zum Problem kommuniziert wird als nach außen hin sichtbar. Das ist auch ein Grund, warum Vorgesetzte als Entscheidungsträger für ihre Gruppen relativ stark hinter solchen in dieser Form entstandenen Netzwerken stehen sollten.

Vorgesetzte sollten wissen, dass ihre Mannschaft viel sensibler ist, als sie es wahrnehmen. Absprachen mit Mitarbeitern oder die Unterstützung und auch Nutzung informeller Netzwerke sind Grundlage für Gefolgschaften.

In konkreten Situationen ist es führungserleichternd, wenn Vorgesetzte vertrauenswürdige enge Mitarbeiter sozusagen als „Situationsberater" nutzen. Niemand kennt die Situation vor Ort besser als die, die geführt werden. Auch gute Ideen dieser Mitarbeiter können dazu beitragen, dass Vorgesetzte mit ihrer Führung näher an der Realität sind.

4.4.3.6.8 Selbststeuerung und Eigenverantwortung ausweiten

In jeder Art von Führung ist immer ein Stück Delegation enthalten. Deshalb ist auch immer ein gewisses Maß an Selbstorganisation gefordert. Je mehr delegiert wird, desto besser muss das „Selbstmanagement" der Delegierten sein. Je stärker delegiert wird, desto stärker gewinnen Selbststeuerung und Eigenverantwortung an Bedeutung. Wird ein bestimmtes Aufgabengebiet übertragen, so erwarten die Mitarbeiter, dass ihre Vorgesetzten ihnen vertrauen und (möglichst) völlige Freiheit im Handeln gewähren.

Auf jeden Fall müssen Vorgesetzte vermeiden, überwiegend Stress zu betreiben. Das hält die beste Führungskraft nicht aus, weil sich Mitarbeiter in Crash-Situationen schwertun, sich selber noch richtig zu organisieren. Sie werden im Gegenteil ihre Vorgesetzten über das normale Maß hinaus mit den unter Druck zu lösenden Aufgaben konfrontieren, weil sie sich dann (hoffentlich) in Sicherheit wägen.

Damit entledigen sich Mitarbeiter ihrer ursprünglich übertragenen Verantwortung, indem sie diese wieder in die Hände ihrer Vorgesetzten legen. Aus Angst, dass die Abteilung dann nicht mehr läuft, lassen sich Vorgesetzte häufig immer tiefer in alle Vorgänge einbinden, bis sich schließlich irgendwann bei ihnen der Kollaps ankündigt. Ist es erst einmal so weit gekommen, werden sie sich aus den selber angelegten Fesseln (mangelndes Vertrauen in die Selbststeuerungsfähigkeit ihrer Mitarbeiter) nicht mehr befreien können. Die Entwicklung nimmt ihren Lauf. Sie selbst werden ihre besten Sachbearbeiter, die sich für die Aufrechterhaltung der Abteilung opfern. Solche Entwicklungen zeigen sich nicht erst in Crash-Situationen, sondern häufig sogar auch im Führungsalltag.

Wollen Vorgesetzte nicht Opfer ihrer persönlichen Organisationslastigkeit durch Annahme rückdelegierter Aufgaben oder persönlicher Absicherungsmanöver werden und diesem Teufelskreis ihres eigenen Crash-Managements entrinnen, müssen sie schon aus eigenem Interesse dafür sorgen, dass die Kompetenz zur Selbststeuerung auf den ihnen unterstellten Ebenen zunimmt. Je weniger Verantwortung auf Mitarbeiter übertragen wird, desto mehr müssen Vorgesetzte tragen und desto weniger können sie sich um ihre eigentliche Führungsaufgabe (Konzentration auf Problemfälle, Entscheidungen treffen, Koordinieren usw.) kümmern. Sie beuten sich sozusagen selber aus und verlieren dabei zwangsläufig an Dynamik!

Im Idealfall sollten sie sich darauf beschränken, den richtigen Mitarbeiter für den richtigen Platz auszuwählen und dafür Verantwortung zu übernehmen. Das setzt voraus, dass sie sich nicht nur fragen, was können und haben Mitarbeiter(innen) nicht, sondern was können oder haben sie, was der Situation dienlich ist.

Alles andere führt zur Verzettelung in Aufgaben, die eigentlich von Mitarbeitern erledigt werden können. Man kann es drehen und wenden, wie man will: Ohne Selbststeuerung ihrer Mitarbeiter stehen Vorgesetzte auf verlorenem Posten! Deshalb muss es ihr Ziel und damit ihre Aufgabe sein, Mitarbeiter dazu zu bringen, dass sie in der Lage sind, sich selbst führen und organisieren zu können.

Das ist mit ein Grund, warum Vorgesetzte nicht mit Zielvorgaben arbeiten sollten, sondern mit der Vereinbarung von Zielen. Darin enthalten ist dann die selbständige Aufgabenbewältigung. Es sollte auch immer Selbstverantwortung von den betroffenen Mitarbeitern gefordert werden; also nicht einfach Verhaltenskontrolle ausüben, sondern auf Selbstverantwortung setzen! Das heißt gleichzeitig auch Einforderung von Verantwortung. „Du Mitarbeiter bist dafür verantwortlich, dass die Aufgabe, das Projekt usw. in zwei Monaten abgeschlossen ist. Wenn das aus irgendwelchen Gründen nicht geht, dann musst Du (Mitarbeiter) frühzeitig Feedback geben."

Man sollte diese Einstellung und Empfehlungen nicht mit Laissez fair im Sinne von „hier ist niemand dafür verantwortlich oder jeder macht, was er will" verwechseln! Flexible Führung hat mit Laissez fair nichts zu tun. Sie hat aber sehr viel mit unserem Denken zu tun. Wir sind häufig im Denken nicht flexibel genug, um bestimmte Führungsformen zu akzeptieren oder uns bestimmte andere vorzustellen, weil Kontrollmodelle immer noch sehr stark in unserer Führungskultur verwurzelt sind. Aber gerade deshalb ist es wichtig, dass von Mitarbeitern auch Verantwortung gefordert wird.

Nun könnte man meinen, dass Mitarbeiter, wenn man laufend von ihnen Verantwortung fordert, irgendwann automatisch überfordert werden. Ähnlich verhält es sich bei Zielen. Auch dort kann man überfordern. Auch Verantwortung kann man immer nur für das einfordern, was man vereinbart hat. Funktioniert das nicht, dann muss man über die Ursachen nachdenken. Das aber ist nicht nur Sache der Vorgesetzten, sondern auch ihrer Mitarbeiter, sich zu überlegen, warum etwas nicht funktioniert. Genau das ist mit Selbstverantwortung gemeint. Mitarbeiter tragen selbst Verantwortung und haben diese auch nach außen zu tragen. Mit „Laissez fair" hat das nichts zu tun.

Nicht selten bemühen sich Vorgesetzte, auf Selbstverantwortung ihrer Mitarbeiter zu setzen, wohingegen das Top-Management (also die Obersten der Vorgesetzten) erwartet, dass die ihnen unterstellten Bereichs- oder Abteilungsleiter die Verantwortung für ihre Mitarbeiter übernehmen, weil sie („die da oben") eine klar geregelte Verantwortungsstruktur nach außen haben wollen. Hier stößt jeder Versuch einer Flexibilisierung an seine Grenze, weil das Ergebnis – egal bei welchem Führungsstil – immer in der Verantwortung des Vorgesetzten vor Ort steht. Von oben wird er immer dafür verantwortlich gemacht.

Wichtig ist zu wissen, dass Selbststeuerung und Eigenverantwortung der Mitarbeiter auch kulturbedingt sind, so dass die beschriebene Form von Flexibilisierung von heute auf morgen sicher nicht machbar ist. Man muss das schon in einer gewissen Weise „trainieren", weil man selten wirklich richtig gelernt hat, im beruflichen Arbeitsalltag zu partizipieren. Unter Führungsgesichtspunkten wird man meistens von klein auf für unmündig gehalten. Es haben immer andere zu entscheiden, was für einen besser ist. Partizipation lernt man eigentlich nicht und auch Selbstverantwortung ist man nicht gewohnt. Deshalb bedarf es besonderer Überlegungen, wie Vorgesetzte ihre Mitarbeiter langsam an die Flexibilisierung heranführen.

Das Wichtigste dabei ist wieder Kommunikation, damit Mitarbeiter über die Ziele von ganz oben informiert werden und mehr Verständnis für ihre Eigenverantwortung am Arbeitsplatz entwickeln. Ist man dazu nicht in der Lage, wird es schwierig.

Zunächst sollte es das primäre Ziel sein, Mitarbeiter weiterzuqualifizieren, damit diese auch künftigen, teilweise sich sehr schnell und sehr stark verändernden Aufgaben gewachsen sind. Nur dann gehören sie zum Kreis derjenigen, die mit besonderen Problemlösungen beauftragt werden können.

Diese Mitarbeiter dürfen Vorgesetzte nicht aus den Augen verlieren und müssen sie in einer sie motivierenden und mit den Zielen der Abteilung identifizierenden Weise führen. Selbststeuerung und Eigenverantwortung der Mitarbeiter sind im positiven Fall Stabilisatoren für Führungserfolge.

4.4.3.7 Führungspakete punktuellen Aktivitäten vorziehen

Eigenständig versandte Pakete sind üblicherweise gefüllt mit mehreren unterschiedlichen Inhalten, deren Zusammensetzung beim Empfänger als Einheit aufgenommen werden und – wenn möglich – Freude bereiten soll.

Wünschenswert wäre es, wenn Vergleichbares Führungskräften mit ihren Führungsaktivitäten bei ihren Mitarbeitern gelingen würde. Vorgesetzte, die erfolgreich sein wollen, müssen dem notwendigen Maß an Steuerungskomplexität, die durch punktuelle Aktivitäten nicht aufgebaut werden kann, entsprechen. Nur mit einer solchen Einstellung und der daraus resultierenden Umstellung auf Führungspakete wird es möglich sein, ihr Führungspotential zu erhöhen. Dazu ist es notwendig, Führung sozusagen als Paket der jeweils entsprechenden Situation zu schnüren.

Vorgesetzte bewegen sich mit ihren Führungsaktivitäten im Strom gegenseitiger Abhängigkeiten von Wechselwirkungen. Wer im Rahmen seiner Führungsmöglichkeiten etwas zu „unternehmen" beabsichtigt, der muss seine Grundausrichtung an den ihm möglichen Freiräumen (wie soll und kann die Abteilung nach erfolgter Maßnahme organisiert werden) ausrichten. Erst anschließend können Vorgesetzte sich auf die Mitarbeiter (qualitativ und quantitativ) festlegen, für die sie dann wiederum ihre entsprechende (abteilungsinterne) Führung zu definieren haben. Weniger qualifizierte Mitarbeiter lassen sich relativ starr führen; höher qualifizierte oder hoch qualifizierte Mitarbeiter verlangen eine flexiblere Führungshandhabe. Leistung beruht auch auf der Möglichkeit, sie selber gestalten zu können.

Führungspakete können mit einer großangelegten Einzelmaßnahme (z. B. ausschließlich autoritär führen) gefüllt sein oder aber sie bestehen aus einem Führungsmix (Kombination verschiedener Führungsstile), indem man die Gesamtsituation einer Abteilung berücksichtigt und unterschiedliche Arbeitssituationen in seine Führungsaktivitäten einbindet. Im ersten Fall geht es um die Umsetzung einer Einzelmaßnahme; bei Berücksichtigung der Gesamtsituation handelt es sich um einen Führungsmix.

Wann und was Vorgesetzte auch immer „bewegen" wollen, es stellt sich ihnen immer eine auf Wechselwirkungen beruhende Aneinanderreihung von Fragen:

- Mit welchen Personal- und Führungsmaßnahmen kann man sein Vorhaben unterstützen?
- Welche Maßnahmen müssen getroffen werden, damit Vorhaben umgesetzt werden?

Um das zu bewältigen, muss man entsprechend seiner Absichten Frageketten (Paketfragen) stellen und beantworten. Für unterschiedliche Führungsabsichten beispielsweise folgende nicht auf Vollständigkeit ausgerichtete „Paketfragen":

- Wollen Vorgesetzte auf sich verändernde Marktsituationen reagieren:
    - Welches Personal brauche ich?
    - Habe ich das dafür richtige Personal?
    - Was bedeutet das für die abteilungsinterne Organisation?
- Sollen sie dagegen eine betriebsinterne Um- oder Reorganisation umsetzen:
    - Was bedeutet das für meine Abteilung?
    - Lässt sich das mit den vorhandenen Mitarbeitern bewerkstelligen?
    - Kann ich nach erfolgter Umorganisation noch genauso führen wie bisher?
    - Welche Konsequenzen ergeben sich daraus für meine Führung?
- Liegt ihre Absicht darin, ihr Führungsverhalten zu ändern:
    - Was will ich mit meiner anders ausgerichteten Führung erreichen?
    - Wie muss ich mein „persönliches Führungsmodell" zuschneiden?
    - Welche organisatorischen Voraussetzungen muss ich schaffen und wie setze ich diese um?
    - Inwieweit werden personelle Veränderungen notwendig?

Die Aneinanderreihung dieser nicht vollständigen Fragenketten soll verdeutlichen, dass die zu stellenden Fragen bereits bei ihrer Zuordnung sehr eng ineinander übergehen. Hinter allen Fragen verbirgt sich – wenn auch unausgesprochen – die Überlegung, ob die richtigen Mitarbeiter zur Verfügung stehen.

Ist dies nicht der Fall, kann als Antwort nicht Entlassung stehen. Das lässt die Realität – vielleicht zum Leidwesen mancher Vorgesetzten – nicht zu, weil Vorgesetzte vor Ort normalerweise mit dem Personal leben müssen, das man ihnen zugestanden hat. Darüber hinaus kommt das Auswechseln von Mitarbeitern als Schnellschuss der Verantwortung von Vorgesetzten, sich um ihre Mitarbeiter zu kümmern, auch nicht nach.

An welcher Stelle auch immer man anfängt, man hat als Vorgesetzter zugleich Schnittstellen zu anderen Führungsaktivitäten. Wer nur punktuell agiert, betreibt puren Aktionismus und läuft schnurstracks in schwer korrigierbare Fallen. Deshalb ist die Art und

Weise, wie man Ideen, Absichten usw. zum Leben erweckt, besonders wichtig. Ziele wie Gewinnerzielung, Marktstellung, soziale Gerechtigkeit usw. sind sehr abstrakt. Es stellt sich die Frage, wie man diese abstrakten Ziele überhaupt herunterbrechen kann. Dreht man an nur einer Stelle, muss man sinnvollerweise an anderen korrelierenden Schnittstellen drehen. Sich in seiner Führung auf nur einen Gesichtspunkt zu beschränken, ist daher wenig sinnvoll.

Beispielsweise können Vorgesetzte bei der Entwicklung ihrer Mitarbeiter nichts ausrichten, wenn diese nicht mitspielen. Nehmen Mitarbeiter eine negative Haltung ein, ist jedes Bemühen des Vorgesetzten vergebliche Liebesmüh. Heißt die Aufgabe: „Vereinbare Ziele mit Deinen Mitarbeitern", dann ist das dazu gehörende Hilfsmittel MbO.

Betrachtet man Delegation aus der Perspektive des gesamten Unternehmens, dann gehört sie in den Lenkungsbereich. Betrachtet man dagegen Delegation aus Sicht von vor Ort, ist das Blickfeld zu klein, um als übergeordneter Rahmen zu gelten. Ist der Fokus eine Arbeitsgruppe, dann ist für diese Arbeitsgruppe Delegation durchaus ein Rahmen. Je stärker man sich der Basis annähert, desto stärker verändert sich logischerweise auch der Bezugsrahmen.

Gibt es Zielvereinbarung (MbO), wird es vermutlich auch Delegation geben und umgekehrt, weil es nicht sinnvoll ist, Ziele ohne Freiheitsgrade der Mitarbeiter zu vereinbaren.

Die beschriebenen Beispiele zeigen, dass Führungspakete erfolgversprechender als punktuelle Aktivitäten sind, will man der Vielfalt notwendigen Führungshandelns entsprechen. Wer von „ganzheitlicher" oder „vernetzter" Führung spricht, der meint damit nichts anderes, als dass Führung nicht nur erklärt werden kann über einzelne Variablen wie z. B. MbO (hier benutzt man Ziele als zentralen Punkt) oder MbD (hier benutzt man die Delegation als zentralen Punkt), sondern dass das Zusammenwirken verschiedener Variablen erst das optimale Führungspaket darstellt.

4.4.3.8   Gestaltung von Führungsbeziehungen – Möglichkeiten und Grenzen

Führungsaktivitäten unterscheiden sich in ihrer extremen Ausrichtung einerseits durch eine straffe Führung und andererseits durch eine lockere Führung.

In welche Richtung Führung tendiert, ist immer auch in engem Zusammenhang mit der vorherrschenden Unternehmenskultur und deren Subkulturen (s. Abschn. 4.2) zu sehen. Gemeinsam gelebte Werte und Normen sind aus der dahinterstehenden Tradition (der Unternehmens- u/o. Abteilungstradition) zu verstehen. Tradition ist etwas Wiederkehrendes, das allerdings nicht von allen getragen werden muss. Letztlich bringen Führungskräfte selbst und alle im Unternehmen arbeitenden Menschen ihre eigene Kultur ein, aus der heraus jeder für sich gegenseitige Erwartungen und Ansprüche ableitet. Je stärker gemeinsame Werte von Vorgesetzten und Mitarbeitern verinnerlicht werden, desto größer ist die Gestaltungsfreiheit in Abteilungs- und Teameinheiten und damit die Wahrscheinlichkeit sich gemeinsam entwickelnder Identifikationsprozesse. Wichtig ist, dass Vorgesetzte auf Anwendungsgrenzen und -möglichkeiten ihrer Führung achten und dies auch für ihre Mitarbeiter erkennbar und nachvollziehbar wird.

Bei strittigen oder nicht ganz eindeutigen Arbeitsaufträgen werden oftmals ursprüngliche meist vorab getroffene Einzelgesprächsentscheidungen durch anschließende Gruppendiskussionen sehr stark verändert. Solche Veränderungen sind das Ergebnis des sich in
Gruppendiskussionen verstärkenden Konsenszwanges mit dem nicht unerheblichen Nebeneffekt einer zunehmenden Identität mit dem getroffenen Ergebnis. Allerdings kann
nicht immer in Gruppendiskussionen Konsens erreicht werden. Kommen Chef und Gruppe gemeinsam zu einem Ergebnis – prima. Wenn nicht, geht es nur über die Vorgabe vom
Chef. Wenn alles Führungshandeln unter einem Konsensprimat[16] steht, ist Führung im
eigentlichen Sinne nicht mehr möglich. Dann führt der Chef nicht wirklich!

Probleme in Führungsbeziehungen entstehen überwiegend aus der Art der Gespräche
(Einzel- oder Gruppengespräche) zwischen Chef und Mannschaft und aus der Art und
Weise, wie Vorgesetzte mit ihren Mitarbeitern kommunizieren.

- Befürchten sie Konflikte, sollten sie bereits im Vorfeld anstehender Entscheidungen Absprachen herbeiführen, weil meistens unterschiedliche Auffassungen der Beteiligten Ursachen für Konflikte sind. Werden Absprachen getroffen, müsste eigentlich jedem klar
  sein, dass er für sein eigenes Tun verantwortlich ist. Deshalb sollte man auf jeden Fall
  mit jenen Mitarbeitern Absprachen treffen, die von Entscheidungen ihrer Vorgesetzten
  unmittelbar betroffen sind. Dann weiß grundsätzlich jeder, auf was er sich einlässt und
  welche Konsequenzen das Handeln haben kann. Jeder wird sozusagen selbst in die Verantwortung genommen, weil er sich an dieser Absprache beteiligt hat.
  Werden Absprachen getroffen, ist immer zu berücksichtigen, welches Zeitfenster man
  betrachtet. Geht man von einer kurzfristigen Perspektive aus oder hat man einen wesentlich größeren Zeithorizont vor Augen? Es ist ein berechtigtes Anliegen, eher längerfristig
  die Effekte zu betrachten, weil (ausschließlich) kurzfristige Lösungen zu größeren Problemen führen können. Diese kann man später vielleicht gar nicht mehr lösen, wenn
  Fakten gesetzt sind, die nur noch schwierig aufzulösen sind.
  Werden Mitarbeiter durch Vorgesetzte in eine Situation getrieben oder geschickt, ohne
  dass sie mit ihnen darüber gesprochen haben, schieben Vorgesetzte im Prinzip Verantwortung ab. Mitarbeiter reagieren jedoch mit Misstrauen und Verweigerungen.
  Es wäre wünschenswert, würden Vorgesetzte berücksichtigen, dass von ihren Entscheidungen oder Absichten immer andere betroffen sind. „Kann man verantworten, wie man
  mit den anderen umgeht und welche langfristigen Effekte hat das?"
  Von daher ist eine einseitige Kommunikation nur im äußersten Notfall (z. B. Druck von
  außen) gerechtfertigt. Ansonsten sollte man bedenken,
  - dass bei Absprachen Mitarbeiter wirklich auch mitsprechen, ihre Meinung äußern
    und vertreten können und
  - dass Vorgesetzte darauf angewiesen sind, dass ihre Mitarbeiter ihnen helfen, die ge-
    meinsamen Aufgaben zu erledigen.

---

[16] Konsensprimat = Zwang zur Konsenssuche bei anstehenden Entscheidungen.

Es bleibt dann immer noch die Frage offen, wie man zu einer Lösung eines Problems kommt. Dies hängt im Wesentlichen davon ab, aus welchem zeitlichen und ökonomischen Fenster man das Problem angeht.

- Vorgesetzte sollten sich über den ethischen Aspekt ihres Verhaltens – über die Legitimation dessen, was sie tun – mehr Gedanken machen. Dies insbesondere deshalb, weil ihnen häufig nicht bewusst ist, was sie mit ihrem Verhalten alles auslösen können. Allein aus dieser Sicht ist das Thema Führungsethik auch vor Ort ein sehr wichtiges Thema.
- Bedenkenswert ist auch, dass sich Mitarbeiter in Mitarbeitergesprächen nur selten ausgewogen behandelt fühlen. Es gehört durchaus zu einem Mitarbeitergespräch, dass Vorgesetzte zielgerichtet kritisieren, aber auch zielgerichtet loben. Ansonsten muss man sehen, dass die Möglichkeiten von Vorgesetzten häufig begrenzt sind, da ihre eigene Situation als Geführte auch nicht immer so günstig ist, wie sie es gerne hätten.

Besonders nachdenklich stimmt es, wenn Vorgesetzte immer nur die permanente Dynamik wollen, weil sie meinen, dass ihre Mitarbeiter genauso veranlagt sein müssten wie sie selber (sofern sie selber wirklich so veranlagt sind). Permanente Dynamik ist etwas, was Mitarbeiter langfristig nur bedingt mittragen können. Hinzu kommt, dass es wie so oft auf das Umfeld ankommt. In Beraterunternehmen beispielsweise erscheint Dynamik angebracht, in einer Sachbearbeiterabteilung nicht. Letztere sind eigentlich eher auf permanente Stabilität angelegt und nicht auf permanente Dynamik. Bei ihnen ist daher Dynamik eher in geringen Dosen interessant. Umgekehrt gilt natürlich das Gleiche. Bestünde die gesamte Mannschaft ausschließlich aus Dynamikern[17], wären Vorgesetzte ihres Lebens nicht mehr sicher.

Wenn alle aufsteigen wollen, hat man einen Bienenschwarm um sich herum und kann das Tagesgeschäft nicht mehr bewältigen, weil jeder auf ganz was anderes als die eigentliche Arbeitsleistung orientiert ist. Ähnlich verhält es sich mit Erfolgssuchern und Misserfolgsmeidern. Wir brauchen einen gewissen Anteil an Mitarbeitern, die Misserfolgsmeider sind. Ein ganzes Unternehmen voller Erfolgssucher wird dem Unternehmensziel vielleicht gar nicht gerecht.

- Es ist legitim, vermutete Mitarbeiterpotentiale entwickeln zu wollen – beispielsweise zu versuchen, einen ursprünglich als Misserfolgsmeider erklärten Mitarbeiter, von dem man meint, eigentlich könnte er mehr aus sich herausholen, unter Anleitung und Anregungen zu einem Erfolgssucher zu entwickeln –, solange sich die Vorgesetzten an gewisse Spielregeln halten.

Handelt es sich um einen überzeugten Misserfolgsmeider, der sich partout nicht helfen lassen will, kann man – und das wäre zu akzeptieren – irgendwann zu dem Schluss kommen, mit diesem Mitarbeiter nicht mehr zusammenarbeiten zu können, und ihm dies auch mitteilen. Das wäre in Ordnung, wenn man dies dann auch entsprechend bespricht, jedoch nicht als Drohung, sondern einfach als logische Konsequenz. Hier geht es ausschließlich um das „Wie". Hauptsache ist, der Vorgesetzte sagt dem betroffenen

---

[17] Dynamiker = in diesem Zusammenhang ein von Ehrgeiz getriebener Workoholik mit (ausschließlicher) Blickrichtung auf die eigene Karriere.

Mitarbeiter, dass er es sich vorstellen kann, dass er eigentlich mit einer höherwertigen Arbeit viel besser aufgehoben wäre und dies auch für die Abteilung als Ganzes erfreulicher wäre.

Bei der Suche nach tragbarem Konsens muss berücksichtigt werden, dass Führung sich nicht auf einseitige Kommunikation beschränken darf. Wer führt, der muss wissen, dass es sich um eine Beziehung zwischen Vorgesetztem und Mitarbeiter handelt. Es bedarf des Respektes und der Wertschätzung vor dem Mitarbeiter – es bedarf einer besonderen Beziehungskultur.

4.4.3.9 Identifikationsverstärker vor Ort

Das Wichtigste ist nicht, dass Vorgesetzte eine Vorstellung zu ihrer Art zu führen entwickeln, sondern dass ihre Mitarbeiter diese Vorstellungen annehmen und umsetzen. Um das zu erreichen, sind folgende Überlegungen denkbar:

- Zusammenhänge zwischen Aufgabenstellung und Mitarbeiter beachten
  Stehen Vorgesetzte vor der Aufgabe, delegationsfähige und/oder zielorientierte Mitarbeiter auszuwählen, müssen sie zunächst eine richtige Zuordnung finden zwischen der Aufgabenstellung selbst und den Mitarbeitern, die zur Auswahl stehen. Es muss eine Abwägung zwischen dem beabsichtigten Führungshandeln – z. B. delegative Führung – und den in Frage kommenden Mitarbeitern erfolgen. Ein Problem ergibt sich daraus, dass Mitarbeiter individuell unterschiedlich sind und es kein Führungsmodell gibt, das immer und in jeder Situation anwendbar ist.
  Hier geht es um Feinabstimmungen. Darunter ist zu verstehen, im jeweils vorliegenden Fall das Delegationsmodell dem oder den in Frage kommenden Mitarbeitern anzupassen.
  Solche „Feinabstimmungen" sind heikel, weil sich viele Vorgesetzte zu wenig Gedanken über dieses individuelle Problem der Delegation machen. Ihre Einflussnahme kann und darf nicht nur darin bestehen, dass sie ohne Rücksicht auf die Situation des Mitarbeiters bestimmen, was dieser zu machen hat.
- Parallele Handhabe delegativer und zielorientierter Führung
  Die Vorgehensweise für erfolgreich gestaltete Führungsprozesse hängt auch mit der Operationalisierbarkeit der Ziele zusammen. Normalerweise läuft mit der Delegation parallel immer auch ein MbO ab. Deshalb begünstigt man die Führungssituation, wenn jede Ebene an den für sie wichtigen Entscheidungen beteiligt wird und jede Ebene die Entscheidungen der Ebene, die sich darüber befindet, als Rahmenbedingung akzeptiert. Das ist dann eine klassische Kombination zwischen Delegation und MbO.
- Top-down- mit Bottom-up-Entwicklungen wechselseitig vernetzen
  Wechselseitige Beziehungen laufen in stufenweisen Prozessen ab, indem Informationen jeweils von unten nach oben gelangen, verdichtet werden und dann im Entscheidungsprozess konfrontiert werden mit den Prämissen von oben. Dieses Vorgehen (s. Ab-

schn. 3.1.3) kann sehr vieles neu bewirken. Es ist im Grunde genommen schon Organisationsentwicklung im kleinen Stil.

Schaut man sich zum besseren Verständnis große Organisationen an, dann sind diese von oben nach unten nicht mehr durchschaubar und planbar. Sie sind abhängig von der Substanz, die von unten kommt. Das ist auch der Grund, warum Entscheidungs- und Informationsimpulse von unten nach oben eine zunehmende Rolle spielen. Das gilt gleichermaßen für einzelne Unternehmensbereiche wie für Abteilungen bis hin zu Gruppeneinheiten.

Vorgesetzte, die diese Art der Führungskommunikation betreiben, werden bei ihren Mitarbeitern mehr Identität bewirken als diejenigen, die ausschließlich anordnungsbezogen führen. Zielvereinbarungsprozesse mit Top-down- und Bottom-up-Vorgaben sowie Abstimmungsprozessen sind ein wesentlicher Teil der Mitarbeiterführung. Sie gewährleisten, dass die letztlich erreichten „Zielvorgaben" von der Abteilung und den Mitarbeitern getragen werden, und schaffen damit die notwendige Identität.

Diese Art Feinabstimmung ist ein System von partizipativen Entscheidungsschritten auf jeweils einer Ebene, die die nächsthöhere Ebene als Entscheidungsrahmen anerkennt, sie aber auch mit beeinflusst. Welcher Vorgesetzte kann einen vernünftigen Führungsplan aufstellen, ohne entscheidende qualitativ und quantitativ umfassende Informationen von der Basis zu erhalten? Hier gezielt das Mitarbeiterpotential von unten nach oben zu nutzen, ist von Bedeutung. Erfolgt eine Leistungsvorgabe zu der des Mitarbeiters – von der er sozusagen überzeugt ist –, dann dürfte dieser sie mit einer ganz anderen Intensität verfolgen, als wenn der Vorgesetzte sie per Order vorgibt!

- Betroffene zu Beteiligten machen

  Betroffene zu Beteiligten machen, ist – wie mehrfach erwähnt – der Versuch, bei Mitarbeitern die Akzeptanz für bestimmte Maßnahmen zu verbessern. Dahinter steht der Gedanke, dass ein gemeinsam getragener und in Entscheidungsprozessen entwickelter Gedanke die Identität erhöht und Mitarbeiter auch stärker verpflichtet. Erwarten Führungskräfte in ihrem Führungshandeln Schwierigkeiten, sind sie gut beraten, zumindest die unmittelbar betroffenen Mitarbeiter so früh wie möglich in ihre Absichten einzuweihen und einzubeziehen. Andernfalls besteht die Gefahr, dass sich diese Mitarbeiter gegen ihre Vorgesetzten solidarisieren und sich nicht mehr überwindbare Hindernisse verfestigen.

- Mitarbeitern Rückendeckung und Wertschätzung signalisieren

  Lassen Vorgesetzte darüber hinaus Mitarbeiter ihre Rückendeckung und Wertschätzung für deren Arbeit spüren, so interpretieren diese das sehr wahrscheinlich dahingehend, dass sie auf die Liste der förderungsfähigen „Kandidaten" gerutscht sind oder rutschen werden. Vorgesetzten sollte es darum gehen, dass ihre Mannschaft ein Gefühl für sie und sie selbst ein Gefühl für ihre Mannschaft entwickeln. Das wiederum setzt Kommunikation und Teamwork voraus.

- Vorhandene Kulturunterschiede berücksichtigen

  Bei genauem Hinsehen gibt es zwischen Branchen, Unternehmen, Unternehmensbereichen, Abteilungen, Vorgesetzten und Mitarbeitern untereinander bemerkenswerte Kul-

turunterschiede und zum Teil sehr unterschiedliche Vorgesetzten- und Mitarbeiterqualifikationen. Deshalb ist es sinnvoll, jedes dieser Segmente sein eigenes Führungsmodell
entwickeln zu lassen und jeden Vorgesetzten seine eigenen Führungsaktivitäten durchführen zu lassen, solange er Erfolge verbucht. Wie man das dann nennt, ist eigentlich
egal.

Die beschriebenen Vorgehensweisen mögen vielleicht als Idealbild empfunden werden. Man sollte sich jedoch abgewöhnen, von Idealmodellen zu reden, weil doch sehr
unterschiedliche Varianten der jeweiligen Modelle realisiert werden. Fast alle Unternehmen deklarieren beispielsweise ein klares Bekenntnis zur delegativen Führung, und die
Mehrzahl der Mitarbeiter hat oder empfindet zwischenzeitlich fast so viel delegatives Führungsverständnis wie die Führungspersonen selber. Dennoch gibt es zwischen dem, was
deklariert und praktiziert wird, Abweichungen.

In welcher Ausprägung man nicht nur Delegation, sondern auch zielorientierte und kooperative Führung betreibt, auf welche Gebiete man sie ausdehnt, sollte den Unternehmen
und ihren Vorgesetzten freistehen. Nur so wird man die Identitätswirkung vor Ort verstärken können.

4.4.4   Persönlichkeitsdesign und Persönlichkeitsimages

Als Design bezeichnet man den Plan oder Entwurf einer Sache. Beim Führungsdesign geht
es um die Gestaltung des Führungsverhaltens und als Folge daraus um Wirkungen auf die
zu führenden Mitarbeiter(innen). Was macht einen Chef für seine Mitarbeiter attraktiv,
wann können Vorgesetzte ihre Ziele zu Zielen ihrer Mitarbeiter machen?

Es sind die Erfolge und insbesondere ihre Persönlichkeit und Expertise – hier ihre Führungsexpertise. Um Führungsstärke zu vermitteln, bedarf es der Überzeugungsfähigkeit
und der Fähigkeit, emotionale Bindung herstellen zu können. Vorgesetzte sollten wissen,
dass Souveränität Identität verkörpert. Sie sollten aber auch nicht übersehen, dass – obwohl
es widersprüchlich klingt – „distanzierte Nähe" Souveränität erkennen lässt und erhält!

4.4.4.1   Selbstreflexion als Identifizierungsmerkmal
Wer Mitarbeiter beurteilt, beurteilt zugleich auch sich selbst! In diesem Zusammenhang
geht es um die Frage, welchem Menschentyp sich Vorgesetzte zurechnen, weil sich deren
unterschiedliches Verhalten auf die Beurteilung durch ihre Mitarbeiter auswirkt.

Versucht man, persönliche Charakteristika zu beschreiben, kann auch bei Vorgesetzten
unterschieden werden zwischen jenen, die dazu neigen, Erfolge möglichst sich selbst zuzuschreiben, und jenen, die die Ursache von Misserfolgen zunächst bei sich selbst suchen.

- **Erfolgszurechner** tendieren überwiegend dazu, Erfolge ihren Fähigkeiten oder ihren
  Anstrengungen zuzurechnen. Sie haben sich angestrengt, also haben sie Erfolg. Misserfolge dagegen rechnen sie ungünstigen Situationen zu. Unter ungünstigen Situatio-

nen rangieren beispielsweise schlechte Aufgabenstellungen, schlechte Mitarbeiter, mangelnde Möglichkeit, sich auf bestimmte Situationen vorzubereiten (weil man ja arbeiten
muss), unverständlicher Schriftverkehr usw. Das alles sind ungünstige Situationen. Haben Erfolgszurechner Misserfolge, dann sind nicht sie schuld an der Misere, sondern
eben die ungünstige Situation.

- **Misserfolgszurechner** (nicht, dass es sich nur um Erfolglose handelt) denken und „rechnen" anders. Misserfolge rechnen sie ihrem Mangel an Fähigkeiten zu. Haben sie dagegen
  Erfolge, werden sie von günstigen Situationen sprechen.

Man muss sich darüber im Klaren sein, dass diese reinen Ausprägungen in der Praxis
nie oder nur sehr selten vorkommen. Deshalb sollte sich jeder selbst fragen, wie er generell
zu empfinden und zu denken geneigt ist, weil die Antwort wichtige Auswirkungen auf seine
Führung erklärt.

Welches Verhalten „produzieren" Erfolgszurechner bei Anerkennung und Kritik? Wozu
neigen sie, ohne dass sie sich dessen bewusst sein müssen, wohingegen ihre Mitarbeiter sehr
wohl bestimmte Verhaltensweisen erkennen und ertragen?

Sie setzen beispielsweise – ohne sich des durch ihr Verhalten aufgebauten Druckes bewusst zu sein – bei ihren Mitarbeitern stets gute Leistungen voraus. Sie stellen Erfolge sehr
stark heraus und unterdrücken Misserfolge oder führen diese auf ungünstige Situationen
zurück. Das kann Mitarbeiter ganz besonders treffen, sobald erfolgszurechnende Vorgesetzte behaupten: „Wenn ich so dumme und faule Mitarbeiter habe, wie kann ich da bei
aller Anstrengung überhaupt Leistung erreichen?" Wenn etwas schiefgeht, dann sind es
die Misserfolge der Mitarbeiter. Wenn die Entwicklung gut verläuft, dann ist es ihr Erfolg.

Erfolgszurechner werden ihre Mitarbeiter nie loben. Ihre Anerkennung besteht darin,
dass sie nichts sagen, weil sie sich, wenn etwas gut läuft, den Erfolg selber gutschreiben.
Mitarbeiter sind zwar die Ausführenden, aber deren Vorgesetze als Erfolgszurechner haben die Ideen eigentlich bewirkt und zur Ausführung gebracht. Hätten sie nicht so gut
entwickelt, hätten sie nicht so gut angeleitet, hätten sie nicht genügend ausgewählt, dann
hätte der Erfolg niemals stattfinden können. Erfolgszurechner empfinden sich als Nabel
der Welt. Mitarbeiter zu loben, das geht eigentlich nicht. „Das Lob verdiene ich als deren
Vorgesetzter, aber das darf man ja nicht mehr sagen."

Unter Vorgesetzten gibt es „natürlich" sehr viel mehr Erfolgszurechner als Misserfolgszurechner. Dennoch sind von der Führung her Misserfolgszurechner keine Misserfolgsty-
pen. Sie sind im Falle von Erfolgen in der Lage zu sagen, es war mein Mitarbeiter – nicht
nur Glück oder günstige Situationen, sondern eben clevere Mitarbeiter, die ihre Arbeit pro-
blembewusst angehen konnten. Misserfolgszurechner tendieren sogar dazu, dass Erfolge
gar nicht allein von ihnen verursacht worden sein können. Es ist ja eine günstige Situation und da werden die Mitarbeiter natürlich eingerechnet. Bei Misserfolgen sind sie bereit,
einen Anteil auf sich zu nehmen, weil sie sich aus ihrer Sicht zu wenig angestrengt, zu wenig nachgedacht usw. haben. Von daher können sie insbesondere gute Erfolgszurechner auf
der Mitarbeiterseite führen, weil die immer gelobt werden wollen. Misserfolgszurechnende
Vorgesetzte loben bei Erfolgen mehr als erfolgszurechnende Vorgesetzte.

Aufgrund dieser Überlegungen könnte man annehmen, dass Misserfolgszurechner positiver zu sehen sind. Als Vorgesetzte sind sie bei Mitarbeitern – es ist ja immer ein Erfolg für das Team – angenehmer, beliebter. Dagegen wird der erfolgszurechnende Vorgesetzte häufig als der Unangenehmere empfunden, der immer wieder hören will, wie gut er ist. Man kann vielleicht nicht abstreiten, dass es ohne diese Vorgesetzten nicht so gelaufen wäre. Sie streichen es aber so dick heraus, dass die anderen (Mitarbeiter) ein Schattendasein führen. Der Erfolgszurechner nimmt eigentlich nur einen für voll und das ist er selber. Das aber ist nicht gerade identitätsfördernd für Mitarbeiter.

Im Grunde laufen solche Prozesse völlig automatisiert ab, was bedeutet, dass die Vorgesetzten das häufig gar nicht merken und deshalb aus ihrem Verhalten reflektierende Auswirkungen bei ihren Mitarbeitern nicht verstehen. Ist man tendenziell einer der beschriebenen Typen, neigt man mehr zum Erfolgszurechner oder Misserfolgszurechner. Da es diese reinen Typen nur sehr selten gibt, sondern eben Mischtypen, stellt sich lediglich die Frage, ob man mehr auf der Seite der Erfolgszurechner oder auf jener Seite der Misserfolgszurechner steht.

Diese von der Tendenz her beschriebene Selbstreflexion zeigt, wie Vorgesetzte Erfolge und Misserfolge zurechnen und welche Folgen daraus für das eigene Verhalten und – ganz besonders wichtig – für das Führungsverhalten abzuleiten sind. Je stärker man sich damit identifiziert, desto wirkungsvoller werden die Reaktionen der Mitarbeiter (im Positiven wie im Negativen), die ja auch wiederum in diese Einteilung fallen, ausfallen.

4.4.4.2   Transparenz und Klarheit

Um handlungsfähig zu sein, müssen die nötigen Informationen gegeben werden. Solange dies nicht der Fall ist, kann Führung nicht wirklich funktionieren.

Häufig werden Informationen nicht weit genug in die Mannschaft getragen. Dieses Problem hat viele Gesichter. Eines entsteht daraus, dass sich viele Vorgesetzten weigern – mehr oder weniger bewusst –, überhaupt Informationen weiterzugeben. Unter Machtaspekten ist dieses Verhalten vielleicht noch verständlich. Wer Informationen hat, kann relativ schnell in jeder Situation etwas strukturieren und für sich nutzen. Allerdings ergibt sich dort, wo Informationen nicht hinfließen, eine der ursprünglichen Führungsabsicht entgegengesetzt gerichtete Tendenz. Wer notwendige Informationen nicht auf den Tisch zu legen wagt, kann nicht hoffen, Aufgaben und Probleme zu lösen. So lässt sich Identität bei Mitarbeitern nicht herstellen.

Deshalb macht es Sinn, wenn Vorgesetzte grundsätzlich bemüht sind, dafür zu sorgen, mit ihren Mitarbeitern zu klaren Vereinbarungen zu gelangen. Aus diesem Grund sollte man, was gar nicht so selbstverständlich ist, wichtige Sitzungen in Form eines Ergebnisprotokolls protokollieren:

1. Was wurde vereinbart?
2. Bis wann soll es erledigt sein?
3. Wer soll es tun?
4. Warum soll es getan werden?

5. Was ist dabei herausgekommen?
6. Welche Nebenwirkungen lassen sich feststellen?
7. Wo sind Schwierigkeiten aufgetaucht?

Man kommt nicht umhin, dass ein Minimum an Formalisierung notwendig ist. Andernfalls wird man sich sehr schnell nicht mehr an Vereinbarungen erinnern; zumindest dann nicht, wenn man sich aus welchen Gründen auch immer nicht mehr daran erinnern will.

Klare Vereinbarungen erfordern, etwas wirklich auf den Punkt zu bringen. Es muss klar sein, was zu tun ist und warum es gerade so getan werden soll. Nur auf diese Weise lässt sich Identität aufbauen. Vorgesetzte müssen versuchen, ihre Führungsabsichten und die damit möglicherweise auf den Tisch kommenden Probleme für Mitarbeiter nachvollziehbar zu machen. Andernfalls werden sie keine Identifikationsprozesse anregen und demzufolge auch keine Identität bei ihren Mitarbeitern erreichen.

Das Besondere an der persönlichen Führungssituation ist, dass Mitarbeiter im Führungshandeln die Ziele erkennen können sollten, die Vorgesetzte verfolgen. Dazu ist erforderlich, dass sie Sinnangebote machen, die sicherstellen, dass es Klarheit und damit einhergehend Führungstransparenz gibt. Sinn bedeutet nichts anderes als Verstehen oder Nicht-Verstehen in einer bestimmten Situation. Verstehen Mitarbeiter die Führungsabsichten ihrer Vorgesetzten und können sie diese nachvollziehen, sind sie sinnvoll. Wenn sie sie nicht verstehen, sind sie für sie sinnlos.

Wer als Führungskraft den Sinn seines Handelns und die Aufgabe der eigenen Führungsleistung nicht erkennt, der kann nicht wirklich führen. Was man nicht erklären kann, davon kann man eigentlich nicht überzeugt sein, man kann nicht dahinter stehen und demzufolge auch nicht überzeugen!

Deshalb ist es wichtig, dass Vorgesetzte in ihre „Mannschaft" hineinhören und Stimmungen reflektieren können. Dies sollte mit der Absicht erfolgen, dass Mitarbeiter Fortschritte erkennen können, sofern ihre Einwendungen und Argumente nicht nur als Nörgelei verstanden und bewertet werden. Sind Vorgesetzte zu diesem „Wechselspiel" nicht bereit, verlieren sie an Ansehen, an Akzeptanz ihrer Entscheidungen und schließlich auch an Vertrauen. Ein einmal verlorenes Terrain ist nur schwer zurückzugewinnen.

Wollen Vorgesetzte sich durch erkennbare Eigenschaften ins Gedächtnis ihrer Mitarbeiter rufen und erfolgreich führen,

- müssen sie selbst von ihren Aktionen überzeugt sein und das relativ spontan auch vermitteln können.
- müssen sie für sich die Gewissheit haben, dass sie ihr Vorhaben umsetzen können. Dazu gehört natürlich auch Standpunktfestigkeit.
- muss Offenheit im Dialog mit ihren Mitarbeitern vorhanden sein, um verschiedene Strömungen integrieren zu können. Andernfalls wird man zum Dogmatiker und hält lediglich an der eigenen Position fest.

- müssen sie einen Realitätssinn entwickeln, ein Gespür dafür haben, dass ihre Führungsaktivitäten Erfolg versprechend sind. Denn ähnlich wie Ziele sind Aktivitäten Orientierung und Motivation zugleich.
- müssen sie Kommunikatoren sein, weil es sich bei ihren Aktivitäten und den sich daraus ergebenden Prozessen auch wieder um nichts anderes handelt als um Kommunikation und sich ggf. daraus ergebenden Kommunikationsproblemen. Es muss jemand da sein, der in der Lage ist, das alles zu kommunizieren – also andere dafür zu begeistern.
- müssen sie für das Wichtigste sorgen, nämlich eine gute vertrauensvolle Atmosphäre.

Das Vorstehende in praktiziertes Führungshandeln zu übertragen, kann schwierig werden, weil Vorgesetzte immer stärker der Kritik ihrer Mitarbeiter ausgesetzt sind. Wer die Fähigkeit besitzt, logisch einwandfrei, verständlich und offen zu kommunizieren, für den mag es sogar gut sein, dass Mitarbeiter kritisch sind.

Eigentlich müssen Vorgesetzte nur die Fähigkeit besitzen, Ideen ihrer Mitarbeiter in ihre eigene Führungsleistung integrieren zu können. Ein Vorgesetzter, der gut kommunizieren kann, ist auch in der Lage, Kritik zu integrieren und darauf aufzubauen – also den richtigen Ausdruck zu finden, die richtigen Verbindungslinien und die richtigen Perspektiven aufzuzeigen. Führung muss für Mitarbeiter erkennbar und nachvollziehbar sein.

Insbesondere in Krisenzeiten, in denen es um das Überleben einer Abteilung gehen kann, ist diese Art von Kommunikation noch viel wichtiger als im normalen Führungsalltag. Dies auch und gerade dann, wenn man der Meinung ist, dass in wirklichen Krisenzeiten die Zeit zur Kommunikation fehlt. Selbst in Zeiten, in denen man noch retten will, was zu retten ist, sind Vorgesetzte enorm wichtig. Wird das Umfeld zu dynamisch, müssen sie ihre Mannschaft stabilisieren.

Transparenz und Klarheit sind die wichtigsten Parameter zum Lösen vorhandener Probleme und zum Aufbau von Identifikation. Dazu gehört auch, dass Vorgesetzte den Ernst der Lage ihren Mitarbeitern offenlegen; es geht ja auch um sie. Transparenz allein macht allerdings noch kein Führungsmanagement aus! In diesem Zusammenhang sollte nicht übersehen werden, dass Krisenkompetenz auch vom Top-Management letztlich belohnt wird.

4.4.4.3 Nicht wahnsinnig gestrig sein

Führung zeichnet sich insbesondere dadurch aus, dass Delegation in welcher Ausprägung auch immer im Spiel ist.

Dennoch gibt es auch heute noch althergebrachte Führungsvorstellungen, die davon ausgehen, dass sich Führung durch Anweisungen auszeichnet und man überprüfen muss, ob das, was man angewiesen hat, auch erfüllt worden ist oder nicht. Ist es nicht erfüllt und lässt sich dies auf Fehler zurückführen, wird korrigiert. Häufig genug erfährt der Mitarbeiter, der den Fehler verursacht hat, obendrein noch Sanktionen. Anschließend gibt es neue Anweisungen.

Autoritär oder allenfalls (scheinbar) kooperativ „bestimmen" zu wollen, ist ein traditionelles Merkmal. Das Initiieren und Moderieren, Prozesse nicht bestimmen zu wollen, sondern sie anregen zu wollen, ist für die Zusammenarbeit mit Mitarbeitern sicher der bessere Weg.

Auch wenn viele Dinge nicht in der Gruppe gelöst werden können (Gehaltsentwicklungen z. B. würden den Rahmen sprengen, wenn innerhalb der Arbeitsgruppe darüber gesprochen und letztlich verhandelt würde) lauten die beiden wichtigsten Fragen, die sich Vorgesetzte stellen und beantworten müssen:

- „Wie komme ich zur bestmöglichen Entscheidung für meine anstehenden Aufgaben und Probleme?"
- „Wie kommuniziere ich Entscheidungen und Ideen so in die Mannschaft, dass sie von möglichst vielen getragen und gelebt werden?"

Das wollen Führungskräfte häufig nicht wahrhaben oder sie sind dazu nicht in der Lage, weil ihr Denken sehr stark in der klassischen Führung[18] verhaftet ist.

Damit stellt sich das Problem, wie sie die notwendige Führungsstil-Flexibilität erreichen und ob sie diese überhaupt beherrschen. Trotz aller Notwendigkeit, Führung stärker prozessorientiert zu handhaben, darf dennoch nicht verleugnet werden, dass es Situationen gibt, in denen eine Top-down-Führung sehr erfolgreich – vielleicht sogar für das Unternehmen überlebensnotwendig ist.

Flexibilität im Führungsstil allein ist noch kein Garant für Führungserfolge. Nehmen wir als Beispiel an, zwei Mitarbeiter arbeiten im operativen Bereich mit gleichen Voraussetzungen. Dem einen wird eine Aufgabe delegiert, während einem anderen ständig nur angewiesen wird. Ursache für dieses unterschiedliche Führungsverhalten ist letztlich, wie der Vorgesetzte seine Mitarbeiter sieht – in unserem Beispiel in einer unterschiedlichen emotionalen Beziehung. Damit wird zugleich auch das Zusammenleben der Mitarbeiter untereinander erheblich erschwert, weil zwei komplett unterschiedliche Führungsstile an den Tag gelegt werden.

Sicher wird man sich in unterschiedlichen Situationen unterschiedlich verhalten. Deshalb ist es wichtig, dass Vorgesetzte ihre beabsichtigten Führungsaktivitäten der Realität anpassen. Die Erfahrung lehrt, dass man durch falsches Führungshandeln sehr schnell bei seinen Mitarbeitern Vertrauen zerstören kann. Ursache dafür ist meistens, dass sich aus von Enttäuschungen geprägten Erfahrungen aufgrund überkommenen Führungshandelns pessimistische Einstellungen und Erwartungen bei vielen Mitarbeitern verfestigt haben.

Letztlich scheitern viele Vorgesetzte bei dem Versuch, komplexe Aufgaben lösen zu wollen, weil ihre Vorstellungen überholt und unflexibel sind.

4.4.4.4 Risiken erkennen und annehmen

Es geht an dieser Stelle nicht um die Vollständigkeit der Benennung aller möglichen Führungsrisiken, sondern um die Aufmerksamkeit für die Notwendigkeit, Risiken in der jeweils konkreten Situation zu erkennen und entsprechende Schlussfolgerungen ziehen zu

---

[18] Klassische Führung ist geprägt durch fixierte Regeln und daraus abgeleiteten Anordnungen und Kontrollen, die nahezu schematisch angewandt werden.

können. Vorgesetzte können Handlungsspielräume eingrenzen – sie können sie aber auch erweitern.

Führungsrisiken haben unterschiedliche Ursachen:

- Je größer der Selbststeuerungsbedarf vor Ort ist, desto stärker hängen Führungserfolge von der Qualität der Mitarbeiter, aber auch der der Führungskräfte ab. Deshalb müssen insbesondere die Mitarbeiter in Richtung selbständiges Arbeiten qualifiziert sein bzw. werden. Vorgesetzte sollten es eigentlich schon sein.
  Wie gut Vorgesetzte dazu in der Lage sind, lässt sich an der den anstehenden Aufgaben und Problemen entsprechenden Qualifikationsvielfalt ihrer Abteilung ableiten. Die eigentliche „Managementleistung vor Ort" ist die Beantwortung der Frage, inwieweit es gelingt, die richtige Mannschaft zur richtigen Zeit zu haben. Die Führungsaufgabe besteht darin, Unterschiede innerhalb der Mannschaft situationsgerecht nutzen zu können.
- Die aktuelle Führungstendenz zeigt ein Zurückdrängen der direkten Führung durch Vorgesetzte zugunsten der Selbststeuerung durch Mitarbeiter. Damit einher geht neuer Handlungsbedarf in Sachen Führung – also MbO, kooperative Führung, Delegation, aber auch wieder Selbstführung durch Mitarbeiter.
  Es klingt leichter, als es ist, Führung so zu gestalten, dass sich am Ende Erfolge einstellen. Führung ist immer ein wechselseitiger Prozess, der sich zwischen Individuen abspielt. Damit werden Führungserfolge auch von den Interessen der beteiligten Personen bestimmt, weshalb es bei Führung wie auch bei Kommunikation immer auf eine hoffentlich positive Interaktion zwischen Vorgesetzten und Mitarbeitern ankommt.
- Wer sich in seinem Führungsverhalten nicht sicher ist, neigt dazu, sich hinter Fassaden wie Protokollen, Niederschriften, persönlichen „Handschriften" usw. abzuschirmen. Wer sich sicher fühlt, muss sich nicht verschanzen!
  Vorgesetzte werden umso erfolgreicher sein, je früher es ihnen gelingt, solche Fassaden gar nicht erst aufkommen zu lassen oder zu durchlöchern. Sie müssen erkennen, dass es sich immer um eine Beziehung handelt, in der die Identität mit Personen und Aufgaben den Erfolgsfaktor bildet.
- Obwohl zwischen Führungsstrukturen und Arbeitsprozessen unterschieden werden muss, können sich Einflussmöglichkeiten innerhalb der Führungsbeziehungen ändern, wenn die formale Hierarchie informell kompensiert wird. Hierarchie wird nicht durchbrochen, wenn Vorgesetzte es nicht wollen. Dennoch kann der Einfluss von Mitarbeitern aufgrund ihrer Fachkompetenz wachsen, wogegen Vorgesetzte sich nicht wirklich wehren können (s. Abschn. 4.1.2). Es kann durchaus sein, dass Mitarbeiter – ohne dass dies nach außen erkennbar sein muss – ihre Vorgesetzten indirekt oder sogar direkt „steuern". Solche informellen Führerschaften werden leicht unterschätzt, bis man sich ihnen erstmalig in der unternehmerischen Realität beugen muss.
- Können Mitarbeiter Ziele und die daraus für sie abgeleiteten Aufgaben nicht nachvollziehen und sich somit auch nicht damit identifizieren, ist Misserfolg vorprogrammiert. Dieses Problem lässt sich nicht lösen, wenn man immer nur autoritär Anweisungen gibt. Es lässt sich wohl lösen, wenn Vorgesetzte die Beziehung zu ihren Mitarbeitern nutzen,

indem sie ihre jeweils gegenwärtigen Erwartungen abgleichen. Ein Verzicht auf Anpassung ist gleichbedeutend mit dem Verlust an gemeinsamer Identität.

Diese Beispiele zeigen, dass Menschen in ihrem Empfinden und Handeln unterschiedlich sind. Deshalb wird es auch eine noch so gut gemeinte Führung nicht ohne Krisen geben. Ein professioneller Vorgesetzter kann diese zwar nicht immer verhindern – aber er kann sie wenigstens zum Positiven auflösen. Krisen können bedrücken; Krisen können jedoch auch Chancen eröffnen.

Weil das so ist, sollten Vorgesetzte ihr Handeln zuverlässig und glaubwürdig bestimmen. Wenn man die Ernsthaftigkeit einer Situation nicht mehr spürt, ist man auch nicht mehr authentisch! Authentizität ist aber für Vorgesetzte eine der wichtigsten Voraussetzungen für eine Erfolg versprechende Führung. Vorgesetzte müssen vorangehen können. Sie müssen führungsstark sein. Wer immer mit seinen Entscheidungen wartet, bis er mit allen Beteiligten gesprochen hat, der ist nicht wirklich erfolgreich. Dennoch gibt es Entscheidungen, die sinnvoll mit allen vorher abgesprochen werden sollten.

4.4.4.5   Umgang mit Geheimnissen, die eigentlich keine sind

Geheimnisse sind und bleiben Geheimnisse in den Augen derer, die überzeugt sind, dass diese Geheimnisse nur sie ganz persönlich betreffen. Dennoch lassen sich Geheimnisse häufig auch in Form von für jedermann nachvollziehbaren – allerdings unausgesprochenen – persönlichen Empfindungen beschreiben. Diese werden nur sehr selten diskutiert und spielen dennoch für das gegenseitige Verständnis von Vorgesetzten und Mitarbeitern eine Rolle, weil sie unter der Oberfläche Sympathie oder Ablehnung hervorrufen.

Vorgesetzte stoßen mit ihren Vorstellungen nicht immer nur auf Übereinstimmung. Wann immer es um Führung geht, sollten sie sich ihrer Empfindungen und ganz persönlichen Gedanken bewusst sein. Sie sind nämlich das Rückgrat für ihr Auftreten und ihr Erscheinungsbild. Auch die nicht ausgesprochenen, aber von Mitarbeitern registrierten Geheimnisse können ansprechend und sympathisch oder ablehnend bis sogar abstoßend wirken. Derartige Gedanken werden zwar nicht zwischen Vorgesetzten und Mitarbeitern ausgetauscht – das Wissen darüber und der persönliche Umgang damit bilden aber die Grundlage für das Selbstbewusstsein und die Energie, die Vorgesetzte aufbringen müssen. Das Verleugnen derartiger Zusammenhänge schafft Unsicherheit und gefährdet die gegenseitige Anerkennung und Identität.

Gelingt es nicht, zwischen solchen „Geheimnissen" und praktischem Führungshandeln zumindest einen Ansatz von Identität herzustellen, bleibt Vorgesetzten nichts anderes übrig, als Führung als Rolle zu übernehmen und zu spielen.

Um das zu vermeiden, ist es wichtig zu betrachten, welche Antworten sie auf ihre ganz persönlichen Empfindungen und Überlegungen finden. Bei der Umsetzung ihrer Führungsabsichten ist nicht nur wichtig, was sie sagen und nach außen deklarieren, sondern was sie in ihrem Hinterkopf verankert haben. Insofern sollten gerade diese persönlichen sozusagen „geheimnisumwitterten" Selbstreflexionen zum Führungsalltag eines jeden Vorgesetzten gehören.

Beispielhafte für Außenstehende zunächst nicht erkennbare Überlegungen und Fragen:

- Wie weit lässt sich das Potential meiner Mitarbeiter noch ausschöpfen?
- Wie viel Eigennutz darf ich mir erlauben und nach außen sichtbar machen?
- Welche Vorurteile bestimmen mein Handeln und kann ich damit brechen?
- Will und kann ich neben den formal vorgegebenen Unternehmensriten neue informelle abteilungsspezifische Führung anstreben und realisieren?
- Sind meine Vorgesetzten und auch meine Mitarbeiter ehrlich und fair?
- Baue ich auf Werte, die Verlässlichkeit, Leistungsbereitschaft und Fairness verkörpern?
- Bin ich von meinen Führungsaktivitäten überzeugt und glaube ich daran?
- Gemeinsamkeit heißt, Dinge auch gemeinsam umsetzen. Bin ich dazu in der Lage?
- Komme ich mit dem, was ich sage, bei meinen Mitarbeitern an?
- Betreibe ich meine Führungsaufgabe nicht nur nebenbei?
- Wirke ich trotz meiner gut gemeinten Ideen doch kalt und zu ehrgeizig?
- Kann ich mit mehr Weitsicht agieren oder sind mir die Hände gebunden?

Solche nicht ausgesprochenen Gedanken sind häufig nicht wirklich geheim, weil sie jedem realistisch denkenden Menschen bekannt und nachvollziehbar sind. Zum besseren Verständnis ihrer „Führungsbeziehungen" müssen sich Vorgesetzte nur fragen, wie sie selber aus ihrer Situation gegenüber ihren Vorgesetzten heraus reflektierend denken und handeln. Auch dann bliebe vermutlich vieles unausgesprochen. Wäre man hier offener, würden sich Euphorie oder Ablehnung gegenüber so manchen Führungsaktivitäten relativieren und Identität fördern oder behindern.

4.4.4.5.1   Der Irrglaube an die Führungsreife

Erfolg braucht Führungskräfte, die Personalressourcen im positiven Sinne nutzen und aktivieren können. Je besser Vorgesetzte damit umgehen können, desto wahrscheinlicher sind ihre Führungserfolge. Diese Fähigkeiten werden immer wieder als gegeben angesehen, was sich jedoch auch als Trugschluss herausstellen kann.

Es wird gerne unterstellt, dass Vorgesetzte über ein entsprechend breites Führungsrepertoire, das z. B. MbO und/oder MbD umfasst, verfügen. Dies sind sehr hohe Anforderungen, weil viele Führungskräfte weder die Auswahl der entsprechenden Führungsmöglichkeiten in ihrer Ausrichtung und Tiefenschärfe kennen noch deren Wechselwirkungen beherrschen. Dennoch zeigen sie sich hinsichtlich ihrer Art zu führen gerne auf dem neuesten Stand der Führungslehre.

Ein möglicher Grund, warum Führungsmodelle aufgenommen und angenommen werden, kann sein, dass Vorgesetzte sich über derartige Modelle aufgewertet fühlen und oftmals eine Rechtfertigung für ihr Verhalten finden bzw. gefunden zu haben glauben. Letztlich werden sie nur dann erfolgreich führen können, wenn sie den Sinn und Zweck ihres Handelns verinnerlicht haben, davon überzeugt sind und dies auch zeigen können. Das kann sich durchaus mit einer Ausrichtung an Führungsmodellen vertragen, wenn man diese auf die konkrete Führungssituation zuschneidet.

Gegenüber kritischen und gerade deswegen wichtigen Mitarbeitern sollten Vorgesetzte in der Lage sein, ihre Art der Führung kommunikationsstark beschreiben zu können. Das, was sie für sich selbst in Anspruch nehmen, sollten sie Mitarbeitern nicht verweigern! Im Zweifel müssen sie selbst sich gegenüber ihren eigenen Vorgesetzten erklären. Auch hier spielen Interaktionen eine Rolle – allerdings in umgekehrter Richtung.

Um Flops möglichst zu vermeiden, müssen sie ihre Führungsaufgabe „bewusst" (bewusster und stärker) wahrnehmen. Dabei gewinnen beziehungsorientierte, personelle Aufgaben an Bedeutung und werden im Vergleich zu rein führungstechnischen Funktionen immer wichtiger.

Wenn das Erfolgspotential eines Unternehmens tatsächlich – nicht nur in Sonntagsreden – die Mitarbeiter sind, dann erfolgen sehr schnell, sobald sich diese nicht ernst genommen oder nicht eingebunden fühlen, „Dienst nach Vorschrift" oder sogar „innere Kündigung". Sieht man in Qualifikation, Motivation usw. seiner Mitarbeiter den Erfolgsfaktor schlechthin, dann müssen auch die richtig qualifizierten, die richtig motivierten Mitarbeiter mit der richtigen Aufgabe am richtigen Platz eingesetzt werden.

Fragt man Mitarbeiter, ob dies in der Praxis gegeben ist, wird man sehr wahrscheinlich erfahren, dass die Verschmelzung von Führungsinstrumenten mit beziehungsorientierten Aspekten der Führung besonders wichtig ist, aber zugleich besonders wenig erfüllt wird. Hier liegen die Probleme. Die Aufgaben von Vorgesetzten werden immer stärker führungslastig, gehen immer stärker in Richtung personelle Aufgaben und damit in Richtung beziehungsorientierte Aufgaben. Und genau dafür sind viele Vorgesetzten am wenigsten ausgebildet und eigentlich nicht vorbereitet, weshalb man entweder Führung sozusagen im Blut haben muss oder Führungshilfen braucht, mit denen man mitarbeiterbezogene bzw. beziehungsorientierte Aufgaben erfüllen kann.

Karriere macht man (leider) immer noch überwiegend über Fachabteilungen. Profiliert sich ein Mitarbeiter beispielsweise im Verkauf oder hat er sich besonders hervorgehoben durch Umsatzsteigerungen, dann steht er meistens zur Beförderung an und wird sozusagen von heute auf morgen mit Führungsaufgaben betraut. Dies aber hat er bisher nicht gelernt, weshalb er glaubt, sich auf dieser nun höheren Hierarchiestufe ebenso verhalten zu müssen wie auf der bisherigen, weil er ja dort erfolgreich war – ein großer Irrtum. Sozusagen zum Fallstrick entwickelt sich dieser angedachte Automatismus zwischen Sach- und Führungsaufgaben und die daraus von Vorgesetzten abgeleitete Fehlinterpretation für ihr Führungsverhalten.

Leider ist noch immer gängige Praxis, dass bisherige Einzelgänger (Verkäufer, Spezialisten usw.) ohne Vorbereitung plötzlich für eine Gruppe von Mitarbeitern zuständig sind. Mit Erreichen einer nächsthöheren Hierarchiestufe verändern sich nicht nur Sachaufgaben, sondern auch Führungsaufgaben.

Damit Vorgesetzte ihre Führungsaufgabe besser erfüllen können, sollten sie ihr Augenmerk auf die führungs- und interaktionsbezogene Sichtweise lenken. Es wäre erfreulich, Führung überhaupt nicht mehr oder wesentlich seltener über Fachkompetenz – Fachkompetenz im Sinne von „man ist kompetent" für den Einkauf oder Verkauf, für das Kredit- oder Auslandsgeschäft oder sonst irgendetwas – zu definieren. Natürlich braucht man

Kompetenz. Aber die Führungsfachkompetenz ist eine eigenständige Kompetenz, die sich nicht von jeder herkömmlichen Sachgebietskompetenz ableiten lässt – das Fach ist eben Führung. Das erkennt jeder Mitarbeiter – nur wollen es nicht alle Vorgesetzten und schon gar nicht deren Vorgesetzte wahrhaben!

4.4.4.5.2   Förderung von Mitarbeitern auch aus Eigennutz

Die Förderung guter Mitarbeiter im Hinblick auf deren Karriere kann auch für Vorgesetzte selbst einen unglaublichen Effekt haben. Ihre treuesten Gefolgsleute sind nämlich in der Regel die von ihnen geförderten Mitarbeiter. Das ist ein Netzwerk von besonderer Relevanz.

Im Fokus, der noch zu wenig Beachtung findet, sollten Mitarbeiter stehen, deren Potential in der Keimzelle einer Abteilung entdeckt wird. Gründe dafür liegen im erwarteten eigentlichen Aufstieg dieser Mitarbeiter, der als Mundpropaganda auf deren ursprünglichen Abteilungsleiter zurückführt.

Nicht jeder Vorgesetzte ist bereit, Chancen für den Aufstieg seiner Mitarbeiter zu unterstützen, weil das auch bedeuten kann, diese Mitarbeiter zu einem späteren Zeitpunkt für höherwertige Aufgaben an das Unternehmen abgeben zu müssen. Damit tun sich viele Vorgesetzte – auch wenn sie es nicht zeigen – schwer.

Spricht sich jedoch im Unternehmen herum, dass eine Abteilung und damit zugleich deren Chef sozusagen als „Kaderschmiede" angesehen wird, so ist dieses Image nicht nur Glück für das Unternehmen, sondern gleichzeitig die „Garantie" für diesen Vorgesetzten, seine Führungsvorstellungen und Führungsideen besser durchsetzen zu können. Sein persönlich initiierter Führungsschub wird sozusagen zum Selbstläufer seiner Führung, weil die von ihm ausgewählten Mitarbeiter ihre Chance spüren, nach oben kommen zu können.

Ihr Aufstieg mag kurzfristig vor Ort als Verlust empfunden werden, weil damit ein Abgeben an andere Abteilungen einhergeht. Mittel- bis langfristig dagegen werden Vorgesetzte dankbar sein, weil diese dann ehemaligen Mitarbeiter ein Reservoir bilden, das ihnen nur nützen kann. Sei es für ihre eigene Karriere, sei es für wichtige Feedback-Prozesse oder bei der Suche nach geeigneten Mitarbeitern, wenn sie selbst eine höhere Stufe in der Hierarchie erklommen haben.

Gerade diese Menschen bilden die Säule eines Netzwerkes, auf das Vorgesetzte zu einem späteren Zeitpunkt zurückgreifen können, weil aufgrund gemeinsamer beruflicher Erfahrungen volles Vertrauen herrscht. Es ist geradezu unverständlich, dass so wenige Vorgesetzte diesen Aspekt wahrnehmen, bewusst anstreben und umzusetzen versuchen.

Selbst wenn Mitarbeiter, die sich positiv entwickelt haben und hervorragende Erfolge erzielen, versuchen sollten, diese Erfolge für sich zu verbuchen, indem sie sich dementsprechend in der Firma präsentieren, haben ihre früheren Vorgesetzten immer noch etwas davon. Sie waren schließlich diejenige Führungskraft, die diesen Mitarbeitern die Tür geöffnet hat und sie zu dem gemacht hat, was sie geworden sind.

Gute Mitarbeiter brauchen wie Vorgesetzte Anerkennung und Perspektiven! Und – auch das ist legitim zu denken – sie werden es ihrem Förderer danken!

4.4.4.5.3   Nutzung und Bildung von Netzwerken

Ein Netzwerker wird sein Selbstmanagement weniger durch Hierarchie als vielmehr durch Netzwerke bestimmen. Netzwerkbildungen hin zum Unternehmensmanagement, zum eigenen Vorgesetzten, zu Kollegen oder zu Mitarbeitern sind unabdingbar für Unternehmens-, Abteilungs- und Individualerfolge. Sie strukturieren die Kommunikation und Interaktion. Netzwerke sind für Vorgesetzte wie Mitarbeiter dienlicher als Hierarchiebindungen.

Man sollte die Zusammenarbeit von Vorgesetzten und Mitarbeitern nicht mehr wie meist üblich in einer Pyramide – oben das Management und unten die Mitarbeiter – sehen und verstehen, weil dieser Ableitungszusammenhang so nicht mehr funktioniert. Dass es sich um Netzwerkbeziehungen (s. Abschn. 4.4.3.6.7) handelt, ist deshalb besonders hervorzuheben.

Hinzu kommt, dass sich heute schon Vorgesetzte eher im Sinne eines Netzwerkes betrachten, weil die Hierarchiestufen streckenweise nur auf dem Papier stehen. Faktisch laufen Prozesse ohnehin anders und viel stärker netzwerkartig ab, als es die formale Planung, die eben nur ein Plan und keine Realität ist, vorsieht. Das bedeutet, dass Führung – soll sie erfolgreich sein – auch heute schon netzwerkartig praktiziert wird. Solche Netzwerke sollten sich allerdings nicht ausschließlich auf die Führung und Führungseinheit von Vorgesetzten beschränken.

Im Unterschied zur herkömmlichen Hierarchie bedeutet ein Netzwerk:

- Wechselwirkung – man nimmt Einfluss und wird beeinflusst;
- dass es keine Hierarchie per se mehr gibt. Es bilden sich zwar Hierarchien, die sich aber jeweils in Abhängigkeit von den zu lösenden Aufgaben und Problemen verändern. Man versucht, mit solchen rotierenden Hierarchien wegzukommen von starren Hierarchien. Netzwerkhierarchien müssen sich problemspezifisch verändern, weil es unrealistisch ist, anzunehmen, dass eine einzige Hierarchieform für alle möglichen Probleme die richtige Antwort ist. Führungsbezogen bedeuten rotierende Hierarchien die Anerkennung der Expertise der davon betroffenen Mitarbeiter. Sie erhöhen zugleich auch deren Identität mit den zu lösenden Aufgabenstellungen. Die Hierarchie wird nicht ganz aufgelöst, aber sie wird flexibilisiert oder sie verflüssigt sich. Ganz ohne Hierarchie geht es auch nicht.
- dass die Anwendung zielorientierter und delegativer Führung auch der Unterstützung entsprechender Lernprozesse bedarf. Die laufen weder in Hierarchien noch in einzelnen Arbeitsgruppen ab, sondern sind in Netzwerken zu finden. Innerhalb solcher Netzwerke wird naturgemäß zu einem Problem stärker kommuniziert, als nach außen sichtbar ist.

Geht man davon aus, dass Netzwerke nicht vorhersehbar und nicht planbar und nicht beherrschbar sind, können bestimmte Ursachen an völlig unvermuteten Enden Konsequenzen nach sich ziehen, die nicht berechenbar sind. Das ist die Gefahr, der sich so mancher Vorgesetzter ausgesetzt fühlt.

Leider können die für Netzwerke sprechenden Aspekte auch als Grund dafür ausgelegt werden, dass man immer noch die pyramidenartige Hierarchie betont, weil man als Vorgesetzter nicht mehr weiß, wie die Mitarbeiter tatsächlich arbeiten.

Die Unterstützung von Netzwerken ist immer noch nicht selbstverständlich. Sie würde jedoch jedem Vorgesetzten die Chance eröffnen, sich über seine Führung zu profilieren und gegenüber Kollegen abheben zu können. Die Nutzung vorhandener und Bildung neuer Netzwerke sind Bausteine zur Umsetzung erfolgreicher Führung und damit sicher auch zur erfolgreichen eigenen Karriere.

4.4.4.5.4 Images und Symbole

Symbole dürfen nicht unterschätzt werden. Sie spielen eine besondere Rolle. Werden Vorgesetzte von ihren Mitarbeitern mit Symbolen belegt, so ist das die angenommene oder ablehnende Verkörperung ihres Image.

Die Mitträgerschaft der praktizierten Führung aus eigener (des Vorgesetzten) Überzeugung ist Voraussetzung für eine Erfolg versprechende Identitätswirkung auf Mitarbeiter. Identitätssymbole sind Spiegelbilder der von Mitarbeitern empfundenen Ausstrahlungsqualität ihrer Vorgesetzten.

Mitarbeiter können sich damit identifizieren oder nicht. Im Positiven ist Identitätssymbolik ein Instrument für das Ansehen und die Zustimmung zur Führung. Deshalb ist es hilfreich, wenn es gelingt, bestimmte Führungsfähigkeiten zu personifizieren und zugleich auch zu symbolisieren. Dann nämlich können sich Mitarbeiter leichter mit den Zielen und Aufgaben ihrer Vorgesetzten identifizieren. Das ist das eigentliche Ziel von Identitätssymbolen. Je sichtbarer der Führungskern von Vorgesetzten wird, desto leichter kann Führung von Mitarbeitern verstanden und angenommen werden.

Imagegefährdende Abstrahlungseffekte vermeiden Aus welchen Gründen auch immer: Vorgesetzte tun sich schwer, in Mitarbeitergesprächen wirklich zuzuhören. Häufig ist von Mitarbeitern zu hören, dass sie sich zu wenig Zeit nehmen und, wenn sie zuhören, dann auch noch in ihren Unterschriftenmappen blättern. Zum Eklat kommt es spätestens dann, wenn sie auch noch Bemerkungen wie „Machen Sie ruhig weiter, ich höre zu" fallen lassen. Mitarbeiter wollen ernst genommen werden, weshalb ein solches Verhalten negative Auswirkungen auf die Vorgesetzten-Mitarbeiter-Beziehung hat.

An diesem Beispiel wird sichtbar, wie wichtig es ist zu wissen, wie man von seinen Mitarbeitern wahrgenommen und erlebt wird. Neben der Gefahr, dass Vorgesetzte durch ihre Art die Situation manipulieren, begehen sie auf jeden Fall einen Kommunikationsfehler.

Was Mitarbeiter ganz selbstverständlich von ihren Vorgesetzten erwarten, hebt sich nicht wesentlich von dem ab, was Vorgesetzte wiederum von ihren Mitarbeitern erwarten: kein arrogantes, kein hierarchiebetontes, sondern ein faires Auftreten. Dazu zählen Kriterien wie

ehrlich sein, Vertrauen erwecken und Humor zeigen, Kontaktfreude und Einfühlungsvermögen, gutes Fachwissen, Führungskompetenz und Entschlossenheit, Delegationsfreudigkeit,

Durchsetzungsvermögen nach oben, Ausgeglichenheit, Selbstkritikfähigkeit, Zielstrebigkeit, motivieren können und positives Denken,

die allesamt eigentlich nichts Besonderes sind, aber anscheinend häufig selten berücksichtigt werden.

Wenn diese Auflistung auch nicht vollständig ist und wenn auch Vorgesetzte nicht allen Kriterien entsprechen, so ist doch die Summe dessen, was beim Mitarbeiter ankommt, das Ausstrahlungspaket der Persönlichkeit eines Vorgesetzten.

Eigentlich sind die meisten Kriterien Selbstverständlichkeiten, ganz normale Bestandteile des persönlichen Miteinanders, die aus Sicht der Mitarbeiter sensibel registriert werden. Nicht umsonst ist an Sprüchen wie „Der Chef ist ein Mensch wie jeder andere, er weiß es nur nicht" viel dran. Das bedeutet, dass die „menschliche Komponente" entscheidend dafür ist, ob jemand als Chef über seine Positionsmacht hinaus anerkannt wird oder nicht. Nichts ist schlimmer als ein schlechtes Image innerhalb der eigenen Abteilung, bei Kollegen oder im Unternehmen.

Darüber hinaus sind Mitarbeiter, die nicht ihren Fähigkeiten entsprechend eingesetzt sind, ein weiteres Negativbeispiel für die Führungsqualität von Vorgesetzten. Solche Einsätze erfolgen manchmal recht gedankenlos. Es wird einfach nicht genau genug hingeschaut, wie das Qualitäts- und Qualifikationsprofil eines Mitarbeiters ausschaut. Aus falsch eingesetzten Mitarbeitern werden sehr schnell unter- oder überforderte Mitarbeiter und damit frustrationsgefährdete Mitarbeiter. Setzt sich dies fort, wird am Ende auch der Vorgesetzte ein frustrierter Vorgesetzter sein.

Um das zu vermeiden, brauchen Vorgesetzte ihre ihnen eigene Führungskompetenz. Wer darüber nicht verfügt oder diese Kompetenz nicht beherrscht, für den ist es sinnvoll, mit seinen Mitarbeitern in einen Dialog zu treten, um imagegefährdende Abstrahlungseffekte zu vermeiden!

Identitätssymbole stärken   Mitarbeiter können sich mit Symbolen der Führung identifizieren oder nicht. Im Positiven ist die Identitätssymbolik ein Instrument für die Zustimmung zur Führung ihrer Vorgesetzten. Erfolge, besondere Verdienste, herausragende Leistungen usw. verdichten sich zu einem Persönlichkeitsbild, das bestimmte Fähigkeiten erwarten lässt. Dann können sich Mitarbeiter leichter mit ihren Vorgesetzten identifizieren. Das ist die eigentlich erwünschte Wirkung solcher Identitätssymbole. Im Falle eines negativen Image tritt das Gegenteil dessen ein, was man eigentlich erreichen wollte.

Vorgesetzte sollten vorangehen können, führungsstark sein und auf sich selbst bezogene Führungssymbole (hier kommt es auf das „Wie" an) entwickeln und zeigen können. Je klarer und beeindruckender das „Ausstrahlungspaket" aus Persönlichkeit und Expertise – gemeint ist hier insbesondere die Führungsexpertise – ist, umso eher wird es Vorgesetzten gelingen, ihre Ziele zu denen ihrer Mitarbeiter zu machen.

Wer das Glück hat, eine besondere Aura zu haben, der sollte wissen, dass man diese nicht erarbeiten kann. Wem dieses Glück von Natur nicht gegeben ist, der sollte dennoch an der Stärkung seiner Fähigkeiten arbeiten. Auch daraus werden sich Identitätssymbole ableiten lassen.

4.5 Qualifizierung und Förderung von Mitarbeitern als Identifikationsschub

Über den Tag hinaus denkende Vorgesetzte müssen sich um die Entwicklung ihrer Mitarbeiter bemühen. Um deren Motivation langfristig hoch zu halten, muss es erklärtes Ziel sein, dass möglichst viele Mitarbeiter weiterqualifiziert und „gefördert" (nicht befördert) werden.

Mitarbeiterförderung ist ein wesentlicher Aspekt in der langfristigen Mitarbeitermotivation und damit in der Mitarbeiterführung – wenn auch (was nicht zu leugnen ist) in der Realität die für höhere Aufgaben angedachten Mitarbeiter häufig stärker im Fokus von Bildungsmaßnahmen stehen. Vorgesetzte sollten dafür sorgen, dass zunächst möglichst viele ihrer Mitarbeiter sich entwickeln können und nicht „stehenbleiben". Andererseits sollte klar sein, dass die Änderungsfähigkeit von Menschen nur innerhalb ihres Potentials möglich – und damit begrenzt ist. Das Potential ist wie ein Luftballon, den man nicht endlos ausdehnen kann.

Mitarbeiterentwicklung heißt nicht nur Förderung, sondern eine wirklich menschliche sowie fachliche Weiterentwicklung. Eine Beförderung ist dabei nur bedingt relevant (sonst wären ja alle ständig nur frustriert). Die Denkweise „die Guten ins Töpfchen, die Schlechten ins Kröpfchen" ist kein empfehlenswertes Szenario! Besser wäre „Alle in einem Boot". Damit wertet man jeden im Team auf – auch den Leichtmatrosen. Er wird allerdings nie Steuermann. Ein Schiff braucht aber auch keinen Steuermann, wenn es keine ausreichende Anzahl von Leichtmatrosen hat, um die Segel zu setzen. Alle brauchen aber Entwicklungsperspektiven zur Motivation!

Insgeheim will jeder im Unternehmen weiterkommen und sich entwickeln. Weiterentwicklung ist ein Karussell, auf dem (fast) jeder gerne fährt! Gerade deswegen sollten Vorgesetzte nicht zuletzt auch aus Eigeninteresse bemüht sein, ihre Mitarbeiter zu entwickeln, um sie richtig einschätzen und besser einsetzen zu können. Wo liegen deren Stärken, und zwar nicht nur aus der aktuellen Sicht, sondern auch aus zukunftsorientierter Sicht:

1. Wo haben Mitarbeiter Potentialreserven und
2. wie können Vorgesetzte diese freisetzen?

Das setzt voraus, dass Vorgesetzte das auch „managen" können und über ein Führungsrepertoire verfügen, das möglichst viele Alternativen umfasst. Das wiederum stellt sehr hohe Anforderungen an Vorgesetzte, so dass genau betrachtet nicht nur die Mitarbeiterreife im Fokus steht, sondern auch die Führungsreife der Vorgesetzten. Verfügen sie über eine solche, werden sie aufgewertet und erlangen damit gleichzeitig eine Rechtfertigung für ihr Verhalten. Erfolg rechtfertigt Verhalten. Erreichen sie mit ihrer zielorientierten Handlung ihr Ziel, so rechtfertigt das die Handlung.

In diesem Abschnitt geht es nicht um praktizierte Entwicklung, sondern um Perspektiven, aus denen sich Entwicklungsmaßnahmen ableiten lassen. Das ist der Grund, warum Karriere nicht thematisiert wird, obwohl auch diese Frage nicht im luftleeren Raum stehen bleiben sollte. Entwicklungen und Beförderungen sind zwei unterschiedliche Dinge. Es wäre verwegen zu glauben, dass Vorgesetzte alle ihre Mitarbeiter fördern wollten; sie können aber jeden für sich entsprechend seiner Fähigkeiten „weiterentwickeln".

Es ist wichtig, Mitarbeiter weiterzuqualifizieren, damit diese auch künftigen, teilweise sich sehr schnell und sehr stark verändernden Aufgaben gewachsen sind. Entwicklung sollte im Sinne von „Stärken stärken" und „Schwächen schwächen" für alle Mitarbeiter – insbesondere für die Schwachen – stattfinden. Dann werden auch sie die anstehenden Aufgaben leichter annehmen, sich damit stärker identifizieren und zu einer höheren Stabilität der Arbeitsgruppe, des Teams und der Abteilung beitragen.

4.5.1   Impulse und Initiativen zur Entwicklung von Führungsidentitäten

Wenn in Sonntagsreden von Mitarbeitern als die entscheidende Humanressource gesprochen wird, sollte man vermuten können, dass diese von ihren Vorgesetzten entsprechend der zu lösenden Aufgaben und Probleme angesprochen wird. Realistischerweise muss eingeräumt werden, dass es um diese Humanressourcen nicht so steht, wie man gerne glaubhaft darstellt.

Diese Situation ist Anlass genug, Impulse und Initiativen für die Entwicklung von Führungs- und Mitarbeiteridentität ausfindig zu machen.

4.5.1.1   Impulse zur Anregung von Identifikationsprozessen

- Kompetenz und Verantwortung sind Grundlage für Erfolg versprechende Führung. Kompetenz bedeutet in der Umgangssprache „in etwas besonders gut sein". Hier heißt es, effizient mit Menschen umgehen können und deren Potential nutzen oder ausbauen. Verantwortung ist der ethische Aspekt der Führung.
- In aller Regel geben Vorgesetzte durch ihre Führung (zielorientiert, kooperativ, delegativ) Versprechen ab. Wenn sie damit Erfolg haben, machen sie weiter so; wenn nicht, müssen sie die Dinge verändern.
  Viele Führungskräfte halten sich für kompetent und behaupten, sie seien in der Lage, ihre Mitarbeiter anstehenden Veränderungen entsprechend entwickeln und fördern zu können. Allerdings ist das aus Sicht vieler Mitarbeiter bei genauem Hinsehen nicht immer (nur selten) so.
- Wollen Vorgesetzte erfolgreich sein, müssen sie mit ihren Mitarbeitern und nicht gegen sie arbeiten. Sie müssen sie ins Boot holen und ihnen ihr Wissen und ihre Erfahrungen anbieten.
  Was auch immer Vorgesetzte unternehmen und wie immer sie sich entscheiden: Entscheidend ist die Akzeptanz durch die Mitarbeiter, entscheidend sind nicht die Prozesse und nicht die Inhalte allein.
- Entwicklung und Qualifizierung von Mitarbeitern erfordert eine von allen Seiten geführte Kommunikation, die auf der individuellen Ebene geführt werden muss.

Vorgesetzte gehen mit diesen beispielhaften Einzelimpulsen verantwortungsvoll um, wenn sie sie als Anregungen annehmen.

4.5.1.2   Initiativen zu identitätsfördernden Führungsaktivitäten

Was einen Chef ausmacht, ist nichts anderes als das, was Menschen ganz allgemein ausmacht.

- Vorgesetzte können sich relativ leicht einen Katalog von Kriterien erstellen, wenn sie sich fragen, was sie an Vorbildern oder auch an engagierten Mitarbeitern schätzen. Einen auf diese Art ermittelten Kriterienkatalog wie beispielsweise
    - zuhören können,
    - fair auftreten (kein arrogantes, kein hierarchiebetontes Auftreten),
    - ehrlich sein, Vertrauen erwecken,
    - Kontaktfreude und Einfühlungsvermögen zeigen können,
    - über gutes Führungswissen verfügen und dies auch umsetzen können,
    - delegationsfreudig sein,
    - Engagement für die Abteilung und nach oben gerichtetes Durchsetzungsvermögen vermitteln,
    - möglichst ausgeglichen agieren und reagieren können,
    - selbstkritisch mit den eigenen Entscheidungen umgehen können,
    - zielstrebig handeln,
    - motivieren und
    - positiv denken können

  sollten sie für ihre „Initialzündung" zur Identifizierung ihrer Mitarbeiter wählen und – das ist wichtig – auch auf sich selbst übertragen.

  Hat man erst einmal einen solchen Katalog erstellt, kann man sich darauf aufbauend fragen, inwieweit die Mitarbeiter und man selbst diesen selbst aufgestellten Kriterien entsprechen.

  Vorgesetzte, die sich ihrer Stärken und Schwächen bewusst sind, werden dadurch nicht nur glaubwürdiger, sondern haben damit auch enorme Hebel zur Verbesserung der Mitarbeiterqualifikationen und ihrer Führung zur Verfügung. Die Einbeziehung in Qualifizierungsmaßnahmen und die Gestaltung zwischenmenschlicher Beziehungen sind aus Mitarbeitersicht entscheidend dafür, ob sie ihrem Chef folgen oder nicht – ob sie sich mit ihm identifizieren.

- Der „Worst Case" bei dem Versuch, Identität mit der Arbeit aufzubauen, stellt sich ein bei Über- oder Unterforderung der Mitarbeiter. Überforderung führt bei leistungsschwachen Mitarbeitern zu Frustration und Motivationsabbau. Ein ähnliches Verhalten zeigen leistungsstarke Mitarbeiter bei Unterforderung.

  In beiden Fällen
    - brauchen Mitarbeiter Unterstützung, indem ihre Vorgesetzten unterforderten Mitarbeitern höherwertige Aufgaben mit gleichzeitig größerer Verantwortung übertragen. Bei Überforderung müssen sich Vorgesetzte überlegen, ob sie korrigierend eingreifen,

indem sie Aufgabenstellung und Verantwortung reduzieren. Ist dies nicht möglich, bleibt nichts anderes übrig, als eine andere Aufgabe anzubieten oder sich schlimmstenfalls von diesen Mitarbeitern zu trennen und sie ggf. durch andere auszutauschen.

– sollten sich Vorgesetzte in ihren Führungsbemühungen neben der erkennbaren Qualifikation und Motivation ihrer Mitarbeiter auch an deren Selbstentwicklungsmöglichkeiten ausrichten. Das Problem liegt darin, dass die Umsetzung nicht einfach ist, weil das Denken vieler Führungskräfte – teilweise aber auch von Mitarbeitern – immer noch sehr stark hierarchiebetont und nicht entwicklungsbetont ist. Dennoch bewegt sich die Führungspraxis immer stärker und immer mehr von rein autoritären Führungsvorstellungen weg in Richtung entwicklungsorientierte Führungsvorstellungen (s. auch Klimecki et al. 1994, S. 9, 43 ff.).

• Je stärker zielorientiert, kooperativ oder delegativ geführt wird, desto mehr gewinnt die Selbstführung der Mitarbeiter an Bedeutung. Das schließt nicht aus, dass zielorientierte und kooperative Führung auch mit weniger Selbstführung erfolgreich sein kann. Es hängt von der konkreten Situation ab, für welche Alternative sich Vorgesetzte entscheiden.

Auf jeden Fall sollten sie sich dafür einsetzen, dass ihre unmittelbar unterstellten Mitarbeiter in der Lage sind, sich selber führen zu können. Wer als Vorgesetzter „hoch hinaus" will, der braucht Mitarbeiter, die ihn begleiten. Dies hat zwei Gründe: Man kann damit eine beidseitige motivationale Identität erreichen und gleichzeitig für den Fall von Rückschlägen einen Stabilisator einbauen. (Wenn man fällt, dann fällt es sich leichter, wenn alle fallen!)

• Von Mitarbeitern, bei denen die erwünschten notwendigen Qualifikationen fehlen, müssen sich Vorgesetzte im Zweifelsfalle trennen und andere einsetzen, von denen sie glauben, dass deren Selbstmanagementkompetenz größer ist. Das allerdings sollte nicht zum Erkennungsmerkmal der Person eines Vorgesetzten werden, sondern Ausnahme bleiben.

Zunächst sollten Vorgesetzte versuchen, die betroffenen Mitarbeiter doch noch zu ermuntern und befähigen, sich selber zu führen. Das sollten Führungskräfte als eine ihrer wichtigsten Führungsaufgaben verstehen – nicht zuletzt auch, um Chancen nutzen zu können, sich von „an alten Zöpfen" festhaltenden Kollegen abzuheben.

• Wird einem Mitarbeiter eine Aufgabe delegiert, so kann er bei echter Delegation im Rahmen seines Selbstmanagements selbständig agieren. Er hat Verantwortung, er hat Entscheidungskompetenz und muss damit umgehen können. Kompetenz im Sinne von Fähigkeiten ist bei Delegation nicht automatisch übertragbar.

• In der Realität ist nicht die erledigte Aufgabe, sondern die Qualität der Erledigung entscheidend. Entscheidend ist also die Ergebnisqualität. Deshalb werden Vorgesetzte bevorzugt jenen Mitarbeitern Aufgaben delegieren, von denen sie glauben, dass sie die besseren Ergebnisse abliefern. Hier zählen Erfahrungswerte mit den einzelnen Mitarbeitern.

Je unstrukturierter Aufgaben sind, (je weniger andere sagen, was man wann zu machen hat, je mehr man eine komplexere Aufgabe hat, die man erledigen muss und die auch sich noch längerfristig auswirkt), desto mehr steigt die Bedeutung des Selbstmanagements. Selbstmanagement bedeutet demzufolge eigene Ziele setzen. Es wird umso notwendiger, dass Vorgesetzte und Mitarbeiter miteinander darüber reden können und sich besprechen, weil es letztlich um Leistung geht und sie gemeinsam Ziele erreichen möchten. Einerseits wirken sich mangelnde Motivation und Frustration auf allen Hierarchiestufen (Mitarbeiter wie auch Vorgesetzte) negativ auf die Leistung aus. Andererseits ist ein demotivierter Vorgesetzter vielleicht noch viel ineffizienter als ein „normaler" Mitarbeiter, da sich seine Motivationsdefizite bei Mitarbeitern multiplizieren.

- Da die meisten Arbeiten weniger mit Intelligenz als vielmehr mit Know-how zu tun haben, stellt sich die Frage, welche Möglichkeiten sich bieten, die Leistung seiner Mitarbeiter zu verbessern:
  - Man kann versuchen, die Fähigkeiten seiner Mitarbeiter zu verbessern. Das kann geschehen durch Training oder durch besseres Nutzen des Leistungspotentials.
  - Oder man sorgt dafür, dass Mitarbeiter sich Erfahrungs- oder Arbeitstechniken aneignen. Für den einen kann das der geschickte Umgang mit dem Rasenmäher sein; für einen anderen die Fähigkeit, über Kommunikationstechniken zu verfügen.

  Die Verbesserung von Fähigkeiten und/oder Aneignung von Fertigkeiten sind ein wichtiger Punkt im Zusammenhang mit der Eigenverantwortung der Mitarbeiter.

- Übersehen werden darf auf keinen Fall die Motivation. Hier geht es um Handlungsantriebe – die Bereitschaft, Leistung zu erbringen.

- Erfolgsorientierte Vorgesetzte sollten dafür sorgen, dass ihre Mitarbeiter die Chance haben, Leistung überhaupt erst erbringen zu können, indem ihnen dafür die entsprechenden Rahmenbedingungen geboten werden.

  Ein Negativbeispiel sind Mitarbeiter, die nicht ihren Fähigkeiten gemäß eingesetzt werden. Leider sind das relativ viele. Der Personaleinsatz in Unternehmen erfolgt manchmal recht gedankenlos. Es wird nicht genau hingeschaut, wo das Qualitäts- und Qualifikationsprofil eines Mitarbeiters ist.

  Zu diesem Problemkreis lässt sich nur vermuten, dass die Situation der Unterforderung vermehrt anzutreffen ist. Es kann durchaus sein, dass Menschen bezüglich der Qualität dessen, was sie tun müssen, unterfordert sind, während sie bezüglich der Menge dessen, was sie erledigen müssen, überfordert sind, oder dass die Qualität der Jobs, die zu erledigen sind, nicht gestiegen ist. Im Gegenteil führt die Ideologie der minimalen Arbeitsaufgaben – je kleiner, desto besser; je spezialisierter, desto besser – dazu, dass damit auch sehr viele Jobs an Qualität verlieren.

  Fasst man diese beiden Beobachtungen zusammen, so lassen sich daraus zwei unterschiedliche Folgerungen ableiten: Entweder geht es tendenziell in Richtung Unterforderung, die mit einer häufig quantitativen Überforderung einhergeht (wahrgenommene Mitarbeitersicht) oder durch die automatisierten Prozessschritte am Computer müssten die Arbeiten tendenziell eher anspruchsvoller geworden sein (wahrgenommene Unternehmersicht).

- Situationsgestaltung erfordert, den eigenen Bereich so abzusichern, dass in ihm auch tatsächlich gearbeitet werden kann. Da sehr viele Vorgesetzte häufig dazu kaum Kompetenzen haben, müssen sie ein breites Rückgrat zeigen, was in einer tiefgestaffelten Hierarchie schwierig ist. Gerade diese Aufgabe wird im Zuge delegativer Führung immer wichtiger. Sie ist für Vorgesetzte eine Schlüsselaufgabe!

Vorgesetzte müssen so führen, wie es ihre Persönlichkeit zulässt. Das schließt die Entwicklung ihrer Mitarbeiter und auch ihrer eigenen mit ein. Es macht keinen Sinn, eigene Interessen zu verstecken. Es macht aber auch keinen Sinn, die Interessen seiner Mitarbeiter zu leugnen.

Deshalb ist die Förderung des „Selbstmanagements der Mitarbeiter" eine der wichtigsten Grundlagen für eine vertrauensvolle und identitätswirksame Beziehung zwischen Vorgesetzten und Mitarbeitern.

4.5.2   Risiken

Qualifizierte Mitarbeiter werden zunehmend in Entscheidungen ihrer Vorgesetzten eingebunden. Diese Entscheidungsbeteiligungen eröffnen Chancen; sie bergen aber gleichzeitig immer auch Gefahren in sich:

- Was passiert, wenn man merkt, dass irgendetwas nicht funktioniert – wenn alles aus dem Ruder läuft und sich in unterschiedliche Richtungen entwickelt?
- Lässt sich diese Entwicklung dann überhaupt noch stoppen?
- Kann man eine einmal etablierte Mitarbeiterautonomie wieder reduzieren?

Die Kontrollierbarkeit der Führungsauslegung setzt Verantwortungsbewusstsein und Information voraus, was wiederum in den Vorgesetzten-Mitarbeiter-Beziehungen Bereitschaft zur „Machtverteilung" von oben nach unten voraussetzt. Wenn es klappt, macht man weiter so; wenn nicht, muss etwas geändert werden. Das allein schon schützt Vorgesetzte vor irreversiblen Fehlentwicklungen und zeigt Mitarbeitern, dass sie sich ihre erworbene Autonomie dauerhaft und wiederholt verdienen müssen, was obendrein auch noch motiviert.

Es ist zu bedenken, wann und wie Mitarbeitereinbindung funktioniert. In ungewissen Situationen ist Mitarbeitereinbindung vielleicht ein besseres Krisenverhinderungsmodell; es ist aber kein Crash-Lösungsmodell. Auf der anderen Seite wird man aus einer akuten Krise wahrscheinlich mit einer gewissen Verzögerung besser herauskommen, wenn zur Krisenbewältigung noch genügend Zeit zur Verfügung steht. Dennoch: Crash-Management ist tendenziell hierarchiebetont.

Schließlich gibt es Tendenzen, die dazu führen, dass Vorgesetzte Schwierigkeiten mit Veränderungen haben. Häufig fehlen Änderungsimpulse und keiner getraut sich, irgendetwas zu unternehmen. So werden Entwicklungen in Abteilungen oder Teams schlicht verschlafen. Andererseits werden Entscheidungen von Vorgesetzten nicht immer wieder und permanent von Mitarbeitern hinterfragt. Das wissen Mitarbeiter und Vorgesetzte. Daraus kann Trägheit auf beiden Seiten entstehen.

Wie in vielen anderen Bereichen gilt auch hier, ein sinnvolles Maß an Stabilität und Veränderungsdynamik zu finden (Klimecki et al. 1994, S. 14 ff).

Literatur

Atkinson JW (1964) An introduction to motivation. Van Nostrand, New York

Bleicher K (1995) Das Konzept Integriertes Management, 3. Aufl. Campus Verlag, Frankfurt/New York, S 458

Herzberg F (1959) The Motivation to Work, New York. (1966) Work and the Nature of Man, Cleveland

House RJ, Hanges, PJ, Javidan M, Dorfman PW, Gupta V (2004) Culture, Leadership, and Organisations: The GLOBE Study of 62 Societies. Sage Publications, Thousand Oaks

Klimecki R, Probst G, Eberl P (1994) Entwicklungsorientiertes Management. Schäffer-Poeschel Verlag, Stuttgart (S 9, 14 ff, 43 ff, 82 f)

Lay R (1975) Dialektik für Manager, 3. Aufl. Wirtschaftsverlag Langen-Müller/Herbig, München, S 98

Maslow A (1973) Die Psychologie des Seins. Gebundene Ausgabe. Vgl. Herzberg F (1959) The Motivation to Work. New York; (1966) Work and the Nature of Man. Cleveland

Maslow A, Harold A (1943) A story of human motivation. Psychological Review 370–396; (1943) A Preface to Motivational Theory. Psychosomatic Medicine, S 85–89

Nasher J (2010) Durchschaut – Das Geheimnis, kleine und große Lügen zu entlarven, 4. Aufl. Wilhelm Heyne Verlag, München

Wunderer R, Grunwald W (1980) Führungslehre. Bd 1. Walter de Gruyter, Berlin, New York (S 176 ff, 186 ff)

To-dos zur situationsgerechten Führung

5

Überblick

Führung verlangt Vertrauen in die eigenen Aktivitäten sowie Disziplin hinsichtlich der Vorbereitung und Umsetzung beabsichtigten Führungshandelns. Die Hauptaufgabe situativer Führung besteht darin, Identifikationsmöglichkeiten und mögliche Identifikationssperren zu erkennen.

Bevor erfolgreiches Führen eingeleitet werden kann, müssen Vorgesetzte die jeweilige Vor-Ort-Situation kennen und mögliche Führungsalternativen abwägen können. Führungskräfte sollten sich gut vorbereiten und auf ihre Art zu führen konzentrieren. Dabei geht es vor allen Dingen darum, von den theoretischen Modellangeboten und Empfehlungen zur Führung zu situativen Führungsalternativen, zu attraktiven und realistischen Führungsaktivitäten zu kommen.

Bei seinen persönlichen Führungsvorbereitungen sollte man nicht vergessen, dass psychologische Komponenten in die Führung eingebracht werden müssen. Wird dies übersehen, ist eine mitarbeitergerechte und identifikationsorientierte Führung nicht möglich, weil man dann nicht erkennen kann, dass verschiedene Identifikationsmöglichkeiten und vielleicht auch Identifikationssperren bei den einzelnen Mitarbeitern bestehen.

Vorgesetzte sollten deshalb nicht aufhören, ihr Umfeld mitzunehmen und zumindest alle relevanten Mitarbeiter/-innen mit ins Boot zu holen, damit ihre Ideen zu Ideen ihrer Mitarbeiter werden.

5.1 Szenarien, die Führungshandeln bestimmen

Kernaussage zur situativen Führung ist, dass es kein für alle Situationen gleichermaßen Erfolg versprechendes Führungshandeln gibt, sondern dass Führung abgestimmt werden muss auf die jeweilige Situation.

G. Bolten, *Auf der Suche nach Führungsidentität*, DOI 10.1007/978-3-658-01109-3_5,
© Springer Fachmedien Wiesbaden 2013

Führung sollte zielorientiert sein, bei Delegation auf eine Form der autonomen Arbeitsplatzgestaltung und bei kooperativer Führung auf eine Form der Partizipation und Vertrauensbildung als Grundprinzip hinauslaufen. Wie das im Einzelnen konkret aussieht, ist Gegenstand eines Weges, den sich jeder Vorgesetzte selber suchen muss. Entscheidend ist, dass sie ihre Mitarbeiter mit ihrem eigenen Identitätskern[1] erreichen (s. Abschn. 4.2.4). Das erfordert, sich selbst Fragen, Antworten und Konsequenzen für sein/ihr Führungsverhalten zu definieren.

Eine Erfolg versprechende Analyse stellt Fragen, deren Beantwortung Vorgesetzte auf der Suche nach Führungsidentität und Realitätsnähe zur konkreten Situation führen. Dazu bieten sich als Kriterien an:

• die Aufgaben, die Strukturiertheit der Aufgabe (vom Mitarbeiter und vom Vorgesetzten)
• die disziplinarische Führungsautorität (Positionsmacht)
• die Qualität der Vorgesetzten-Mitarbeiter-Beziehung
• der Druck bei Entscheidungen (Problem u./o. Zeit)
• die Reife von Mitarbeitern
• Erfolgssucher und/oder Misserfolgsmeider innerhalb der Mannschaft
• Erwartungen an die Führung
• die Größe der Führungseinheit (Mitarbeiterzahl, Kontrollspannen und Hierarchieebenen)
• die Bedürfnisse der Mitarbeiter
• die Zufriedenheit der Mitarbeiter
• Entwicklungsmöglichkeiten
• das Verhältnis der Mitarbeiter untereinander
• Selbstgestaltungsmöglichkeiten der Mitarbeiter
• die Leistungsmotivation
• …

Sich daran orientierend kann eine Einschätzung der die Abteilung oder das Team widerspiegelnden Situation erfolgen. Diese wird je nach Branche, Marktsituation, unternehmens- und abteilungs- bzw. teamspezifischen sowie personellen Gegebenheiten sehr unterschiedlich ausfallen. Vorgesetzte sollten die Führungssituation, die ihrer Abteilungs- oder Teamrealität am nächsten kommt, zu ermitteln versuchen:

• Was sind meine Ziele und Optionen,
• welche Führungsalternativen habe ich, und
• wie sehen die Szenarien mit welcher Wahrscheinlichkeit aus?

Darauf aufbauend kann eigentlich erst Führungshandeln definiert, konkretisiert und umgesetzt werden. Dabei sollten Vorgesetzte ihre ermittelten Orientierungshilfen reflektieren und schließlich zu einem Ergebnis kommen, das sie vor sich selbst und auch guten

---

[1] Identitätskern = aus innerster Überzeugung entspringende Identität.

Gewissens gegenüber ihren Mitarbeitern vertreten können. Nur so vertreten sie ihre Identität mit ihrer Führungsaufgabe glaubhaft gegenüber ihren Mitarbeitern.

5.2 Briefing zur Führungssituation

Die Überlegungen zum Briefing sollen verdeutlichen, dass Führen nicht heißen kann, Modelle oder Instrumente suchen zu wollen, die „einfach" passen. Konzepte sind nicht dienlich, wenn man meint, man könnte mit Hilfe von Modellen das gesamte Problem der Führung begreifen und lösen. Das funktioniert nicht!

Es ist zweckmäßig, Führungsalternativen parat zu haben, um sich in einer bestimmten Führungssituation daran zu erinnern. Dazu bedarf es konkreter Fragestellungen und sich aus ihrer Beantwortung ergebende Konsequenzen. Andernfalls hat man keine Chance zu Entscheidungen, weil Entscheidungen Alternativen brauchen! Führungserfolge verlangen Vertrauen in die eigenen Aktivitäten, Disziplin hinsichtlich Vorbereitung und Umsetzung sowie Souveränität im Umgang mit Mitarbeitern.

Führung vollzieht sich immer in bestimmten Situationen und ist abhängig von den die jeweilige Situation beeinflussenden Faktoren, die Führungshandeln bestimmen:

Hersey und Blanchard versuchten, mit ihrem Reifegradmodell (Hersey und Blanchard 1977; Wunderer und Grunwald 1980, S. 232 ff.) Antworten auf die Frage zu erhalten, wovon Führungserfolg abhängt, wann man erfolgreich führt, wann und wie man kooperativ führt und wann und wie man eben auch autoritär führen muss. Das Grundprinzip beruht auf der Annahme, dass Mitarbeiter nach ihrem Reifegrad geführt werden müssen.

Situative Führung kann auf Vorgesetzte, Mitarbeiter, die Arbeitssituation und strategisch-taktische Handlungsspielräume ausgerichtet werden. Dieses Geflecht wird durch die an Führungsprozessen beteiligten Menschen (Führungskräfte und Mitarbeiter) und durch die spezielle Abteilungs- oder Teamsituation bestimmt. Je nachdem, wie diese einzelnen Faktoren und das Geflecht als Ganzes ausgeprägt sind, werden unterschiedliche Führungshandlungen erforderlich. Diesbezügliche Fragen, die sich Vorgesetzte zur Führungssituation stellen müssen und die eine ehrliche Antwort erfordern:

- „Wo stehe ich?"
- „Wo will ich hin?"
- „Wie schaffe ich es?"

Wichtig ist für einen Abteilungsleiter die Einschätzung der gegenwärtigen und der sich abzeichnenden Entwicklung seiner Abteilung. Dabei handelt es sich um die Vorbereitung anstehender Führungsentscheidungen. Darauf aufbauend lassen sich dann Führungsaktivitäten besser und vor allen Dingen situationsgerechter definieren und für die Umsetzung planen.

Schlüsselfragen bzw. Frageketten und Fakten, die Vorgesetzte in ihrer Führungsplanung voranbringen, werden in den folgenden Checks zur Führungssituation aufgelistet.

5.2.1   Vorgesetzten-Checks zur Führung vor Ort

Die Frageketten sind lediglich gedacht als ein möglicher Analysegrundstock, aus dem Vorgesetzte die für ihre konkrete Führungssituation wichtigen Fragen herausfiltern. Zielsetzung ist nicht, dass immer alle Fragen berücksichtigt werden. Es geht lediglich um die Erleichterung einer realitätsgerechten Auswahl.

5.2.1.1   Schlüsselfragen zur Selbsteinschätzung

- Kann ich mein Führungsverhalten (überhaupt) realistisch beurteilen?
- Überschätze ich mich hinsichtlich meiner Führungsfähigkeiten?
- Wovon hängt mein persönlicher Führungserfolg ab?
- „Verkaufe" ich mich als Erfolgssucher oder Misserfolgsmeider?
- Beschränke ich meine Positionsmacht auf Notsituationen?
- Bin ich in der Lage, mit Ausnahmesituationen umzugehen?
- Welche Schwächen habe ich und wie gehe ich damit um?
- Bin ich ausreichend und richtig auf die Übernahme von Führungsverantwortung vorbereitet?
- Wie kommen bei mir Führungsentscheidungen zustande?
- Kann ich Entscheidungen vorurteilsfrei treffen?
- Kann ich zielgerichtet kritisieren, aber auch zielgerichtet loben?
- Kann ich mich an Motivations- und Führungsmodelle anlehnen und unterschiedliche Varianten umsetzen?
- Welche Führungsmodelle bevorzuge ich persönlich?
- Neige ich dazu, meine bevorzugten Modellinterpretationen mit der Wirklichkeit gleichzusetzen?
- Setze ich mich selbst unter Druck?
- Bin ich stress-stabil?
- Bin ich eher autoritätsfixiert oder eher partnerschaftlich orientiert?
- Verstehe ich mich als Netzwerker, der sich mehr über „Netze" und weniger über althergebrachte Hierarchie definiert?
- Kann ich anordnungsbezogene Führung ersetzen, indem ich Aufgaben auf meine Mitarbeiter verlagere?
- Erfülle ich meine Führungsaufgaben durch Einzelschritte, die ich täglich mache?
- Habe ich trotz aller Loyalität den richtigen Biss gegenüber meinen Vorgesetzten oder unterwerfe ich mich meinen eigenen Vorgesetzten?
- Setze ich zu hohe Ziele, die nur unter Druck erbracht werden können?
- Löse ich in Gesprächen und Diskussionen Angst aus?
- Wirke ich trotz meiner guten Ideen doch kalt und zu ehrgeizig?
- Bin ich nachtragend, wenn etwas schiefgeht?
- Bin ich zu ausgewogenen Mitarbeitergesprächen fähig und dazu auch bereit?
- Kann ich meine Entscheidungen begründen und Sinn vermitteln?
- Kann ich Mitarbeiter mitreißen und meine Ziele zu deren Zielen machen?

- Kann ich Mitarbeiter befähigen, sich selbst zu führen, oder tue ich mich mit deren „Selbstführung" schwer?
- Orientiere ich mich an harten oder eher weichen, qualitativen Größen?
- Bin ich in der Lage, auch Werte und Kultur für meine Führung nutzen zu können?
- Sind mein Führungswissen und meine Führungserfahrungen ausreichend, um daraus Führungsalternativen ableiten zu können?
- Habe ich ein persönliches Führungs-MbO?
- Habe ich mich wirklich einer kritischen Selbsteinschätzung unterworfen?
- …

5.2.1.2 Schlüsselfragen zur Vorgesetzten-Mitarbeiter-Beziehung

Vorgesetzte müssen sich fragen, welche typischen Merkmale in der Beziehung zwischen ihnen und ihren Mitarbeitern schwach und welche stärker ausgeprägt sind und wie sie ihre Einflussmöglichkeiten einschätzen. Es geht darum, die richtige Balance zwischen ihnen und ihren Mitarbeitern zu finden.

- Kenne ich die Erwartungen meiner Mitarbeiter?
- Wie steht es um deren Zufriedenheit?
- Vertrauen mir meine Mitarbeiter?
- Kann ich auf Werte wie Verlässlichkeit, Leistungsbereitschaft und Fairness bauen?
- Traue ich Mitarbeitern mehr zu oder bin ich eher misstrauisch?
- Was sind meine wirklichen Erwartungen?
- Wie lässt sich ein „Wir-Gefühl" entwickeln?
- Welche Bedürfnisse sind bei bestimmten Mitarbeitern ausgeprägter als andere?
- Sind meine Mitarbeiter überwiegend ziel-weg-orientiert oder weg-ziel-orientiert?
- Räume ich Mitarbeitern ein Mitspracherecht bei sie betreffenden Aufgaben und Problemen ein?
- Habe ich ehrliche Ansprechpartner?
- Halte ich mich für motivierter als meine Mitarbeiter?
- Neige ich dazu, mich nach außen besser darstellen zu wollen als meine Mitarbeiter?
- Gelingt es mir, verständlich zu machen, dass jeder Mitarbeiter auf seine Art entscheidet, organisiert, reflektiert usw.?
- Ordne ich weniger an und gebe dafür mehr Hilfe zur Selbsthilfe, indem ich die Selbstgestaltung und Selbstverantwortung meiner Mitarbeiter stärke?
- Kann ich Leistung anerkennend ausdrücken?
- Kann ich Mitarbeiter an Erfolgen teilhaben lassen oder muss ich unerwartete Reaktionen fürchten?
- Honoriere ich Leistungen meiner Mitarbeiter durch Verbesserungen (höherwertige Aufgaben, Karriereschub usw.) ihrer Situation im Betrieb?
- Bin ich wirklich bereit, auch interessante Aufgaben abzugeben?
- Verstehen meine Mitarbeiter, was ich sage?
- Kann ich meinen Mitarbeitern auch dann zuhören, wenn sie anderer Meinung sind?
- Gehe ich mit Feedback und Ratschlägen meiner Mitarbeiter konstruktiv um?

- Kann ich Mitarbeitern das Verständnis vermitteln, warum ihre Aufgaben wichtig sind?
- Unterliege ich dem Irrtum, von meinen Mitarbeitern verlangen zu können, was ich mir selbst zumute und abverlange?
- Lasse ich Fehler zu, damit man aus ihnen lernen kann?
- Wirken meine „tolerierten" Fehler abteilungsschwächend?
- Nehmen Mitarbeiter Anregungen oder Empfehlungen an?
- Ist die Bereitschaft zu Kompromissen unterentwickelt?
- Spiele ich meine positionelle Macht nur dann aus, wenn es brennt?
- Wie stelle ich sicher, dass neue Mitarbeiter richtig eingeführt werden?
- Fördere ich Fortbildungsmöglichkeiten?
- Kontrolliere ich den Erfolg von Schulungsmaßnahmen, die meine Mitarbeiter besucht haben?
- Was unternehme ich, um die richtige Balance zwischen meinen Mitarbeitern und mir zu finden?
- …

Auch aus diesem Fragenbündel müssen zunächst die wichtig erscheinenden Fragen ausgesucht und selbst beantwortet werden. Erst dann wird es möglich sein, aus dem darauf aufbauenden und ermittelten Kerntableau (s. Abschn. 5.3.1) ein Führungsverhalten ableiten zu können, das der Realität nahekommen kann!

5.2.1.3   Schlüsselfragen zur Arbeitssituation
Der folgende Fragenkatalog überlappt sich geringfügig mit den Fragenketten zur Selbsteinschätzung und gegenseitigen Beziehung zwischen Vorgesetzten und Mitarbeiter.

- Welche Aufgaben fallen an und wie lassen sie sich auf Mitarbeiter verteilen?
- Wie groß sind Problem- und Handlungsdruck?
- Stehen meine Mitarbeiter unter starkem Erfolgs- und Zeitdruck?
- Habe ich die richtigen Mitarbeiter auf den richtigen Arbeitsplätzen?
- Über- oder unterfordert der Arbeitseinsatz meine Mitarbeiter?
- Sind Mitarbeiter zur Übernahme höherwertiger Aufgaben qualifiziert und wollen sie Verantwortung übernehmen?
- Habe ich Mitarbeiter, die fachlich kompetent sind und gleichzeitig über eine hohe soziale Sensibilität verfügen – die kooperations- und delegationsfähig sind?
- Wie ist das Verhältnis der Mitarbeiter untereinander?
- Wie kann ich die Zusammenarbeit in der Abteilung verbessern?
- Welche Freiräume gibt mir mein Führungsrahmen und wie begrenzt sind meine Führungsmöglichkeiten?
- Gibt es Mitarbeiter, die die Rolle eines „Regulators zu meiner Führung" annehmen können, ohne dass ich dabei das Gesicht verliere?
- Welche Selbstgestaltungsmöglichkeiten kann ich anbieten?
- Kann ich überhaupt die Eigenverantwortung meiner Mitarbeiter stärken?
- Sind meine Mitarbeiter nur mir unterstellt?

- Wie kann ich vorhandene Spaltungen innerhalb der Abteilung aufheben und Gemeinsamkeit schaffen?
- Kann ich meine Mitarbeiter fachlich so miteinander verzahnen, dass es sich um eine mehrfachqualifizierte „Mannschaft" handelt, die sich selber koordinieren kann?
- Welche Aufbau- und Abbaumöglichkeiten von Hierarchie habe ich?
- Welche Möglichkeiten habe ich, die Qualität der Arbeitsleistung in meiner Abteilung zu verbessern?
- Habe ich motivierte und entwicklungsfähige Mitarbeiter?
- Ist meine „Mannschaft" kritik- und konsensfähig?
- Habe ich überwiegend Erfolgssucher- oder Misserfolgsmeider als Mitarbeiter?
- Lassen sich Ziele gemeinsam vereinbaren?
- Wie kommen Entscheidungen zustande?
- Sind gemeinsame Entscheidungsvorgänge möglich?
- Habe ich die Mitarbeiter, um meine Führungsvorstellungen umsetzen zu können?
- Welche Entscheidungen sollte ich als Vorgesetzter selbst treffen und welche stelle ich zur Abstimmung?
- Wie regele ich Aufgaben- und Kompetenzverteilung?
- Kann ich bei Bedarf weitere Kontrollspannen einrichten?
- Schöpfe ich die Potentiale meiner Mitarbeiter aus?
- …

Hier gilt das Gleiche wie in den beiden vorherigen Fragenlisten, will man der Situation vor Ort möglichst nahekommen.

5.2.2 Faktencheck zu wichtigen Handlungszwängen

Führung ist auch abhängig von Rahmenbedingungen, die selten von Vorgesetzten verändert werden können, weshalb sie diesbezüglich Handlungsnotwendigkeiten kennen sollten, um flexibel reagieren zu können.

5.2.2.1 Integrations- und Koordinationszwänge

Betriebliche Abläufe sind meistens arbeitsteilig und das Arbeitsteilige bedarf einer Führung – also Menschen, die das Ganze integrieren und koordinieren. Damit stehen Vorgesetzte vor der Situation, einerseits die Flexibilisierung ihrer Mitarbeiter vorantreiben zu wollen, andererseits aber Integration schaffen zu müssen, die ein Ausufern verhindert oder bereits eingetretene Negativentwicklungen auffangen kann.

Fragen, die eine Einstellung und Stellungnahme zum Handeln geradezu herausfordern:

- Wie weit macht Flexibilisierung Sinn?
- Wie weit und konkret kann und darf integratives Verhalten gehen?
- Bedeutet das letztlich nicht wieder Integration über Instrumente wie Controlling?

- Vorgesetzte sind umso erfolgreicher, je besser sie in der Lage sind, die Integration und Koordination ihrer Mitarbeiter sicherzustellen. Die wichtigste Frage dazu: „Wie kann ich die Zusammenarbeit meiner Mitarbeiter erfolgreich gestalten?"
Die Aufgabe besteht darin, dafür zu sorgen, dass Abteilungen oder Teameinheiten miteinander arbeiten können. Dazu gehört, Mitarbeiter/-innen zu einer möglichst schlagkräftigen Mannschaft, die die an sie gestellten Aufgaben und Probleme erfüllen kann, zusammenzuschweißen. In diesem Sinne erfolgreich sein setzt voraus, teils unterschiedlich qualifizierte Mitarbeiter/-innen aufgabengerecht zu koordinieren und (insbesondere neue Mitarbeiter) durch Integrationsmaßnahmen richtig und möglichst sozialverträglich einzubinden.
Koordination und Integration spielen sowohl bei direkter Führung als auch bei Selbstführung oder Selbststeuerung eine herausragende Rolle.
- Je größer Führungseinheiten sind, desto wichtiger werden Mehrfachqualifikationen der Mitarbeiter, weil der von Vorgesetzten zu bewältigende Integrations- und Koordinationsradius immer größer wird.
Integrations- und Koordinationsaufgaben sind Führungsqualifikationen. Die gegenseitigen Abhängigkeiten und die sich daraus ergebenden Wechselwirkungen müssen einfach stimmig sein. Sie bilden ein Führungs- und Beziehungsnetzwerk.
Integriert wird in diesem Netzwerk sehr viel über Werte und Normen und nicht nur über Quantifizierbares. Die Idee dahinter ist, die unterschiedlichen Führungsansätze möglichst der Realität entsprechend anzupassen, zu integrieren. Dabei ist eine ausschließliche Konzentration auf wenige „harte" Führungsfaktoren genauso falsch wie eine Überbetonung „weicher" Führungsfaktoren.
- Darüber hinaus sind Kultur (s. Abschn. 4.2.3) oder Leitbilder wichtig, weil Werte Koordinations- oder Integrationsmechanismen sind, die nicht organisiert werden und dennoch sehr stark auf die Selbststeuerung wirken. Deshalb ist ein stärkeres Arbeiten mit und an der Kultur notwendig!

5.2.2.2   Wertegesteuerte identitätswirksame Führung

Dass der Erfolg von Unternehmen nicht nur durch „harte" Faktoren wie z. B. die Bilanz oder Kennzahlen zu Marktanteilen, sondern auch von sogenannten „weichen" Faktoren geprägt wird, ist lange bekannt. In den siebziger Jahren haben Peters und Waterman (1982) in ihrer vielbeachteten Analyse von amerikanischen und japanischen Unternehmen herausgefunden, dass auch weiche Faktoren wie z. B. gelebte Normen und Werte, die nur schwer in Kennzahlen abgebildet werden können, einen großen Einfluss auf den Erfolg oder Misserfolg von Unternehmen haben.

Dieses Verständnis zur Erfolgsfaktorenforschung gilt auch für konkrete Führungsbeziehungen. Keine Führungskraft wird von sich behaupten, nur über harte Faktoren wie die Zielvorgabe führen zu können. Um Identität bei Mitarbeitern zu erzeugen, sind die weichen Faktoren meist die entscheidenden. Das gelingt nur, wenn Vorgesetzte und Mitarbeiter ein gemeinsam getragenes Grundverständnis der Verhaltensweisen und Normen aufweisen. In diesem Fall profitiert nicht nur der Mitarbeiter vom Vorgesetzten, sondern auch der Vorgesetzte von einer hohen Identität des Mitarbeiters. Man muss die weichen Faktoren in die Vorgesetzten-Mitarbeiter-Beziehung einbinden.

Augenscheinlich überwiegt die sachrationale Beziehungsebene im Führungsverhalten von Vorgesetzten, da sie einfacher zu vermitteln und auch messbar ist. Öfter aber ist es die emotionale Ebene, die eine größere Wirkung auf Motivation und Identität – auf den gemeinsamen Erfolg – hat. Man kann sich noch so viel bemühen, sachorientiert zu führen: Die weichen Faktoren auf der Beziehungsebene zum Mitarbeiter bleiben dabei immer ein zentraler Erfolgsfaktor.

5.2.2.3 Leitungsspanne – Korrektiv zur Übernahme von Führungsverantwortung

Je nach der Größe von Führungseinheiten und dem damit einhergehenden Aufgabenspektrum ist Führung durch Vorgesetzte schon deshalb wichtig, weil sie diejenigen sind, die Arbeitsaufträge und Mitarbeiter koordinieren und integrieren (s. Abschn. 5.2.2.1).

Allerdings besteht die Gefahr, dass Mitarbeiter mit zunehmender Größe von Führungseinheiten autoritätsfixierter werden und von daher Leiter größerer Einheiten aufgefordert sind, eine neue Ausgewogenheit zu suchen. Dabei ermöglichen ihnen Leitungsspannen eine flexible Handhabe. Sie können je nach Notwendigkeit abteilungsintern weitere Einheiten bilden und deren Führung durch Delegation an vertrauensvolle Mitarbeiter übertragen. Diese haben dann „ihre" Einheit verantwortlich zu führen und lediglich die Ergebnisse ihren Vorgesetzten abzuliefern. Die abteilungsinterne Führungsverantwortung obliegt diesen delegierten Inside-Mitarbeitern. Der Abteilungschef hat dann nur noch die Ergebnisse zu kontrollieren.

Es ist wichtig, dass Vorgesetzte das Potential ihrer Mitarbeiter/-innen kennen, um zu gegebener Zeit handeln zu können und die Ausweitung deren eigener Führungsverantwortung und damit ihren eigenen Aufstieg nicht zu blockieren.

Allgemein gilt, dass mit der Größe von Führungseinheiten normalerweise die Führungsverantwortung ihrer Chefs wächst.

Das schmälert nicht zwangsläufig den Verantwortungsgrad kleinerer Einheiten, da diese häufig aufgrund spezialisierter Arbeitsaufträge und Arbeitsabläufe zusammengesetzt werden und möglicherweise an Bedeutung für das Unternehmen größer sein können als große Führungseinheiten in der Massenproduktion. In solchen Fällen kann es durchaus sein, dass der Verantwortungsgrad kleiner Einheiten an Bedeutung zunimmt.

Geht es um Massenproduktion oder Abteilungen mit hochgradiger Standardisierung, so lassen sich automatisch größere Führungseinheiten realisieren. Was den Verantwortungsgrad anbelangt, hängt die Steuerung unterschiedlich großer Führungseinheiten von der Bedeutung der anfallenden Arbeiten ab.

5.2.2.4 Mitarbeiterentwicklung und Führung müssen einander angepasst sein

Führung kann dazu beitragen, dass Mitarbeiter sich entwickeln und dass durch Abbau von Hemmnissen und Blockaden Einzelner diese Entwicklung auf möglichst viele Mitarbeiter übergreift. „Orte" solcher Entwicklungen sind Abteilungen, Teams und Gruppen.

Je nach Entwicklungswille und Entwicklungsfähigkeit der Mitarbeiter steigt die Bedeutung der direkten, der unmittelbaren Führung, aber auch ganz besonders die Bedeutung der Selbstführung. Dann ist es eine der wichtigsten Aufgaben, dafür zu sorgen, dass sich Mitarbeiter weiterentwickeln und fähig werden, sich selber zu führen. Nur so lassen sich Herausforderungen fachlich und auch organisatorisch besser meistern.

Man darf allerdings nicht vergessen, dass Entwicklungsmöglichkeiten eingegrenzt sind, wenn keine ableitbaren Perspektiven für Mitarbeiter zu sehen sind. Was genau geschieht, kann auch wieder nur vor Ort definiert werden. Dabei darf nicht übersehen werden, dass sich aus der jeweiligen Ausprägung (oder Nichtausprägung) dessen, was geschieht, Auswirkungen auf das Arbeitsverhalten der Mitarbeiter und auf das Führungsverhalten ihrer Vorgesetzten ergeben.

5.2.2.5   Statusänderungen wahrnehmen

Häufiger als erwünscht finden aufgrund organisatorischer Sachzwänge Veränderungen in Unternehmen und damit einhergehend im formalen Status von Mitarbeitern und Führungskräften statt. Davon bleibt im Zweifel keiner verschont.

Ein typisches Beispiel dafür ist die Situation von Gruppenleitern. Mit Ausnahme einer vielleicht höheren Tarifgruppe haben sie nicht wirklich eine übergeordnete Funktion. Sie sind im Grunde genommen etwas höher gestellte Sondersachbearbeiter und eher Gleiche unter Gleichen. Dem Gruppenleiter wird immer mehr formaler Status genommen.

Er hat eine „Primus inter Pares"-Stellung inne. Es ist aber auch wesentlich schwerer, den Sprung vom Gruppenleiter auf eine höhere Stufe zu tun als den Sprung vom Sachbearbeiter zum Gruppenleiter.

Hinzu kommt, dass sich branchenunspezifisch ein allgemeiner hierarchischer Abbau vollzieht. Für den Dienstleistungsbereich lässt sich feststellen, dass von der Dreigliedrigkeit Abteilungsleiter, Gruppenleiter und Mitarbeiter die Gruppenleiterebene von beiden Seiten ersetzt wird. In produktionsorientierten Betrieben gibt es ähnliche Entwicklungen, die anders durchschlagen. Bei Betrachtung eines Abteilungsleiters, eines Gruppenleiters und eines Vorarbeiters entfällt hier in der Regel nicht die mittlere Ebene, sondern die untere Ebene. Sie wird entweder wegrationalisiert oder sie wird durch teilautonome Arbeitsgruppen ersetzt.

Wer als Chef derartige Entwicklungen nicht sieht oder nicht wahrhaben will, läuft Gefahr, seinen Mitarbeitern falsche Perspektiven aufzuzeigen und sich selbst frustrierte Mitarbeiter zu bescheren.

5.2.2.6   Partizipation – Indikator zur Früherkennung besonderer Fähigkeiten

Partizipation ist eine Möglichkeit, Mitarbeiter zu entdecken, die qualifiziert erscheinen, ihr Wissen für Entscheidungen und Arbeitsabläufe einbringen zu können. Von diesen Mitarbeitern gibt es meistens mehr als nur diejenigen, die tatsächlich entscheiden. Vorgesetzte sollten sie herausfinden und in welcher Form auch immer an Abteilungsabläufen beteiligen!

Partizipation vor Ort lässt sich unter diesen Gesichtspunkten sicher noch ausbauen, ohne dass gleich die Mehrzahl der Mitarbeiter irgendwie partizipieren will. Man kann damit beginnen zu fragen, wer zu einer bestimmten Entscheidung etwas von seinem Wissen oder auch von seinen Erfahrungen beitragen kann. Und diese Mitarbeiter sollte man an einen Tisch bringen können.

Partizipation ist demzufolge nicht nur Teil der Delegation, sondern auch als Vorstufe zur Delegation zu verstehen, da auf diese Weise für künftige Aufgaben Mitarbeiter „entdeckt" und „erprobt" werden können.

5.3   Anregungen zur Umsetzung situativer Führung

Ziel jedes Vorgesetzten ist es, seine Mannschaft erfolgreich zu führen. Dazu ist erforderlich, die Führungsaktivitäten möglichst realitätsnah und konkret auszurichten. Die folgenden Anregungen erheben keinen Anspruch auf Vollständigkeit, sind aber dennoch gedacht als Schalthebel zur Beeinflussung des eigenen Führungsverhaltens in akuten Führungssituationen.

5.3.1   Führungstableaus als Hilfsmittel

Mit steigender Verantwortung wächst die Notwendigkeit zur Lernfähigkeit. Auch Vorgesetzte müssen lernen, mit Veränderungen umgehen zu können. Wenn sich Führungskräfte weiterentwickeln wollen und weiterentwickeln müssen – sich also Veränderungen anpassen müssen –, dann müssen sie relativ offen für Diagnosen auch zu sich selbst sein, um ihre Stellung in Führungsbeziehungen kennenzulernen. Der erste Schritt dahin heißt Eigen- und Fremdkritik suchen und ertragen.

Insofern hat Kritik einen Lerncharakter und Lernziel – nämlich Menschen in ihren Verhaltensweisen zur Überprüfung anzuregen und vielleicht dadurch eine Änderung des Verhaltens zu erwirken. Wird man in bestimmten Verhaltensweisen immer nur bestätigt, besteht die Tendenz, sich nicht zu ändern. Insofern muss neben der Anerkennung auch bei der Führung von Mitarbeitern und bei der Führung (dem Umgang) der Mitarbeiter gegenüber ihren Vorgesetzten (beides ist notwendig) das Element der Kritik mit aufgenommen werden.

Befragungsanalysen sind nichts anderes als ein Diagnose-Mittel. Man versucht, in einem Grundraster die wesentlichen Aspekte situativer Führungsbeziehungen zu erfassen, die vorgefundene Führungsrealität zu erforschen (vgl. Bleicher 1995, S. 409 ff.). Mit der Anfertigung von Ist- und Soll-Profilen stellt man sich bereits einer Art kritischen Durchleuchtung.

Soll-Ist-Vergleiche der in Tableaus festzuhaltenden Kriterien (s. Abschn. 5.2.1) dienen der Ausrichtung auf die Führungsplanung und künftigen Führungsaktivitäten (z. B. Delegation, MbO, Selbststeuerung der Mitarbeiter usw.). Führungstableaus dienen aber auch dazu, Chancen und Risiken bei der Umsetzung von Führungsmaßnahmen besser einschätzen zu können.

5.3.1.1 Erstellen eines Führungstableaus am Beispiel delegativer Führung

Wie weit Vorgesetzte delegieren, auf welche Gebiete sie Delegation ausdehnen, das dürfte sehr unterschiedlich sein. Zur Ermittlung und Festlegung ihrer Entscheidungen sollten sie zunächst in Form eines individuell durchgeführten Brainstormings und anschließend zur Absicherung ihrer Feinsteuerung aus den im Briefing vorgegebenen Fragenketten die für sie wichtigen Fragen (hier zur delegativen Führung) herausfiltern.

1. Brainstorming (Was sind für mich – als Vorgesetzter – wichtige Fragen?)

2. Auswahl aus Fragen des Briefings

- *Habe ich die Mitarbeiter, um „Delegation vor allen Dingen auch von Verantwortung" realisieren zu können?*
- *Steht meine Delegationsneigung im Widerspruch zum erwarteten Führungsverhalten meiner Vorgesetzten?*
- *Bemühe ich mich, möglichst viele Befugnisse zu delegieren?*
- Wie regele ich Aufgaben- und Kompetenzverteilung?
- Delegiere ich den richtigen Mitarbeitern die richtige Aufgabe?
- Schöpfe ich mit Delegation die volle Identitätsleistung meiner Mitarbeiter aus?
- Kann ich die Fähigkeiten meiner Mitarbeiter voll entfalten?
- Wie sehr bin ich von meiner Art zu führen überzeugt?
- *Bin ich bereit, auch interessante Aufgaben zu delegieren?*
- Neige ich dazu, der Delegation widersprechende Kontrollmechanismen einzubauen?
- Schaffe ich es, in die von mir delegierten Aufgaben nur in außergewöhnlichen Fällen einzugreifen?
- Habe ich Delegationsängste?
- *Befürchte ich die Rückdelegation von Aufgaben, weil meine Mitarbeiter sie selbst nicht leisten können oder nicht leisten wollen?*
- Habe ich genügend Selbstvertrauen, mit derlei Ängsten umzugehen?
- *Welche Entscheidungen behalte ich mir vor?*
- *Entspreche ich der Forderung nach Delegation von Aufgaben und Verantwortung?*

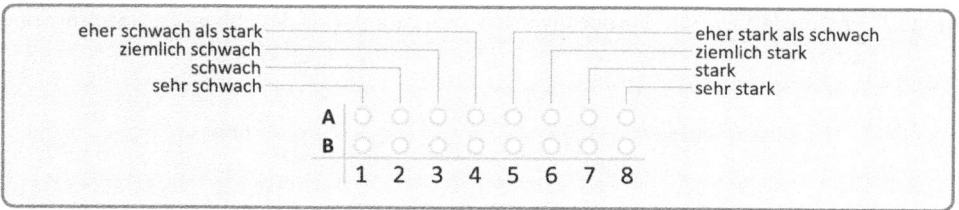

Abb. 5.1 Basistableau

- *Inwieweit sind gegenseitige Achtung und Vertrauen gegeben?*
- *Was erwarte ich von meinen Mitarbeitern?*
- *Welche Erwartungen haben meine Mitarbeiter an meine delegative Führung?*
- *Inwieweit kann ich Delegationsabsprachen mit den betroffenen Mitarbeitern treffen?*
- Sind gemeinsame Entscheidungsvorgänge möglich?
- Lasse ich die Anerkennung von Leistungen dort, wo sie erbracht werden, obwohl sie aufgrund meiner delegativen Führung ermöglicht wurden?

3. Übertragung der wichtigsten auf die konkrete Führungssituation (delegative Führungsabsicht) zugeschnittenen **Fragen** (hier fiktiv angenommen, im Frageset kursiv dargestellt) **ins Tableau.**

Geben Sie für jede Situationsbeschreibung zwei Urteile ab:

a) Wie stark **ist** diese Eigenschaft jetzt in Ihrer gegenwärtigen Situation ausgeprägt? (Bewertung A)

b) Wie stark **sollte** Ihrer Meinung nach diese Eigenschaft in Ihrer gegenwärtigen Situation ausgeprägt sein? (Bewertung B) (s. Abb. 5.1)

Tragen Sie Ihre Urteile zu den von Ihnen ausgewählten Fragen auf der jeweils vorgegebenen Bewertungsskala mit den acht Ausprägungsstufen ein:

Frage 1: Bemühe ich mich, möglichst viele Befugnisse zu delegieren?

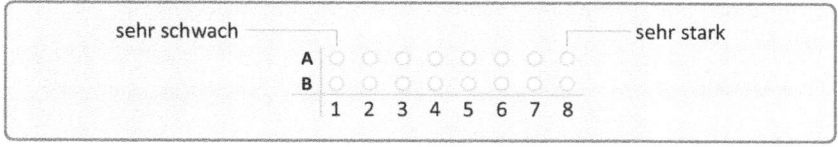

Frage 2: Entspreche ich der Forderung nach Delegation von Aufgaben und Verantwortung?

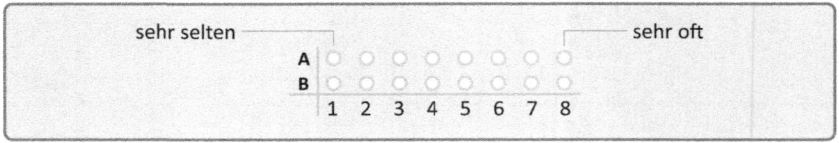

Frage 3: Befürchte ich Rückdelegation von Aufgaben durch meine Mitarbeiter?

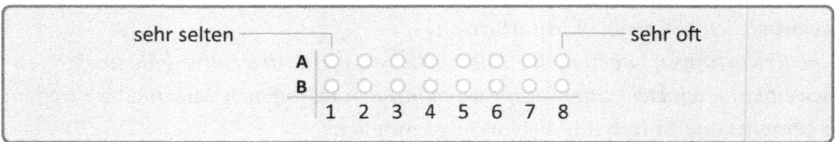

Frage 4: Steht meine Delegationsneigung im Widerspruch zum erwarteten Führungsverhalten meiner Chefs?

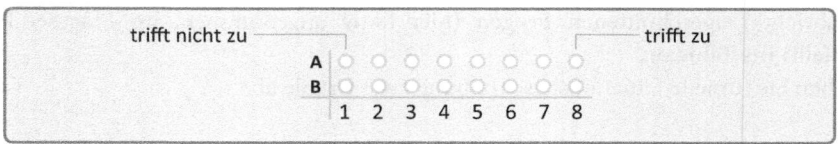

Frage 5: Habe ich die Mitarbeiter, denen ich Aufgaben und Verantwortung delegieren kann?

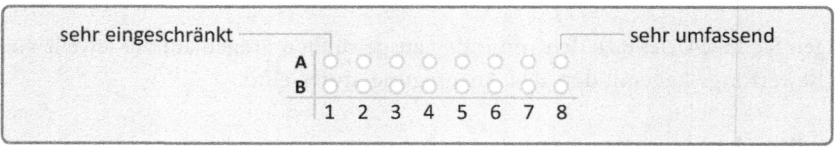

Frage 6: Inwieweit sind gegenseitige Achtung und Vertrauen gegeben?

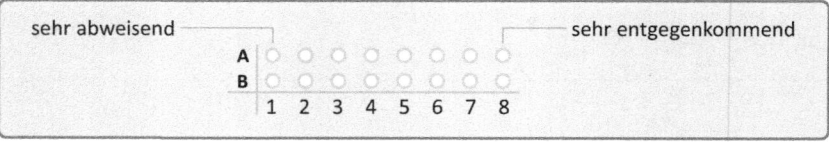

Frage 7: Was erwarte ich von meinen Mitarbeitern?

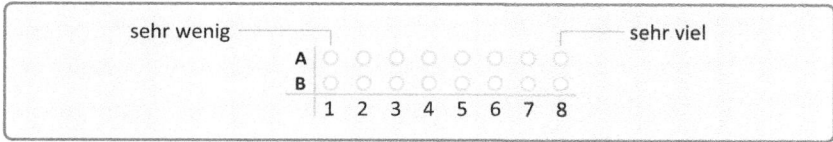

Frage 8: Welche Erwartungen haben meine Mitarbeiter an meine delegative Führung?

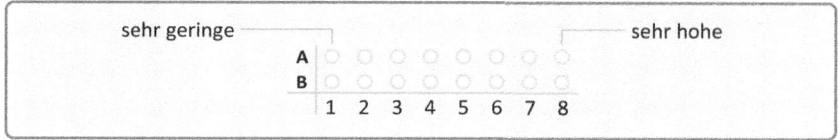

Frage 9: Bin ich bereit, auch interessante Aufgaben zu delegieren?

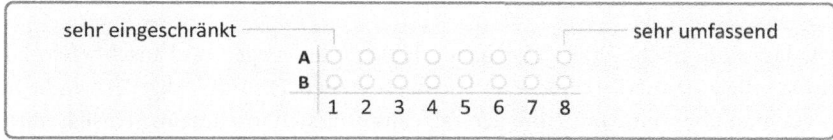

Frage 10: Inwieweit kann ich Delegationsabsprachen mit den betroffenen Mitarbeitern treffen?

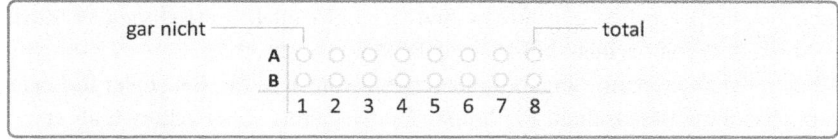

Frage 11: Welche Entscheidungen sollte ich als Vorgesetzter selbst treffen?

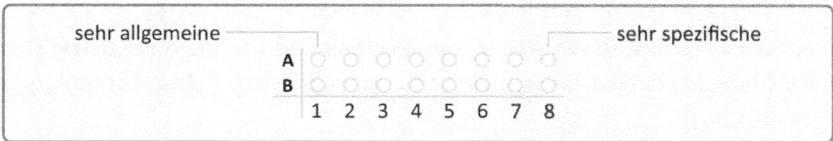

usw.

5.3.1.2   Auswertung zum Führungstableau „Delegation"

Fehlen vertrauenswürdige Personen und ist man auf sich allein gestellt, so muss es bei einer ausschließlich individuellen Beurteilung bleiben. Wünschenswert ist jedoch, Menschen (Kollegen, Freunde oder Verwandte) einbinden zu können. Kollegen beispielsweise

Frage	A-Wert	B-Wert	Diagramm
			1 2 3 4 5 6 7 8
1	4	6	
2	5	8	
3	5	2	
4	5	4	
5	4	7	
6	4	7	
7	8	6	
8	7	6	
9	5	6	
10	5	7	
11	5	8	

Abb. 5.2 Ergebnisanalyse

dadurch, dass sie ähnliche auf sich bezogene Tableaus anfertigen und anschließend darauf gemeinsam reflektierend diskutieren und Schlüsse ziehen. Freunde oder Verwandte in dem Sinne, dass man über seine mit Hilfe der Tableaus erfasste Einschätzung ehrlich miteinander reden kann, ohne dabei Angst haben zu müssen. Da Fremdbild und Selbstbild meist nicht übereinstimmen, dürften diese möglichst vertraulichen Gespräche erkennenswerte Einsichten zu Tage fördern.

Die im Beispiel zur Delegationssituation im Tableau erfassten Fragen (im Briefing kursiv gekennzeichnet) ergeben ein fiktives Bild des individuell bestehenden Ist-Zustandes (A-Wert) bzw. des erwünschten Soll-Wertes (B-Wert) (s. Abb. 5.2).

Bei den in der Auswertung angenommenen Antworten ist der Beurteiler in Frage 1 der Meinung, dass seine Bereitschaft, Befugnisse zu delegieren, „eher schwach als stark" und im Gegensatz dazu „ziemlich stark" sein sollte.

Da die B-Werte das Forderungsprofil widerspiegeln, stellen sich für eine Auswertung folgende Fragen, die ggf. zu diskutieren sind:

1. Bei welchen Fragen ist die Differenz zwischen Soll und Ist am größten? Die Horizontalbetrachtung ergibt eine Aussage über den vermeintlichen Selbsterkenntniswert bzw. Frustrationswert.
2. Bei welchen Werten weichen
   - bei alleiniger Beurteilung durch den Vorgesetzten die Soll-Werte von dem auf die Gesamtheit seiner gestellten Fragen ermittelten Mittelwert am meisten ab,
   - bei Einbindung mehrerer Personen die Soll-Werte von den jeweiligen Durchschnittswerten am meisten ab?

Die Vertikalbetrachtung gibt eine Rangskala des Forderungspotentials wieder.

Solche Auswertungen einer konkreten Führungssituation als Entscheidungshilfe für anstehendes situatives Führungsverhalten sind umso aussagekräftiger, je mehr Kommunikationspartner möglich sind. Optimal ist es, wenn sich Durchschnittswerte, die als Diskussionsgrundlage dienen, ermitteln lassen (andernfalls muss man sich mit einem individuellen Mittelwert begnügen).

Auffälligkeiten aus diesen Analysen müssen auf jeden Fall in anstehende Gespräche und Diskussionen einfließen und/oder mit eingeweihten Personen besprochen werden, um eine stärkere Sensibilisierung und Identifizierung für die zu lösenden Führungsaufgaben zu erreichen.

Wie im Beispiel „Delegation" lassen sich Führungstableaus für alle möglichen Führungsabsichten erstellen. Je nach Untersuchungsschwerpunkt (Delegation, Motivation, MbO usw.) sollte man das Kapitel „Briefing zur Führungssituation" (s. Abschn. 5.2) durchforsten, auf die jeweilige Untersuchungspriorität hin filtern und ein entsprechendes Fragentableau anfertigen.

Ausgangspunkt sind die auf das Wichtigste reduzierten Kernfragen, um die sich alle auf das jeweilige Führungstableau konzentrierenden Fragen herumgruppieren müssen. Kernfragen, die sich aus der jeweils subjektiven Einschätzung zur Delegation (Brainstorming) ergaben, könnten gewesen sein:

- Habe ich die für die Delegation geeigneten Mitarbeiter?
- Wie weit kann ich die Delegation treiben?
- Auf welche Aufgaben kann ich sie ausdehnen?

Im Falle der Erstellung eines Motivationstableaus könnten sich alle für das Tableau festzulegenden Einzelfragen um die Kernfragen

- Welche Bedürfnisse stimulieren die Arbeitsleistung der Mitarbeiter besonders?
- Welche Motivationsmöglichkeiten sind vor Ort überhaupt realisierbar?

gruppieren, um anschließend die Ist-Bewertung der Soll-Bewertung gegenüberzustellen.

Um die Aussagequalität solcher Tableaus zu verbessern, kann man die für das jeweilige Tableau zugeschnittenen Fragen in ihrer Bedeutung für die Führungssituation vor Ort gewichten. Eine auf diese Weise ermittelte Aussage würde der Realität sehr nahekommen (s. Abschn. 5.3.2.5).

Bei aller Würdigung solcher Analysen weiß jeder aus eigener Erfahrung, wie gern er Handlungsspielraum hat und wie ungern er Handlungsspielraum abgibt. Genau das ist die Schwierigkeit bei jedem Versuch, Erkenntnisse aus Führungsbefragungen sozusagen freiwillig umzusetzen.

5.3.2   Integrations- und Koordinationsmechanismen

Viele Vorgesetzte sind expertisenorientiert, weil ihre berufliche Entwicklung überwiegend über Expertise verlief und weil sie glauben, eine Expertise objektiv oder zumindest ziemlich objektiv einschätzen zu können, während aus ihrer Sicht die Persönlichkeit eines Menschen eher nur subjektiv einschätzbar ist.

Allerdings kann, wenn man es wirklich will, auch Persönlichkeit relativ einfach anhand der Reaktion von Mitarbeitern gemessen werden. Dann interessiert man sich nicht genauer für die Merkmale, die dahinterstehen, sondern ausschließlich dafür, wie Mitarbeiter auf das Führungsverhalten ihrer Vorgesetzten reflektieren. Das lässt sich relativ schnell ermitteln.

Die größtmögliche Führungsstärke lässt sich in der Kombination von Position und Expertise vermuten. Je größer die Integrations- und Koordinationsproblematik ist, umso wichtiger wird Persönlichkeit. Also ist es letztendlich die von Mitarbeitern anerkannte Persönlichkeit, die Integration und Koordination erleichtert. Kommen Vorgesetzte bei ihren Mitarbeitern an, wird Integration und Koordination leichter gelingen.

Wirklich wirksam integrieren und/oder koordinieren können Vorgesetzte nur, wenn sie Delegation ausweiten und Mehrfachqualifikationen aufbauen.

- Delegation heißt, dass eine bestimmte Aufgabe von den dafür vorgesehenen Mitarbeitern gelöst werden muss, und zwar mit all den Teilaufgaben, die zur Erfüllung der Gesamtaufgabe notwendig sind.
- Mehrfachqualifikation heißt, eine Gruppe befähigen, sich selber koordinieren zu können und so Aufgaben und Probleme aus ihrer Selbststeuerung und Selbstorganisation heraus lösen zu können. Das wiederum ist nur möglich, wenn man die Mitarbeiter einer Abteilung so verzahnen kann, dass es sich um eine mehrfach-qualifizierte Abteilung handelt, die sich in sich selber koordinieren kann.

5.3.2.1   Integrative Maßnahmen zur Verbesserung der Arbeitssituation vor Ort

Mitarbeiter, die sich als Außenseiter sehen oder sich über- oder unterfordert fühlen, sind weniger in Abteilungen oder Teams eingebunden und werden sich auch weniger mit den anstehenden Aufgaben identifizieren. Das wiederum verunsichert und führt letztlich zu Leistungsdefiziten.

In solchen Fällen ist es wichtig, einen Ausweg aus dieser Situation zu suchen, will man diese Mitarbeiter nicht endgültig verlieren. Maßnahmen hierzu können sein:

- Mitarbeiter nicht ausschließlich auf ihrer Arbeitsplatzposition verharren lassen.
- Sie in eine überschaubare Gruppe einbinden, um die Komplexität ihrer zu bewältigenden Aufgaben zu reduzieren.
- Delegation von Projektarbeit und -verantwortung ermöglichen, sofern man dies den betroffenen Mitarbeitern zutraut.

- Eine Art Coachbeziehung in Form eines Mentorings aufbauen. Hier werden Mitarbeiter in der Regel einer hierarchisch übergeordneten Person zugeordnet, die für sie Ansprechpartner ist.

  Das sollte nicht der direkte Vorgesetzte sein, weil man dabei in Interessenkonflikte geraten kann. Es sollte sich um Vorgesetzte aus Nachbarabteilungen handeln, mit denen sich der zu coachende Mitarbeiter in regelmäßigen Abständen unterhalten kann und von denen er bei Problemlösungen auch unterstützt wird. Die Unterstützung kann darin bestehen, dass der Coach mit dem Mitarbeiter weitere Gespräche arrangiert oder ihm weitere Tipps gibt. Primär ist ein solcher Coach beratend tätig. Es sollte jemand sein, der sich als Mentor durchsetzen kann.

- Weitere Beispiele für Integration auf der Ebene des Tagesgeschäftes oder des kurzfristigen Geschäfts sind MbO und MbD sowie deren gegenseitige Verzahnung.

5.3.2.2   Schlüsselpersonen auf gemeinsame Wertebasis stellen

Werteorientierte Führung ist der Versuch, Schlüsselpersonen auf eine möglichst gemeinsam geteilte Wertebasis zu stellen. Aus sich daraus entwickelnden Identitäten sollen sich diese Mitarbeiter besser auf eine gemeinsame Ziele verfolgende Handlungsorientierung ausrichten können.

5.3.2.3   Bewältigung größerer Mitarbeiterzahlen und wachsender Verantwortung

Nicht unerheblich für die Führung von Abteilungen ist deren Größe sowie Veränderungen der Anzahl ihrer Mitarbeiter. Je größer diese Zahl wird, desto stärker stellt sich die Frage, für wie viel Mitarbeiter Vorgesetzte noch verantwortlich zeichnen können.

Dieses Problem tritt allerdings nicht durchgängig in allen Branchen zu Tage. Beim Investment Banking wird die Führungseinheit kleiner sein als in einer Näherei, in einer Werbeabteilung dürfte sie kleiner sein als in der Produktion am Fließband usw.

Es muss aber kein Hindernis sein, wenn die zu führenden Mitarbeiter die üblicherweise als normal angesehene Leitungsspanne von ca. sechs – acht Mitarbeitern übersteigen. Dies wird möglich, wenn Vorgesetzte Mitarbeiter haben, die eine stärkere Ausrichtung an delegativer Führung erlauben. Nur so ist nachvollziehbar, wenn man von großen Mitarbeiterzahlen und damit einhergehend von „starken" Vorgesetzten spricht, weil sie über „abteilungsinterne" Delegationen insbesondere auch von Führungsaufgaben an geeignete Mitarbeiter insgesamt mehr Verantwortung übernehmen können (s. Abschn. 3.2.3.1).

Hat man eine weitgehend delegative Vorgesetzten-Mitarbeiter-Beziehung, haben Vorgesetzte nur noch die Funktion, den Überblick zu wahren und die wichtigsten Koordinationsaufgaben zu erfüllen. Die Gesamt-Führungsspanne eines Einzelnen kann dann sehr groß sein.

Ist beispielsweise die unmittelbare Führungsspanne von ca. sechs bis acht Mitarbeitern für einen Chef realisierbar, so könnte er theoretisch Führungsverantwortung für maximal 64 Mitarbeiter/-innen (acht von ihm unmittelbar Delegierte multipliziert mit acht Mitarbeitern) übernehmen. Wiederum unterstellt, dass sich die Delegation so weiter durchzieht, wären es schon 512 (64 mal 8) Mitarbeiter, für die (theoretisch) Führungsverantwortung übernommen werden könnte.

Auch wenn dieser Schneeballeffekt in der Praxis so nicht eintreten wird, können Vorgesetzte dennoch auf diese Weise eine wesentlich größere Anzahl von Mitarbeitern führen, wenn ein der Delegation entsprechender Selbstorganisationsgrad ihrer Mitarbeiter gegeben ist. Daraus lässt sich ablesen, wie wichtig qualifizierte Mitarbeiter für Vorgesetzte und Unternehmen sind.

5.3.2.4   MbO und MbD als Integrations- und Koordinationsmaßnahmen

MbO bedeutet zielgerichtete Führung. Entweder als Zielvereinbarung (kann natürlich auch als Vorgabe praktiziert werden) oder eher kooperativ als ständiges gegenseitiges (Vorgesetzte und Mitarbeiter) Entwickeln und damit einhergehendes Koordinieren und Modifizieren der einzelnen Ziele in Abstimmung mit dem insgesamt angestrebten Ergebnis (s. Abschn. 3.1).

Das Prinzip von MbD entspricht dem Primat der Selbstorganisation durch Mitarbeiter. Entweder möglichst viel Selbststeuerung (s. Abschn. 3.2) oder einen Selbststeuerungsspielraum, der in einen selbst zu verantwortenden Rahmen eingebunden wird.

Verzahnungen zielorientierter und delegativer Führung tragen deshalb auch zu Integration und Koordination bei.

5.3.2.5   Aufgaben- und beziehungsorientiertes Führungsverhalten

Vorgesetzte haben – allgemein gesprochen – bestimmte Aufgaben, aus denen sich ein bestimmtes aufgabenorientiertes Verhalten ergibt. Diese Aufgaben erfüllen sie mit bestimmten Mitarbeitern. Daraus ergibt sich sozusagen automatisch ein bestimmter Gruppendruck.

Aus dieser Situation heraus müssen Vorgesetzte sowohl den Aufgaben als auch den Mitarbeiterbedürfnissen gerecht werden. Sie müssen versuchen, Aufgaben- und Mitarbeiterziele zu verbinden. Das heißt Aufgabenziele verfolgen, aber Mitarbeiter auch so behandeln, dass sie dabei ihre Ziele verfolgen und ihre Motivation, warum sie arbeiten, zum Ausdruck bringen können.

5.3.2.5.1   Wirkungen aufgaben- und/oder mitarbeiterorientierter Führung

Je nachdem, wie viel Aufgaben- oder wie viel Mitarbeiterorientierung Vorgesetzte einbringen, kann man ihr Verhalten klassifizieren:

- Mitarbeiterorientierte Vorgesetzte bemühen sich um ein gutes Verhältnis zu ihren Mitarbeitern, sie behandeln ihre Untergebene als Gleichberechtigte. Sie unterstützen ihre Mitarbeiter bei dem, was sie tun oder tun müssen. Das entspricht im Grunde genommen dem Bild der kooperativen Führungskraft.
- Aufgabenorientierte Vorgesetzte neigen dazu, nicht gut ausgeführte Arbeit zu tadeln. Sie legen besonderen Wert auf die Erledigung der Arbeitsmenge und achten darauf, dass Mitarbeiter ihre Arbeitskraft voll einsetzen. Sie stacheln Mitarbeiter (durch Druck) zu

größeren Anstrengungen an. Sie verlangen von leistungsschwachen Mitarbeitern, dass sie mehr aus sich herausholen.

Diese vielleicht überzogen wirkende Gegenüberstellung soll die Polarisierung von Mitarbeiter- und Aufgabenorientierung zeigen. Es sind zwei unterschiedliche Sichtweisen, die Vorgesetzte verfolgen können. Aufgabenorientierung steigert tendenziell die Gruppenproduktivität; Konzentration auf Mitarbeiterorientierung steigert tendenziell die Arbeitszufriedenheit in der Gruppe – erwirkt folglich auch bessere Leistungen.

Aufgaben- und Mitarbeiterorientierung schließen sich nicht aus. Sie stehen sich nicht feindlich gegenüber, sondern ergänzen sich. Es hat häufig den Anschein, dass die autoritäre Führungskomponente mehr auf Aufgaben gerichtet ist und die kooperative Komponente mehr auf Mitarbeiterorientierung.

Man kann allerdings auch eine Aufgabenorientierung vertreten, die nicht autoritär geprägt ist. Gesetzt den Fall, Vorgesetzte strukturieren eine Aufgabe so, dass sich ihre Mitarbeiter damit identifizieren können: Die Ziele sind gut erreichbar, die Bedingungen, die sie zur Aufgabenerfüllung brauchen, strukturiert ihr Vorgesetzter so, dass sie (die Mitarbeiter) ihre Ziele wirklich erreichen können. Das motiviert. Es kann also auch bei Aufgabenorientierung positive Motivation geben.

Aufgabenorientierung ist ein Begriff, der nicht wegzudenken ist aus dem Führungsgeschehen, der aber aufgrund des Selbstverständnisses und der konkreten Situation von Vorgesetzten unterschiedlich interpretiert und genutzt wird.

5.3.2.5.2 Situative Abhängigkeiten

Wesentlichen Einfluss auf das Führungsverhalten hat die Situation, in der Führung stattfindet. Wie verhalten sich aufgaben- und mitarbeiterorientierte Vorgesetzte in verschiedenen Situationen?

Führungssituationen sind gekennzeichnet durch unterschiedliche Merkmale wie dem Ergebnis aus stattgefundenen Interaktionen, unternehmensinternen Rahmenbedingungen, der Beziehung zwischen Vorgesetzten und Mitarbeitern, der Aufgabenstruktur, der Positionsmacht, der Qualifikation der Vorgesetzten wie auch der der Mitarbeiter usw. Es gibt unterschiedliche Situationen und die Kombination zwischen Führungsstil und -situation führt zu jeweils unterschiedlichen Führungserfolgen (s. Abschn. 5.2).

- Sollten aufgabenorientierte Chefs in gut strukturierten Situationen geringere Erfolge aufweisen als mitarbeiterorientierte Chefs, müssen sie entsprechend an anderer Stelle eingesetzt werden oder sie müssen ihr Führungsverhalten ändern, damit sie erfolgreich sind.
- Gehen Vorgesetzte von der Unveränderlichkeit der Person und ihres Führungsstils aus, müssen sie die Situation entsprechend anpassen.

Wenn Führungsstil und -situation in einer bestimmten Weise verteilt und gegeben sind, kann man schlussfolgern, wann aufgabenorientierte Vorgesetzte in welcher Situation besondere Erfolge haben, wann mitarbeiterorientierte Vorgesetzte besondere Erfolge haben und in welcher Situation.

Bisher wurden Merkmale von Führungssituationen beschrieben, ohne sich jedoch auf eine bestimmte Situation festzulegen bzw. darauf einzustellen. Vorgesetzte sollten sich darauf einstellen, dass nicht alle Einflussfaktoren gleichermaßen mit dem gleichen Gewicht in die Beurteilung einer Situation eingehen.

Um der tatsächlichen Führungssituation möglichst nahezukommen, sollten sie die infrage kommenden Merkmale gewichten: z. B. die Vorgesetzten-Mitarbeiter-Beziehungen mit ca. 60 %, die Aufgabenstruktur mit ca. 30 % und die Positionsmacht am geringsten mit ca. 10 %. Diese Gewichtung bestimmt dann die Führungssituation aus Sicht der Führungskraft. Die „Vorgesetzten-Mitarbeiter-Orientierung" hat in diesem Beispiel das größte Gewicht für die Situation. Erst dann werden die anderen Positionen „Aufgabenstruktur" und „Positionsmacht" zugeordnet.

Wenn die Beziehung zwischen Vorgesetztem und Mitarbeiter getrübt ist, die Aufgaben zu hoch gesteckt sind, die Ziele nur sehr schwer zu bestimmen sind und die Positionsmacht des Vorgesetzten stark ist, dann ist dies eine sehr schwierige Situation. In diesen Fällen kann der aufgabenorientierte Vorgesetzte der für die Situation besser Geeignete sein.

Allerdings lässt sich auch genau das Gegenteil begründen. Ist beispielsweise das Verhältnis von Vorgesetzten und Mitarbeitern belastet, sollte man sich auf die Verbesserung dieser Beziehung (Stärken stärken, Schwächen schwächen) konzentrieren. In ungünstigen wie in günstigen Führungssituationen hat der aufgabenorientierte Vorgesetzte wahrscheinlich mehr Erfolge.

Schon dieses „Unsicherheitskalkül" macht deutlich, dass es keine optimale universell gültige Führung geben kann. Vorgesetzte müssen deshalb dahingehend sensibilisiert sein, dass ihr Führungsstil der Situation entspricht.

Wenn Führungsstil und -situation nicht zueinander passen, kommt das in den meisten Fällen einem Scheitern der Führungskraft gleich. Sollten Vorgesetzte in solchen Situationen versuchen, sich die Situation zu verschaffen, zu der sie am besten passen, wäre aus Sicht des Unternehmens ihre Auswechslung erforderlich und günstiger.

Die Beschreibung der Abhängigkeiten verdeutlicht die Notwenigkeit, dass sich Vorgesetzte ernsthaft fragen sollten, ob sie tendenziell mehr aufgaben- oder mitarbeiterorientiert sind und wie flexibel sie auf unterschiedliche Führungssituationen reagieren.

5.3.2.5.3 Folgerungen

- Die zweidimensionale Betrachtung des Führungsverhaltens haben Blake und Mouton (1964) in ihren Untersuchungen in den sechziger Jahren herausgearbeitet. Ihre Aussage ist eindeutig: Man muss darauf achten, dass sowohl die Motivation der Mitarbeiter als auch die sachrationalen Aspekte berücksichtigt werden.
- Für die Praxis ergibt sich daraus, dass zunächst die eine konkret anstehende Führungssituation bestimmenden Einflussfaktoren definiert und gewichtet werden, damit Vorgesetzte anschließend realitätsnäher führen können. Aber auch das ist meistens (leider) nur

eine wünschenswerte Absicht, weil Vorgesetzte häufig einen deutlichen Schwerpunkt haben – nämlich entweder überwiegend aufgabenorientiert oder überwiegend beziehungsorientiert zu sein. So erscheint es zunächst plausibel, dass die meisten gar nicht in der Lage sind, beides zu tun. Dennoch müssen sie ihr Führungsverhalten je nach Situation anpassen. Andernfalls würden sie scheitern.

- Aufgaben- und beziehungsorientiertes Verhalten bedeutet nicht, dass aufgabenorientierte Vorgesetzte autoritär und beziehungsorientierte Vorgesetzte demokratisch sind.
- Aufgabenbezogene wie auch beziehungsorientierte Vorgesetzte können dennoch in bestimmten Situationen kooperativ und in bestimmten Situationen autoritär führen.
- Will man nicht scheitern, muss man sowohl Aufgaben- als auch Mitarbeiterziele beachten.

5.3.3   Leistungsoptimierung durch fachliche Orientierung am Mitarbeiter

Vorgesetzte sind dann wirklich erfolgreich, wenn sie ihre Mitarbeiter dazu bringen, Erfolge zu haben. Das gelingt, wenn sie sie leistungs- und beziehungsorientiert aufbauen. Ziel jeder Führung ist schließlich die Optimierung der Leistung.

Um diese zu erreichen, müssen Mitarbeiter fähig sein, etwas leisten zu können, und motiviert sein, die Leistung zu erbringen. Die Realität jedoch sieht häufig anders aus. Leistungsschwache und unmotivierte Mitarbeiter eignen sich nicht für eine anspruchsvolle und herausfordernde Führung. Daraus ist abzuleiten,

- dass bei potential- und leistungsschwachen Mitarbeitern eigentlich nur die handfeste Vorgabe einfacher Tätigkeiten übrig bleibt: „Machen Sie das und das, und zwar so und so. Und wenn Sie damit fertig sind, kommen Sie zu mir und wir gehen es noch einmal durch, um gegebenenfalls das Ganze erneut durchzuspielen, bis Sie es verstanden haben!" Es handelt sich um eine Anweisung. Das Einzige, was hier zählt, ist der Aufgabenbezug, und zwar auf einer niedrigen Ebene. Es ist im Grunde genommen eine Führungsvariante, die man als sehr autoritär erlebt.
Diese Empfehlung ist dennoch nicht zwingend notwendig und richtig. Es kann sein, dass Mitarbeiter durch eine zu enge Führung und zu wenig Delegation und Verantwortung demotiviert sind. Dann wäre das beschriebene Führungsverhalten kontraproduktiv.
- dass Mitarbeiter mit mittelmäßigen Leistungen im Prinzip willig sind, aber in ihren Fähigkeiten Schwachstellen aufweisen. Diese Mitarbeiter sollten sowohl stark mitarbeiterbezogen als auch stark aufgabenbezogen geführt werden. Sie brauchen noch Anreize, die ihre Vorgesetzten ihnen geben.
- dass man potential- und leistungsstarken Mitarbeitern Freiräume geben kann. Zunächst sollte man sie an Entscheidungsprozessen teilnehmen lassen, bevor man an sie Aufgaben delegiert.

Bei einer ausschließlich fachlichen Orientierung am Mitarbeiter ist insofern Vorsicht geboten, dass Vorgesetzte die Ergebnisse ihrer Überlegungen nicht als Rechtfertigungsideologie für ihr eigenes Führungshandeln ansehen. Nicht, dass man als Vorgesetzter zielorientierte, kooperative und delegative Führung nicht leisten kann, sondern dass man der Meinung ist, seine Mitarbeiter seien dafür nicht geeignet.

Welches Führungshandeln letztlich realisiert wird, hängt auch von der Qualifikation der Vorgesetzten ab. Es gibt genügend Möglichkeiten zur Leistungssteigerung, wenn es gelingt, den richtigen Mitarbeiter am richtigen Arbeitsplatz zu platzieren und seinen Fähigkeiten entsprechend mit Aufgaben zu betrauen.

5.3.4   Vorhandene Identitäten nutzen und darauf aufbauend Identifikation initiieren

Da Führung keine einseitige Angelegenheit ist, ist relativ leicht erkennbar, ob Vorgesetzte ihre Führungsaufgaben erfolgreich bewältigen. Sie werden umso erfolgreicher sein, je besser sie ihr Führungshandeln situationsgerecht umsetzen und für Mitarbeiter nachvollziehbar machen.

5.3.4.1   Gestaltungs- und argumentationskompetent führen

Schenken Vorgesetzte ihren Mitarbeitern Vertrauen, werden diese mitarbeiten. Die Nachvollziehbarkeit ihres Verantwortungsbewusstseins zeigt sich darin, Versprechen, die sie geben, zu erfüllen. Es ist eine Herausforderung, dass man seine Versprechen halten kann oder dass man sich „vorher" überlegt, wie man argumentiert, damit man glaubwürdig bleibt.

Vorgesetzte müssen gestaltungskompetent und argumentationskompetent führen.

„Gestaltungskompetent" sind sie, wenn sie das notwendige Wissen über das Handwerkzeug der Führung haben und dieses in unterschiedlichen Führungssituationen variieren, anpassen und anwenden können.

Identifikationsprozesse verlaufen umso günstiger, je stärker sich Mitarbeiter in Aufgaben und Probleme der Abteilung, in der sie tätig sind, eingebunden fühlen. Dies kann erreicht werden durch folgende Anregungen:

- Ausgewählte Mitarbeiter als Regulatoren aufbauen
  Regulatoren sind Mitarbeiter, die sich besonders hervorgehoben haben, Vertrauen gewonnen haben und von denen Vorgesetzte annehmen, eine ehrliche Resonanz auf ihr Führungshandeln zu erfahren.
- Entscheidungen über Prozessentwicklungen herbeiführen
  Je nachdem, an welchem Führungsmodell sich Vorgesetzte orientieren, gibt das jeweilige Modell selbst die Antwort, wie Entscheidungen und daraus folgende Arbeiten zustande kommen. Wünschenswert ist, dabei mehr Wert auf Prozesssteuerung zu legen, weil dadurch die Chancen steigen, dass sich Mitarbeiter mit den gefundenen Ergebnissen identifizieren.

Bei kooperativer Führung z. B. sollen – so die Forderung – Entscheidungen durch gegenseitige Einflussnahme zustande kommen. Im Konzept der kooperativen Führung steckt – was über die enge Auslegung hinausgeht – im Grunde genommen, dass nach den Entscheidungen eigentlich gar nicht mehr gefragt wird, sondern dass mehr der Prozess beschrieben oder vorgeschrieben wird, wie Entscheidungen oder Vereinbarungen ausgehandelt werden.

- Selbstgestaltungsmöglichkeiten der Mitarbeiter nutzen
  Je geringer die Selbstgestaltungsmöglichkeiten sind, desto geringer werden Gestaltungsfreiräume vor Ort; je höher sie sind, desto größer werden die Handlungsspielräume und desto mehr Aufgaben lassen sich auf Mitarbeiter übertragen. Mitarbeiter lassen sich so leichter in das Abteilungsgefüge einbinden.
  Führungsaktivitäten hängen im Wesentlichen vom Willen und der Bereitschaft der Vorgesetzten und vom Qualifikationsniveau ihrer Mitarbeiter ab. Je stärker Mitarbeiter mit ihren Aufgaben sich selbst überlassen sind, desto größer wird deren Identität mit ihrer Arbeit sein, sofern sie die entsprechende Qualifikation haben.
- Enttäuschungen bei Vergabe von Arbeitsaufträgen einkalkulieren.
  Stehen besondere Arbeiten an, von denen Mitarbeiter erwarten, damit beauftragt zu werden, werden sie enttäuscht sein, wenn sie nicht damit betraut werden. Als Folge werden sie versuchen, Ideen und Anweisungen – wenn möglich – zu torpedieren, weil sie meinen, dass ihnen diese Aufgabenstellung hätte zukommen müssen.
  Kritischer dürfte die Situation werden, wenn Vorgesetzte auf eine offene Stelle einen neuen Mitarbeiter setzen und die Enttäuschten meinen, dass das an und für sich ihr Platz sei, der ihnen hätte zustehen müssen. In diesem Fall kann „der Neue" noch so stark seine Position ausüben, die anderen Mitarbeiter werden versuchen, ihn zu „attackieren".
  Auch dies ist eine Form der Identität, die über Solidarisierung der Mitarbeiterkollegen sogar noch gesteigert werden kann – allerdings in ihrer negativen Ausprägung.

„Argumentationskompetent" sind Vorgesetzte, die ihren Mitarbeitern verdeutlichen können, warum sie so führen, wie sie führen. Sie sollten dem Erklärungsbedarf ihrer Mitarbeiter entsprechen und sicherstellen, dass sie glaubwürdig sind. Man kann Mitarbeiter nur selten durch einen rein autoritären Führungsstil oder durch abstrakte idealtypische Argumente überzeugen. Das gelingt nur, wenn der Chef seine Argumente in den Arbeitsalltag seiner Mitarbeiter übersetzen und einarbeiten kann. Die Mehrheit der so geführten Mitarbeiter versteht dann sehr schnell, warum ihr Vorgesetzter so ist, wie er ist.

Gestaltungskompetenz und Argumentationskompetenz sind Voraussetzungen für die Aussicht auf Identität. Vorgesetzte müssen ihre Absichten und ihr Verhalten glaubwürdig vertreten.

5.3.4.2   Kommunikation, Partizipation und Transparenz

Vorgesetzte sollten bemüht sein, bei anstehenden Entscheidungen mehrere Perspektiven zuzulassen und Kommunikation, Partizipation und Transparenz zu verbessern. Dies ist insbesondere dann wichtig, wenn sie gewährleisten wollen, dass vorhandene Potentiale und Lernleistungen ihrer Mitarbeiter/-innen umgesetzt werden. Zumindest sollten folgende Bedingungen erfüllt werden:

- Vorgesetzte müssen mit ihren Mitarbeitern *kommunizieren*, weil diese ohne Kommunikation gar nicht mitteilen können, was sie wissen oder welche Meinung sie haben. Beide Seiten müssen einander zuhören und verstehen. Kommunikation ist nicht nur das, was man sagt, sondern vor allem das, was bei den Menschen ankommt.
- Darüber hinaus müssen sie ihre *Mitarbeiter partizipieren lassen*. Sie müssen ihnen die Möglichkeit bieten, sich in Entscheidungen tatsächlich einbringen zu können, wenn sie das Wissen oder entsprechende Fertigkeiten dazu haben.
  Damit ist nicht gesagt, dass sich Mitarbeiter in jede Entscheidung einbringen müssen. Werden Mitarbeiter nicht in Entscheidungen eingebunden, wird es sich lohnen, die Entscheidung den Mitarbeitern nachvollziehbar zu vermitteln.
- Die *Transparenz* verbessern bedeutet klarzumachen, was man als Vorgesetzter erwartet und was Mitarbeiter ihrerseits erwarten, welche Informationen wichtig sind usw.

Diesen Bedingungen müssen Vorgesetzte entsprechen, wenn die dazu notwendige Qualifikation ihrer Mitarbeiter vorhanden ist.

Das heißt im Umkehrschluss nicht, dass man, wenn diese Voraussetzungen erfüllt sind, Führungserfolge haben muss. Es können immer noch Regeln oder Routinen oder die ganze Hierarchie dagegenstehen, so dass sich nichts ändert.

5.3.4.3   Integrität im Umgang mit Verantwortung

Vorgesetzte sollten über feste und tief verankerte Werte verfügen. Nur dann schenkt man ihnen volles Vertrauen. Dazu ist erforderlich, dass sie stets fair mit ihren Mitarbeitern umgehen. So sollten sie beispielsweise negatives Feedback – wenn es im richtigen Rahmen kommuniziert wird – nicht bestrafen, sondern fördern.

Sie sollten sich auch darüber im Klaren sein, welche Werte sie transportieren und welches Menschenbild hinter ihrem Führungshandeln steckt. Beispielsweise steckt hinter MbO das Bild, dass Menschen selbst verantwortlich sein können. Im Gegensatz dazu steckt hinter autoritärer Führung das Menschenbild, dass man Menschen „antreiben" muss.

Hinter der Verantwortung von Vorgesetzten verbirgt sich immer auch ihre Führungsmoral – ihre Führungskultur, wie sie erkennen können, was positiv und was negativ ist. Häufig genug lassen sich Auswirkungen ihres Führungshandelns nicht wirklich abschätzen. Die Antwort darauf muss sich jede Führungskraft selber geben. Spätestens in der Umsetzung ihrer Aktivitäten können Reaktionen der Mitarbeiter erste Hinweise geben. Wegen solcher Unsicherheiten müssen Vorgesetzte bestrebt sein, ihre persönlichen Überzeugungen durch ihr Führungsverhalten zum Ausdruck zu bringen.

5.3.4.4   Übertreibungen des eigenen Führungshabitus vermeiden

Menschen sind in ihrer Anlage und Persönlichkeit (zum Glück) sehr unterschiedlich. Auf Führung übertragen bewegt sich ihr Führungshabitus in einer Spannweite vom überzeugten (nüchternen) Analytiker bis hin zum partnerschaftlich überzeugten Vorgesetzten.

- Der Analytiker hört sich in Gesprächen wie auch Sitzungen genauestens an, was Mitarbeiter zu sagen haben oder welche Vorschläge von deren Seite kommen. Kommen Vorschläge, werden diese aus seinem Selbstverständnis auseinandergenommen. Eigentlich will der Analytiker gar nichts Böses – vielleicht will er die Mitarbeiter sogar zur Selbstführung animieren –; aber er überfordert und löst Ängste aus. Angst ist eine psychologische Situation, in der man nicht mehr erwartbar handelt, sondern nur noch versucht, seine eigene Identität zu schützen und möglichst alles, was wie ein Angriff aussehen könnte, abzuwehren.
  Ein rationaler Vollzug ist nicht mehr möglich. Der Analytiker mag ansonsten gut sein; aber er ist für Situationen wie die beschriebene offensichtlich Opfer seiner perfektionierten Übertreibungen.
- Der eher partnerschaftlich orientierte Vorgesetzte wird alles Erdenkliche versuchen, um kooperative Führung umzusetzen. Möglich ist, dass auch er Schiffbruch erleidet. Dennoch wird er guten Willens versuchen, eine vertrauensvolle Beziehung zu seinen Mitarbeitern aufzubauen, indem er auf seine Erfahrungen anspielt und diese auf seine Mitarbeiter zu übertragen versucht. So könnte die Reaktion der Mitarbeiter darauf hinauslaufen, dass derartiges Selbstlob nicht mehr ankommt und er den aktuellen Vorstellungen als Vorbild nicht mehr entspricht.

Engagierte und darüber hinaus auch ehrgeizige Analytiker werden anders auf ihre Mitarbeiter wirken als kooperative eher partnerschaftlich orientierte Vorgesetzte. Wer seine Mitarbeiter in Situationen treibt oder schickt, ohne mit ihnen darüber gesprochen zu haben, der schiebt im Prinzip seine Verantwortung ab.

Die beschriebenen Beispiele sollen verdeutlichen, dass übertriebene Verhaltensweisen sich immer wieder in das Gegenteil dessen verkehren, was man eigentlich gewollt hat.

5.3.4.5   Entscheidungen an der jeweiligen Situation ausrichten

Bei Ungewissheit über den Ausgang ihres Führungsverhaltens sollten Vorgesetzte Auswirkungen nicht absehbarer Situationen austesten oder offen und klärend darüber zu ihren Mitarbeitern sprechen.

Andererseits reicht es manchmal schon einer Gruppe, wenn ihr „Kapitän" ihnen vermittelt, alles im Griff zu haben (auch wenn das nicht der Fall ist). In solchen Situationen kann es durchaus Sinn machen, eine schnelle Entscheidung zu treffen, damit die Gruppe zur Ruhe kommt.

Vorgesetzte sollten sich eingestehen, dass ihre Möglichkeiten häufig begrenzt oder nicht so günstig sind, wie sie sich das gewünscht hätten. Dies aufgrund des vorgegebenen eigenen Kompetenzrahmens oder weil auch sie sich gegenüber ihren Vorgesetzten in einer vergleichbaren Situation befinden und Führung ähnlich erleben wie ihre Mitarbeiter mit ihnen. Sie können sich selten leisten, ihr Führungsverhalten gegenüber ihren Mitarbeitern in Widerspruch zu den Vorstellungen ihrer Vorgesetzten zu stellen.

Das Vorstehende ändert nichts daran, dass es auch in Führungsbeziehungen Regeln geben muss, die jedoch in ihrer Ausführlichkeit nicht grenzenlos ausgerichtet sein sollten. Es bedarf des Respektes vor dem Mitarbeiter – es bedarf einer besonderen Beziehungskultur. Das bedeutet, weniger anzuordnen und mehr Hilfe zur Selbsthilfe zu geben. Besonders wichtig ist dabei, dass sich Vorgesetzte mit vorschnellen Entscheidungen zurückhalten, zunächst den Ratschlag ihrer Mitarbeiter oder deren Feedback einholen und damit konstruktiv umgehen. Sie sollten keine einseitigen Entscheidungen treffen, ohne die Beziehung zum Mitarbeiter genutzt zu haben, sofern dieser eine konstruktive Anregung gibt!

5.3.4.6 Tücken der Konsensgläubigkeit berücksichtigen

Stehen Aufgaben oder Probleme zur Lösung an, kann es zu unterschiedlichen Meinungen und Konflikten kommen.

Selbst hartnäckige Konflikte sind nicht wirklich mit ausschließlich autoritären Anweisungen zu lösen, weil diese allenfalls kurzfristigen Erfolg zeigen und a la longue unterlaufen werden. Andererseits kann man je nach Situation nicht immer alles mit allen diskutieren. Es kann Situationen geben, in denen Vorgesetzte manchmal Coach und psychologische Berater sind oder manchmal auch Richter sein müssen.

Ein probates Mittel, Konflikte zu lösen, ist die Suche nach Kompromissen – auch Konsens genannt. Dabei muss (was gerne übersehen wird) berücksichtigt werden, dass Konsens das Gegenteil von einseitiger Abmachung ist. Auch der Geführte muss die Möglichkeit haben, seine Einwendungen artikulieren und gegebenenfalls auch eine andere Meinung vertreten zu dürfen, ohne dadurch negativ aufzufallen.

Wenn beide (Vorgesetzte und Mitarbeiter) ihre Ziele maximieren, führt das zu einer vollkommenen Blockierung, weil jeder den anderen lediglich nur noch weitgehend zu neutralisieren versucht. Wer aber weiß, dass man zum Erfolg einer Führungsbeziehung häufig einen sinnvollen Kompromiss – nicht eine maximale Realisierung der eigenen Erwartungen – braucht, dem gelingt die Zusammenarbeit wesentlich besser.

Allerdings sollte nicht übersehen werden, dass Konsens meist das Ergebnis taktisch strategischer Überlegungen ist. Konsens bedeutet immer Aufgabe oder Teilaufgabe von Standpunkten wegen nicht zu überwindender Hindernisse und damit Rücksichtnahme auf gegebene Machtverhältnisse, denen man sich beugen muss.

Da Vorgesetzte darauf angewiesen sind, dass ihre Mitarbeiter ihnen helfen, die gemeinsamen Aufgaben zu erledigen, kann es ohne Kommunikation keine Führung geben und ohne Führung keine Aufgaben- oder Problemlösungen.

Beides geschieht in Form von Einzel- oder Gruppendiskussionen. Bei strittigen oder nicht ganz eindeutigen Arbeitsaufträgen ist interessant, dass sich ursprüngliche meist vorab getroffene Einzelentscheidungen normalerweise durch Gruppendiskussionen noch relativ stark verändern. Diese Veränderungen sind Ergebnis des sich aus Diskussionen ergebenden

Konsenszwanges mit dem nicht unerheblichen Nebeneffekt einer zunehmenden Identifikation mit dem getroffenen Ergebnis.

Der gleiche Effekt tritt bei Einzelabsprachen auf. Jeder Beteiligte weiß, welche Konsequenzen Einzelabsprachen haben können bzw. was passieren kann. In diesen Situationen wird jeder in die Verantwortung genommen, weil er sich an der Absprache beteiligt hat. Auch das begünstigt die Identifikation.

Bezüglich dieser Wirkungen gibt es keine Unterschiede zwischen Einzelgesprächen und Gruppendiskussionen. Allerdings müssen sich die Beteiligten darauf einstellen, dass Einzeldiskussionen durch Gruppengespräche überholt werden können.

5.3.4.7 Grenzen situationsorientierter Führung erkennen

Um „Situationskonzepte" umsetzen zu können, muss zunächst geklärt werden, unter welchen Voraussetzungen überhaupt eine echt situationsorientierte Führung möglich ist.

- Kann das bejaht werden, müssen Vorgesetzte flexibel sein können zwischen „Zuckerbrot und Peitsche" und dem absoluten Selbstläufertum.
  Für den Fall des Selbstläufertums haben sich die meisten Unternehmen bestimmte Konventionen auferlegt, indem sie das ganze Spektrum der situativen Führung gar nicht ausleben lassen wollen. Entweder sie wollen bestimmte Varianten (z. B. autoritäre Varianten) nicht zulassen oder aber es sind grundsätzlich eher kooperativ orientierte Führungskonzepte von der Leistung her den autoritären überlegen bzw. werden immer überlegener.
  Die Begrenzung beispielsweise der kooperativen Führung liegt in den Varianten mit unterschiedlichen Partizipationsgraden.
- Die grundsätzliche Aussage situativer Führung ist, dass es kein für alle Situationen gleichermaßen erfolgreiches Führungsverhalten gibt. Führung muss abgestimmt werden auf die jeweilige Situation. Für eine Analyse bedarf es der Fragestellungen, die Vorgesetzte auf der Suche nach Führungsidentität und Realitätsnähe zur konkreten Situation führen. Die Begrenztheit liegt somit auch in der Fähigkeit, die Führungssituation realitätsgerecht zu hinterfragen und zu analysieren (s. Abschn. 5.2.1).
- Auch muss hervorgehoben werden, dass es auf jeden Fall zu wenig ist, das Führungsphänomen ausschließlich aus dem Blickwinkel der Führungskräfte oder dem der Mitarbeiter zu sehen, da dies nur ein partieller Aspekt zur Erklärung der Führung wäre. Interaktionen zwischen Vorgesetzten und Mitarbeitern würden nicht berücksichtigt.
- Schließlich kommt hinzu, dass Vorgesetzte bei situativer Führung gekonnt analysieren müssen und gleichzeitig die Fähigkeiten von der Anweisung bis zur Delegation besitzen müssen. Sogar für den Fall einer niedrigen Reife ihrer Mitarbeiter müssen sie die Sachbearbeitertätigkeit beherrschen; es sei denn, sie haben jemanden an der Hand, den sie mit der Aufgabe betrauen können.

Ambitionierte Führungskräfte sollten die To-dos abgleichen, zu ihrem persönlichen Führungsdesign bündeln, aus ihren Interpretationsleistungen eine gewisse Plausibilität für ihre Führung ableiten und in für sie identitätswirksames Führungshandeln umsetzen können.

Literatur

Blake RR, Mouton J (1964) The Managerial Grid: The Key to Leadership Excellence. Houston Gulf Publishing Co, Houston

Bleicher K (1995) Das Konzept Integriertes Management, 3. Aufl. St. Galler Management-Konzept. Bd 1. Campus Verlag, Frankfurt, New York, S 409

Dehner K (2009) Die Bindungsformel. Wie Sie die Naturgesetze des gemeinsamen Handelns erfolgreich anwenden. Gabler Verlag, Wiesbaden

Hersey P, Blanchard KH (1977) Management of organizational behaviour, 3. Aufl. Prentice Hall, Upper Saddle River New Jersey

Klimecki R, Probst G, Eberl P (1994) Entwicklungsorientiertes Management. Schäffer-Poeschel Verlag, Stuttgart, S 7

Peters TJ, Waterman RH (1982) Search of Exellence. Harper & Row, New York, London

Wunderer R, Grunwald W (1980) Führungslehre. Bd 1. Walter de Gruyter, Berlin, New York, S 232

Schlusswort

6

Überblick

Abschließend sollte sich der engagierte Leser fragen, welche Rückschlüsse er zieht und was er unternehmen kann, um an sich weiterzuarbeiten.

Dieses Buch möchte Wissen und Zusammenhänge vermitteln, die den Blick für das persönliche Identitätspotential eröffnen und nach Möglichkeit erweitern. Dabei kommt es darauf an, dass der Leser dieses Wissen wieder auf seine Praxis relativiert:

- „Was kann ich davon annehmen?"
- „Was kann ich davon auf meine Aktivitäten übertragen?"
- „Was muss ich selber in der Lage sein weiterzuentwickeln?"

Eine rein repetitive Wiedergabe würde der Vertiefung von Führungsbeziehungen zuwiderlaufen. Deshalb erscheint es wichtig, dass der Leser angehalten wurde, Identifikationsprozesse und Identitätswirkungen zu reflektieren.

6.1 Rückschlüsse als Ausblick

- Führung wird immer dann notwendig, wenn
  - Aufgaben innerhalb interner und externer Rahmenbedingungen, die die Situation ausmachen, zu lösen sind. Es gibt immer eine Situationsabhängigkeit, wobei die Reaktionsgeschwindigkeit und Art der Reaktion wichtig sind;
  - Vorgesetzte verantwortlich sind für die Leistung ihrer Mitarbeiter;
  - Führung als Beziehung zwischen Menschen und nicht als deren Eigenschaft gesehen wird;

G. Bolten, *Auf der Suche nach Führungsidentität*, DOI 10.1007/978-3-658-01109-3_6, © Springer Fachmedien Wiesbaden 2013

- Führung als normenabhängig und zugleich normenbildend verstanden wird. Was immer sich abspielt – es bedarf einer gewissen Kultur. Die Frage ist lediglich, wie sie sich präsentiert.
  Deutlichstes Beispiel ist kooperative Führung. Es soll partizipativ entschieden werden, es soll eine vertrauensvolle Beziehung aufgebaut werden – das sind Grundnormen. Eigentlich beinhalten die meisten Führungskonzepte eine solche Norm in Form eines Menschenbildes.
  Chefs können allerdings auch alle Normen vergessen, sich auf die jeweilige Situation einstellen und entscheiden, wie sie führen. Sie können also durchaus auch ohne Normen gut führen, obwohl dieses „ohne Normen führen" wieder als eine spezielle Form von Norm verstanden werden kann;
- das Sozialverhalten der Beteiligten im neutralen Sinne – sowohl gutes wie auch schlechtes Sozialverhalten – eine entscheidende Rolle spielt. Es ist sehr stark abhängig von der Qualität, wie man zwischenmenschliche Beziehungen aufbaut und lebt. Führung ist immer eine Einschränkung des Handlungsspielraumes der Geführten, von daher immer frustrationsgefährdet. Auch deshalb ist die Frage des „Wie" der Führung so wichtig.

Diese Kennzeichen von Führung machen deutlich, dass Vorgesetzte ihr eigenes Führungsverhalten immer wieder hinterfragen und ggf. ändern müssen. Sie sind verantwortlich für die ihnen übertragenen Aufgaben und für ihre Mitarbeiter. Was immer sie bewegt, sie wünschen sich, dabei erfolgreich zu sein.

- Führungskräfte sollten nachvollziehen können, dass sie sich bei Übernahme von Verantwortung verabschieden müssen von generellen Vorstellungen wie etwa:
  - als ginge es immer nur um Fortschritt und Geschwindigkeit,
  - als ließen sich Mitarbeiter(innen) nach einheitlichen Mustern führen,
  - als wollten sie nur ökonomische Erfolge oder,
  - als sei Führung ein in sich abgerundetes Wechselspiel zwischen „oben" und „unten".

Können sich Vorgesetzte und Mitarbeiter mit ihren Aufgaben und deren Umsetzung identifizieren, gelingt Führung optimal.

- Es darf nicht übersehen werden, dass jeder Mensch (Vorgesetzte oder Mitarbeiter) seinen eigenen Identitätshintergrund hat. Deshalb ist man erst dann wirklich Führungskraft, wenn man die Sprache, die Führungswirklichkeit und auch die Menschen „versteht" und Integration ins Team organisieren kann. Entscheidend ist, wie Mitarbeiter die Verantwortung ihrer Vorgesetzten wahrnehmen.
  Je glaubhafter Führungshandeln ist, desto effizienter wird Führung sein, weil sich dann Mitarbeiter leichter mit den Zielen ihrer Vorgesetzten identifizieren. Nicht zuletzt deshalb ist die Identität von Vorgesetzten mit ihrem Führungsverhalten als auch die darauf reflektierende Identitätswirkung bei den ihnen unterstellten Mitarbeiter/innen so wichtig.

- Führung ist nicht nur mit Wissen, sondern auch mit Können, nicht nur mit Handeln, sondern auch mit Überzeugung in Verbindung zu bringen. Führung wird gelingen, wenn emotionale Akzeptanz und Bindung gegeben sind. Leistung ist letztlich nur möglich bei emotionaler Bindung. Wer sie als Mitarbeiter empfindet und nachvollzieht, der setzt sich für die Abteilung, für seinen Chef ein. Wer keinerlei Bindung verspürt, der reduziert sich in seinem Engagement. Einbindung fördert Selbstvertrauen und schafft Selbstwert! Bindung verstärkt die Identität der Führenden und die Identifikation der Geführten. Beides erhöht das Engagement wie auch umgekehrt Engagement die Bindung vertieft (Dehner 2009).

  Führung spiegelt sich daher immer auch in der Perspektive der Mitarbeiter. Also muss auch aus dieser Sicht Identifikation gesucht und gefunden werden. Das ist nicht möglich, wenn Vorgesetzte die Mitarbeiterperspektive leugnen. Führung umfasst deshalb alle Aktionen, die Qualifikation (leisten können), Motivation (leisten wollen) und Engagement von Mitarbeitern aufbauen, entwickeln und erhalten. Vorgesetzte brauchen Mitarbeiter, die sich entsprechend den wechselnden Anforderungen flexibel zeigen, und sie müssen sich diese Mitarbeiter erhalten, damit sie sie nicht verlieren. Als Vorgesetzter muss man dafür sorgen, dass die nötigen Qualifikationen und Motivation vorliegen, damit man die gesteckten Ziele erreichen kann.
- Veränderungen müssen situativ beurteilt und situativ angegangen werden.

  Veränderungen werden bei unzufriedenen Mitarbeitern als gut empfunden. Bei vorherrschender Zufriedenheit dagegen werden sie eher als schlecht angesehen und verursachen häufig bei den betroffenen Mitarbeitern Zurückhaltung, wenn nicht sogar Ängste.

  Die Mehrzahl der Mitarbeiter/innen möchte sich nicht verändern, weil sie sich vor Veränderungen fürchtet. Sie müssen zunächst von ihren Vorgesetzten überzeugt werden, dass Neuerungen im Moment zwar unangenehm empfunden werden können, in Wirklichkeit aber eine bessere Lösung bedeuten, als im alten Führungsverhalten zu verharren.
- Karrieren sind selten Solonummern.

  Was zählt, sind Netzwerke nach unten (absicherungsorientiert), zur Seite und nach oben (aufstiegsorientiert). Letzteres wird häufig negativ als „Seilschaft" belegt.

  Bei genauem Hinsehen, worauf Karrieren zurückzuführen sind, wird man konstatieren müssen, dass sie sich ohne Sponsoren- oder Netzwerkhintergrund nur selten entwickeln. Wer weiterkommen will, braucht Menschen, die ihn „entdecken" und unterstützen.

6.2 Individuelle Checkempfehlung

Der Leserin, dem Leser wird empfohlen, sich selbst sozusagen spiegelbildlich zu ihrer/seiner jeweils individuellen Führungssituation zu überprüfen:

Denken Sie ein bisschen über sich nach und gleichzeitig an Menschen, denen Sie in Führungssituationen begegnet sind. Soweit Sie sich daran erinnern können, werden Sie sich gleichzeitig auch an damalige „Führungserlebnisse" erinnern – sei es als geführte(r) Mitarbeiter(in) oder als schon führende(r) Vorgesetzte(r). Sie werden positive und negative Begebenheiten wachrufen und feststellen, dass Führungsprobleme eigentlich so alt wie die Menschheit sind und man dennoch immer wieder um Lösungen ringend wie ein Neuling davorsteht. Welche Lösungen möglich sind, welche verantwortbar und vertretbar sind, steht im Prinzip auch heute noch genauso im Raume wie eh und je.

Worauf es ankommt ist nicht, dass Sie sich Spezialwissen angeeignet haben, sondern dass Sie situativ aufzeigen können, welches Führungshandeln sich Ihnen eröffnet.

Zur praktischen Abrundung sollten Sie

1. für jedes Kapitel ein Blatt Papier nehmen und zunächst die Punkte aufschreiben, die Ihnen für Ihre Führungssituation wichtig sind oder auf Sie zutreffen, um dann Ihre diesen Punkten zugeschriebenen Probleme herauszuarbeiten, die es sicher gibt.
2. Versuchen Sie anschließend, eine Antwort für Ihr Führungshandeln aus der Buchlektüre und Ihren bisherigen Erfahrungen abzuleiten.
3. Schreiben Sie für sich selber auf, was nicht so gut zusammenpasst oder wo für Sie Schwierigkeiten liegen – also quer über die verschiedenen Bereiche.
4. Sobald Sie Verbindungslinien zwischen den einzelnen Führungssegmenten „sehen", sollten Sie versuchen, aus Ihrem Fragen- und Problemgeflecht die Ihnen sehr wichtig erscheinenden fünf bis maximal zehn Kernpunkte oder Kernfragen herauszufiltern.
5. Fertigen Sie dann – gleichgültig, welche Führungssituation Sie antreffen – Ihre ganz persönliche To-do-Liste für die Planung Ihrer persönlichen Führungsorganisation an!

Darauf reflektierend sollten Sie – wenn und wann immer es möglich ist – mit einem Vertrauten (Kollege, Freund, Familienmitglied) darüber reden bzw. diskutieren. Denn Diskussionen zu Eigen- und Selbsteinschätzungen regen meistens zu ehrlichem Nachdenken an.

6.3   Ins Gedächtnis einer jeden Führungskraft geschrieben

Führungsinitiative und Führungssouveränität sind die wirkungsvollsten Werbeträger der eigenen Persönlichkeit. Es dauert lange, bis man sich ein gutes Image aufgebaut hat, wohingegen es oft nur Minuten braucht, bis dieses Image verloren geht. Wer darüber nachdenkt, wird sein Verhalten ändern!

Wer Verantwortung für Mitarbeiter(innen) tragen darf, der muss die Chance, erfolgreich führen zu können, ergreifen. Führung hat sehr viel mit persönlichem Auftreten zu tun. „Auf der Suche nach Führungsidentität" möchte behilflich sein, daran zu arbeiten, auch als Führungskraft möglichst man selbst zu sein. Dabei sollte es keine No-Go-Zonen geben!

Mitarbeiter brauchen Vorgesetzte mit einem guten Blick für die Situation. Vorgesetzte brauchen Mitarbeiter, die über den Respekt untereinander den Weg zueinander finden. Mitarbeiter brauchen Unterstützung und Selbstbewusstsein wie auch Vorgesetzte Unterstützung und Selbstbewusstsein brauchen. Welche Handlungsoptionen Vorgesetzte haben, hängt auch von deren Mitarbeiter/innen ab. Mitarbeiter dürfen nicht ausgebremst werden und Vorgesetzte dürfen sich nicht ausbremsen.

Führungskräfte sind gut beraten, wenn sie Führungsprozesse nicht bestimmen wollen, sondern anregen, initiieren. In Bezug auf den Verlauf von Entscheidungsprozessen haben viele Vorgesetzte (vielleicht gehören auch Sie dazu) noch das Modell im Kopf, sich durchsetzen zu müssen. Erinnern Sie sich bitte, dass Ideen durchsetzen zu wollen ein klassisches oder traditionelles Merkmal ist, das nicht grundsätzlich falsch sein muss, aber häufig genug nur hierarchisch begründet wird. Wenn Sie von einer Sache überzeugt sind, sollten Sie daran festhalten.

Vergessen Sie nicht, dass Hierarchie ganz anderen Gesetzmäßigkeiten gehorcht. Moderation dagegen entspricht der Einbindung der Mitarbeiter. Deshalb müssen auch Sie eine Antwort finden auf die Fragen:

- „Wie führe ich Entscheidungen herbei?" und
- „Wie kann ich sicher sein, dass Entscheidungen getroffen werden?"

Letztere ist die wichtigere Frage.

Abschließend ist es wünschenswert, dass sich möglichst viele Führungskräfte zumindest in Teilen auf der Suche nach Führungsidentität wiedererkennen, damit sie auf dieser Identität aufbauend ihr Führungsverhalten ergänzen. Ohne einen vorhandenen Führungshintergrund dürfte es schwierig sein, bei sich eine tiefergreifende Führungsidentität und als Folge daraus bei seinen Mitarbeitern entsprechende Identitätswirkungen zu schaffen.

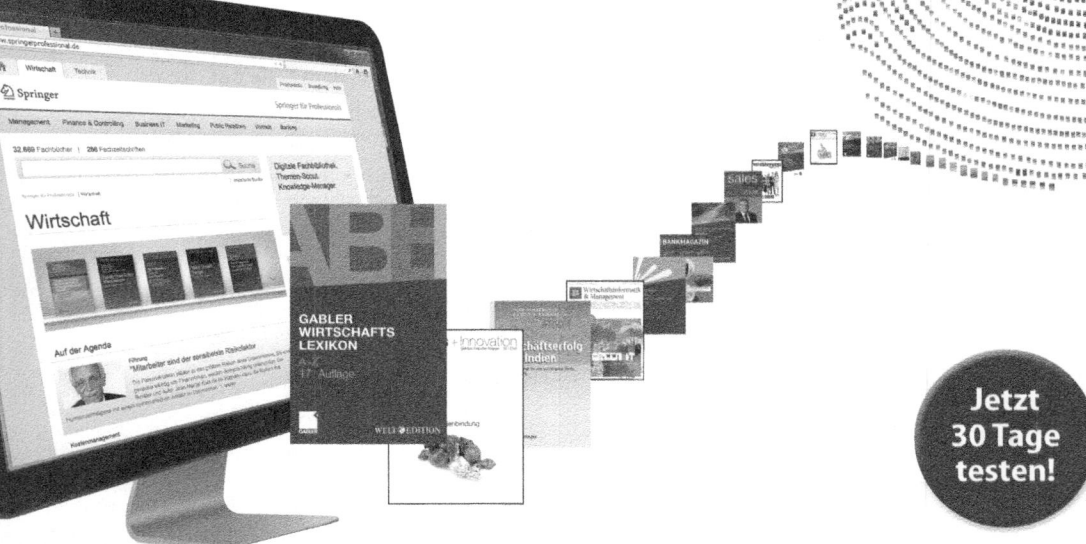

The manufacturer's authorised representative in the EU is Springer
Nature Customer Service Centre GmbH, Europaplatz 3, 69115 Heidelberg,
Germany. If you have any concerns regarding our products, please
contact ProductSafety@springernature.com

Printed and bound by CPI Group (UK) Ltd, Croydon, CR0 4YY
27/04/2026
02097663-0008